Kochen und genießen alla Toscana

Cornelia Schinharl
Vorwort: Franco Benussi

Kochen und genießen alla
Toscana

GONDROM

4

Inhalt

Zum Nachschlagen

Über dieses Buch

Lebenslust pur in der Toskana genießen – kein Kunststück für all die Glücklichen, die gerade dort sind, denn der Schönheit dieser einmaligen Kulturlandschaft kann man ebenso wenig widerstehen wie den hervorragenden Weinen und dem köstlichen Essen, das man dort überall genießt.

Doch leider vergehen die Ferientage viel zu schnell, und nur die Sehnsucht nach dem ganz besonderen Lebensgefühl bleibt.

Mit diesem Buch können Sie sich das Ambiente und den Genuß, den Sie in der Toskana kennengelernt haben, nach Hause holen. Sie finden hier meine Lieblingsrezepte, die ich im Laufe vieler Toskana-Reisen in Restaurants, vor allem aber bei meinen toskanischen Freunden kennengelernt und gesammelt habe. Die meisten werden seit Generationen weiter vererbt, andere sind moderne Varianten, wie sie heute von vielen jungen Leuten in der Toskana gekocht werden.

Außerdem erfahren Sie Wissenswertes über typische Produkte der Toskana wie Olivenöl, Pecorino oder Terracotta. Sie können mich zu einen Ausflug an die Küste begleiten oder mit mir die Markthallen von Florenz besuchen. In einem Wein-Journal habe ich für Sie Interessantes über Chianti, Brunello & Co. zusammengestellt: Lesestoff, der Ihnen die Toskana auch an kühlen Winterabenden wieder ganz nah bringen möchte! Feiern Sie außerdem mit mir vier Feste der besonderen Art, bei denen Ihnen zu Hause garantiert toskanisch zumute wird: Ob Sie schlemmen wollen wie einst die Medici, Ostern feiern, wie es die Toskaner heute tun, den Sommer unter freiem Himmel genießen oder aber beim Herbstfest Wein und Öl in den Mittelpunkt stellen wollen – in diesem Buch finden Sie außer den Rezepten für die große Runde auch Tips zur Planung und Vorbereitung der Feste sowie reichlich Vorschläge und genaue Beschreibungen für die Dekorationen, z. B. wie Sie eine stilvolle Einladungskarte selbst basteln, Tischdecken bedrucken oder Servietten festlich falten können.

Und im Serviceteil finden Sie ein Glossar zum Nachschlagen, viele Menüvorschläge für verschiedene Anlässe mit Getränke- und Zubereitungstips und die Bezugsquellen für Wein, Öl, toskanische Spezialitäten und die Deko für die Feste.

Nun bleibt mir nur noch, Sie zum Schmökern, Feiern, Kochen und Genießen einzuladen!

Cornelia Schinharl

Die Küche der Toskana

Es ist bekannt, daß in Italien keine nationale, d.h. für das ganze Land einheitliche Küche existiert, charakteristisch sind vielmehr verschiedene regionale Küchen. Die Literatur über die toskanische Küche ist im Vergleich zu der über andere Regionen ziemlich umfangreich – viel Wahres ist darüber geschrieben worden, und auch das Gegenteil davon!

Das besondere Interesse der Autoren an der toskanischen Küche rührt nicht nur von der allgemeinen Berühmtheit dieser Region in Europa und der ganzen Welt, hervorgerufen durch die zahlreichen Kunstschätze, sondern vom spezifischen Charakter dieser Küche. Und dabei muß man erwähnen, daß diese Küche durch die große Zahl der Trattorien im Ausland zwar bekannt, aber zugleich oft auch verfälscht worden ist.

Die Verschiedenheit der toskanischen Landschaft, die sich von den Apuanischen Alpen bis zum Appenin erstreckt, von den Hügeln bis zum Meer, bringt es mit sich, daß sich auch die Küche sehr unterschiedlich darbietet: Wildbret in der Maremma, in Arezzo Fleischgerichte, Geflügel in der Gegend von Siena, Lamm und Schwein im Zentrum – fast immer aus der freien Wildbahn, und schließlich der Fisch an der Küste.

Genauso reichhaltig ist die Auswahl der Weine. Die geografischen, klimatischen und geologischen Unterschiede, unterstützt von fortschrittlichen Techniken des Weinausbaus haben eine große Palette von Weinen geschaffen, die in der ganzen Welt berühmt sind: frische Weißweine zum Aperitif, die charaktervollen Roten und die delikaten Dessertweine.

Als Folge einer Gastronomie, die immer weniger Aufmerksamkeit der echten Zubereitung typischer traditioneller Gerichte widmet, wird die italienische Küche oft mit »Pasta« und »Pizza« gleichgesetzt. Dagegen spielen in der klassischen italienischen Küche sicherlich eine entscheidende Rolle die »Minestra«, und die toskanische Küche, die hiervon im Vergleich zu den anderen Regionen Italiens sehr verschiedene kennt, ist in diesem Sinne vielleicht die ursprünglichste italienische und zugleich europäische Küche.

Man hört gelegentlich sagen, die toskanische Küche sei fast arm; in Wirklichkeit ist sie maßvoll – sie achtet darauf, nichts wegzuwerfen, was übrig bleibt, alles zu verwenden, was die Erde hervorbringt und es später weiterzuverwerten. Wie die französische verwendet die toskanische Küche Reste, um neue Gerichte zu kreieren, die zu den besten gezählt werden können: Man denke an die »Ribollita«, das ist eine Bohnensuppe mit Brotresten, und an den »Cacciucco«, für den im Boot übrig gebliebener Fisch verwendet wird, den niemand genommen hätte.

Das Fehlen rigider Anweisungen, das die Praxis und Anpassungsfähigkeit der toskanischen Küche charakterisiert, läßt eine umfangreiche Verwendung von austauschbaren Ingredienzen zu, die der freien Kreativität weiten Raum lassen. Und es sind eigentlich diese verborgenen Eigenschaften dieser Küche – einfach in ihren Bestandteilen, aber phantasiereich – die in manchem ihren Ursprung von den Etruskern herzuleiten scheint und an deren Basis

sich Grundelemente wie Öl, Brot oder der Geschmack von Kräutern, wie z. B. Bergminze, Thymian, Lorbeer, Salbei und Rosmarin finden.

Dieses Buch gibt nicht nur ein klares und erschöpfendes Bild dieser Küche, sondern beschreibt in ansprechender Form Traditionen und Kulturen der Toskana.

Professor Franco Benussi

Typisch Toskana: weiche Landschaften mit einsamen, von Zypressen bewachten Gehöften, umgeben von saftig grünen Weinreben (links). Dolce far niente, das süße Nichtstun, läßt sich überall genießen (oben).

Toskana – das sind sanft gewellte Hügel, deren Eindruck sich im Laufe des Tages im wechselnden Licht mehrmals ändert, stolze Zypressen auf einsamen Anhöhen, silbrig glänzende Olivenbäume mit knorrigen Ästen, Menschen, die einem schon bei der dritten Begegnung freudig zuwinken, auch wenn man kaum ein Wort miteinander gesprochen hat.

Toskana – das ist aber auch eine Landschaft voll Lebenslust und Leichtigkeit, voll Schönheit und Eleganz, die Kunstkenner und Naturfreunde ebenso begeistert wie Weinliebhaber und Feinschmecker.

Harmonie und Vielfalt

In der Toskana erwarten den Reisenden Regionen mit so unterschiedlichem Gepräge wie das elegante Fiesole in den Hügeln vor Florenz, das waldreiche Chianti im Zentrum der Toskana, die kargen, teils an eine Mondlandschaft erinnernden Crete südlich von Siena oder die wilde und eher rauhe Garfagnana in der Nähe von Lucca. Doch so abwechslungsreich die Landschaften auch sind, sie enden niemals schroff, sondern gehen immer weich und sanft ineinander über.

In der Toskana findet man Spuren der Etrusker, hauptsächlich in und um Volterra und in der Maremma, ebenso wie einige der bedeutendsten Kunstwerke der Renaissance, Märchenlandschaften wie den Pinocchio-Park in Collodi und den modernen Kunstpark Giardino dei Tarocchi in Capalbio, mit großen, zum Teil begehbaren Skulpturen von Niki de Saint-Phalle.

Man kann Badeurlaub an der Küste machen, romanische Kirchen bewundern, aber ebenso das Weinwissen vergrößern oder einfach nur ausgiebig schlemmen. Die Toskana zeigt sich in unterschiedlichen Facetten und hat so viele

Gesichter, daß es immer wieder etwas Neues zu entdecken gibt – selbst nach unzähligen Reisen. Vielleicht ist auch das einer der Gründe, warum so viele Menschen sich zu wahren Toskanaliebhabern entwickeln – hier findet jeder etwas, das ihn immer wiederkehren läßt.

Toskanische Gastfreundschaft

Die Menschen, die auf den ersten Blick stolz und zurückhaltend, fast arrogant wirken, zeigen sich doch oft schon nach kurzer Zeit offen und gastfreundlich.

Ich erinnere mich noch gut an meine erste Reise in die Toskana. Nach einigen Tagen Florenz machten wir uns auf den Weg ins Chianti. Die erste Freude über die herrliche Landschaft wurde rasch getrübt bei der Suche nach einer Bleibe für die Nacht. Wir machten Station in Greve, weit und breit war kein einziges freies Bett zu haben. Was tun? Es war schon spät, und auch der Hunger machte sich langsam bemerkbar. Wir landeten in der Casa del popolo, wo man uns eine ausgezeichnete Pizza servierte. Einer Eingebung folgend, fragte ich beim Zahlen den Ober, ob er nicht eine Bleibe für die Nacht wisse. Er überlegte, debattierte mit anderen im Lokal und ging dann zum Telefon. Wenig später verkündete er uns die frohe Botschaft: Seine Freundin stelle uns ein Sofa zur Verfügung – nicht gerade bequem, aber für eine Nacht sicher ausreichend! Er begleitete uns hin, half uns, das Gepäck zu tragen.

Diese Hilfsbereitschaft ohne Hintergedanken begegnete uns auf dieser Reise und auf vielen anderen immer wieder: die typisch italienische Gastfreundschaft und eine Offenheit, die uns oft verblüffte.

Die Küche der Toskana

Die Küche der Toskana ist wie die Menschen, die dort wohnen: zurückhaltend. Sie übertreibt nie, sondern kommt in der Regel mit wenigen Zutaten aus. Die toskanische Küche ist ehrlich, offenbart Fehler sofort: Sie hat keine Möglichkeit, zu überdecken. Es gibt keine kunstvollen Saucen, die verbergen könnten, daß das Fleisch darunter nicht von optimaler Qualität ist, keine tausend Gewürze, die darüber hinwegtäuschen, daß das Gemüse selbst kaum Geschmack hat.

Ganz zu Beginn des Menüs gibt es in der Toskana oft eine gemischte Platte, bestehend aus verschiedenenen Wurst- und Schinkensorten, oder aber die allseits beliebten Crostini. Früher servierte man Crostini in der Toskana übrigens erst nach der Suppe.

Meist mit einem Strahl bestem Olivenöl gekrönt, übernehmen Suppen den wichtigsten Part bei den Primi – etwa mit Gemüse, Hülsenfrüchten, Brot oder Getreide wie z.B. Dinkel. Pastaspezialitäten, in allen anderen Teilen Italiens der am häufigsten servierte erste Gang, haben ihren Ursprung nicht direkt in der Toskana, sondern wurden von den Nachbarregionen, in erster Linie der Emilia-Romagna, übernommen. Nur die Pici, die dicken hausgemachten Spaghetti aus dem südlichen Teil der Region, sind eine echte toskanische Nudelspezialität, die es im übrigen Italien nicht gibt.

Und auch bei den Risotti blickt man in der Toskana auf keine lange Tradition. Man übernahm sie aus der Lombardei, genauer gesagt, aus Mailand und wandelte sie auf toskanische Weise ab. Man gart sie ohne Mark und Safran, sondern mit aromatischen Steinpilzen, Gemüse oder würzigen Kräutern.

Bei den Hauptgerichten steht Fleisch eindeutig im Mittelpunkt, oft wird es einfach gegrillt oder gebraten und mit Gemüsebeilagen serviert. Gerne bereitet man es auch in gemischten Schmortöpfen mit Gemüse und vielen Kräutern zu. An der Küste gibt es selbstverständlich Fisch, der aber auch in der übrigen Toskana geschätzt wird. Die Wege sind kurz, so daß man auch im Landesinneren neben den Fischen aus Flüssen und Seen Fangfrisches aus dem Meer bekommt. Auch die Zubereitung von Fisch ist eher einfach: Am liebsten ißt man ihn geschmort, gebraten oder gegrillt.

Bei den Beilagen stehen Hülsenfrüchte hoch im Kurs. Es gibt gekochte Bohnen oder Kichererbsen, meist ganz einfach mit Olivenöl, Salz, Pfeffer und eventuell etwas Knoblauch gewürzt. Das Gemüseangebot richtet sich nach der Jahreszeit. Im Herbst und Winter bestimmen vor allem Steinpilze, Spinat, Cavolo nero – Schwarzkohl – und Artischocken den täglichen Speiseplan, im Frühling frische grüne Erbsen, dicke Bohnen und grüner Spargel. Im Sommer bieten Gärten und Felder der Toskana Gemüse und Salate für jeden Geschmack.

Genuß ohne Grenzen

Typisch toskanische Gerichte zu finden, ist nicht immer ganz einfach. Denn inzwischen haben sich auch in Italien die kulinarischen Grenzen verwischt. Vor allem die Küchen der angrenzenden Regionen Ligurien, Umbrien, Lazio und Emilia-Romagna haben die traditionelle toskanische Küche bereichert.

Für den Variantenreichtum gibt es darüber hinaus weitere Gründe: So kann ein Gericht oft auf viele Arten zubereitet werden. In jedem Ort, in jeder Familie wird es um eine Nuance anders gekocht. Und auch in der Toskana verschließt man sich nicht vor den Erkenntnissen moderner Ernährung: Man kocht mit weniger Fett, ersetzt das Fleisch schon einmal durch Gemüse.

Ein weiterer Grund für die vielen Variationen desselben Gerichtes ist, daß es sich bei der toskanischen Küche ursprünglich um eine arme Küche gehandelt hat. Und da mußte man oft das nehmen, was gerade da war, konnte nicht immer die gleichen Zutaten verwenden.

Toskanische Idylle: Katze mit wunderschöner Zeichnung (links).
Farbe satt: Im Mai und Juni leuchten Mohnblüten auf Wiesen,
zwischen Weinreben und blitzen aus Mauerspalten hervor (rechts).

Land und Leute

Das tägliche Brot

Die toskanische Küche lebt von drei Hauptzutaten: Wein, Öl und Brot. Weinberge und Olivenhaine findet man überall in der Toskana, Wein und Öl gibt es also buchstäblich im Überfluß.

Getreide, hauptsächlich Dinkel und Weizen, wächst in der Toskana vor allem in der Garfagnana, aber auch in anderen Gegenden. Es wird in Suppen verarbeitet und natürlich täglich zu Mengen von Brot verbacken.

Das typisch toskanische Brot ist immer ungesalzen. Das stammt noch aus einer Zeit, als alle Gewürze und somit auch Salz sehr teuer waren. Doch Brot schmeckt in der Toskana nie fad, denn es wird immer mit Würzigem serviert, zum Beispiel mit Wildschweinsalami, saftigem Schinken, Finocchiona – einer würzigen Schweinefleischwurst mit Fenchelsamen – oder auch, um das neue, leicht pfeffrig schmeckende Olivenöl in möglichst reiner Form zu probieren. Salz im Brot ist also überflüssig, würde im Gegenteil den reinen Genuß, den man in der Toskana in jeder Hinsicht schätzt und pflegt, sogar stören.

Frisch aus dem Ofen schmeckt »Pane toscano« natürlich am besten, und man kauft es in der Toskana auch täglich knusprig frisch. Doch altbackenes Brot wandert keineswegs in den Müll oder wird den Schweinen verfüttert. Zahlreiche Suppen wie die berühmte Ribollita und die Pappa al pomodoro zeugen davon, daß Resteverwertung auf toskanische Art wahre Köstlichkeiten hervorbringen kann.

»Pane toscano« wird einfach nur aus Mehl, Hefe und Wasser zubereitet. Wenn Sie es einmal selbst zu Hause backen möchten: Für einen Laib 30 g frische Hefe zerkrümeln und in 200 ml lauwarmem Wasser auflösen. Die angerührte Hefe mit 350 g Mehl zu einem relativ weichen Teig verkneten und in einer Schüssel zugedeckt an einem warmen Ort 1 Std. gehen lassen, bis der Hefeteig schön aufgegangen ist. Dann den Teig nochmals durchkneten, zu einem runden oder ovalen Laib formen und auf einem mit Olivenöl bestrichenen Backblech nochmals 1 Std. zugedeckt gehen lassen, bis er schön locker ist. Dann den Backofen auf 200° (Umluft 180°) vorheizen. Brot mit Wasser bepinseln, mit Mehl bestäuben und im heißen Ofen 30 Min. backen, bis es schön aufgegangen und goldbraun ist.

Essen gehen

Wer nicht selbst kochen will, kann seinen Hunger in der Toskana auf vielerlei Arten stillen. In jedem kleinen Ort findet man eine Pizzeria, wo es neben einfachen Nudelgerichten saftige und knusprige Teigfladen aus dem heißen Pizzaofen gibt, fast immer ist der Teig hauchdünn – ganz im Gegensatz zu den dicken Fladen, die man im Süden Italiens bekommt, wo das Gericht ursprünglich herstammt.

Osteria, Trattoria und Ristorante sind heutzutage kaum mehr voneinander zu unterscheiden, eine Osteria oder Trattoria, unter der man früher eine eher einfache ländliche Lokalität verstand, kann heute teurer sein als ein Ristorante. Gut beraten ist man meist, wenn man Einheimische fragt, wo man gut essen kann.

Persönliche Tips

Selbstverständlich gibt es in der Toskana unzählbar viele Restaurants, die es zu besuchen lohnt. Ich beschränke mich deshalb auf einige wenige, die mir besonders am Herzen liegen, weil ich dort genußreiche Stunden verbracht habe.

Zum Beispiel in der Osteria »La Pievina« in der Nähe von Asciano (Via Lauretana, Asciano (SI), Telefon 0577/718368).

Miretta Cantini kocht mit Begeisterung – unterstützt von sechs anderen Frauen und einem Mann. Das La Pievina ist bekannt für seine ausgezeichnete Fischküche, sowohl bei den Antipasti und Primi wie auch bei den Secondi. Hier gibt es keine Speisekarte. Dennoch kann man in der Regel wählen zwischen Fisch und Fleisch und bekommt in jedem Fall ein reichhaltiges Menü ohne konkrete Bestellung. Jeder Gang birgt eine neue Überraschung.

Zum Schluß stehen verschiedene Schüsseln mit Desserts auf dem Tisch, und man kann sich selbst nehmen, was man noch schafft. Dazu serviert Miretta verschiedene Likörweine und feinsten Grappa. Wer nicht wirklich großen Hunger hat, sollte von Anfang an beharrlich darauf hinweisen, daß er nur wenig möchte – er bekommt immer noch genug. Mit jedem Gang, den Miretta mit Begeisterung serviert und auch kommentiert, strahlt sie mehr.

Ebenfalls ein Erlebnis ist ein Besuch bei Giuseppe Alessi in seinem Restaurant »Pentola dell'oro« in Florenz (Via di Mezzo, 24, Telefon 055/241821). Er ist überzeugt, daß sich die Menschen durch eine nur naturwissenschaftliche Sicht der Dinge vom wahren Leben entfernt haben.

Der Restaurantchef hält sich beim Auswählen und Zubereiten der Gerichte an die Jahreszeiten, da sie den Rhythmus der Natur widerspiegeln, aber auch den des Menschen. So stehen im Sommer viele Gemüse- und Fischgerichte, im Winter sättigende Suppen und deftige Schmorgerichte sowie reichhaltige Sughi auf der Speisekarte. Das Essen ist köstlich, aber nicht sehr teuer.

Signore Alessi war bis vor einigen Jahren Besitzer eines großen Restaurants, in dem man schon Monate vorher reservieren mußte. Irgendwann fragte sich der Maestro: »Warum für Leute kochen, die eigentlich nie richtig Hunger haben?« Er eröffnete ein neues Lokal, eine Kantine der besonderen Art: Nur Mitglieder dürfen hier speisen. Es lohnt sich jedoch auch für Einmalbesucher, den geringen Mitgliedsbeitrag zu zahlen. Von diesem System profitiert Giuseppe Alessi ebenso wie seine Gäste. Er muß wesentlich weniger Abgaben zahlen und kann es sich deshalb leisten, das Essen zu einem angemessenen Preis zu servieren. Man bekommt bei ihm echt toskanische Spezialitäten, die man nicht mehr so oft findet.

Im »Salotto del Chianti« in Mercatale (Via Sonnino, 92, Mercatale Val di Pesa, Telefon 055/8218016) verwendet man die Produkte der Gegend und kocht toskanisch auf eine verfeinerte Art. Das Innere des kleinen Lokals ist so gemütlich, daß man es tatsächlich als »Wohnzimmer des Chianti« bezeichnen könnte. Es schließt sich ein Innenhof an, der ebenfalls einladend gestaltet ist.

Im Salotto del Chianti können Sie als Vorspeise zum Beispiel frischen jungen Käse der Gegend, der in einem blanchierten Salatblatt serviert wird, essen oder auch raffiniert gefüllte Zucchiniblüten. Nudeln gibt es nicht nur mit Fisch und Wild, sondern auch mit Gemüse. Beim Hauptgang findet man neben Fleisch und einem oder zwei Fischgängen oftmals sogar ein vegetarisches Gericht, wie etwa eine pikante Pilztorte.

Beeindruckend ist im Salotto del Chianti vor allem die umfangreiche Weinkarte, kaum ein guter Tropfen der Gegend, den man darauf vermissen würde. Und wie in so vielen Ristoranti in Italien sind gute Flaschenweine hier durchaus bezahlbar.

Kleinigkeiten und wechselnde Tagesgerichte bekommt man in Panzano in der Enoteca »Il Vinaio«(Via S. Maria, 22). Inhaberin Teresa Barba kocht selbst und läßt manchmal den Einfluß ihrer süditalienischen Heimat erkennen. Selbstverständlich gibt es hier ebenfalls eine gute Weinauswahl. Möchte man den Wein glasweise probieren, sind wechselnde Weine im Angebot.

Ganz einfach, aber ebenfalls köstlich, ißt man in der Pizzeria »L'Archibugio« in Barberino Val d'Elsa (Via V. Veneto, 48, Telefon 055/8075209), neben Pizza und Pasta gibt es hier auch toskanische Spezialitäten. Die Bruschetta wird serviert wie zu Hause »al modo della mamma«. Alle Zutaten – also geröstetes Brot, Tomaten, Knoblauchzehen und Olivenöl – gibt es extra und zum selber Zusammenstellen. Vor allem im Sommer sollten Sie dort in jedem Fall vorbestellen.

Übrigens: Egal, wo Sie essen: Wenn Sie den ersten jungen Wein, die ersten frischen Erbsen oder den ersten grünen Spargel im Jahr genießen: Machen Sie es wie die Toskaner und wünschen Sie sich etwas!

Miretta Cantini in ihrem Ristorante »La Pievina« (oben). Die Pasticceria (unten links) lädt zum Verweilen ein. Die Obst- und Gemüsekisten vor dem kleinen Geschäft (unten rechts) machen Appetit auf einen Einkauf.

Land und Leute

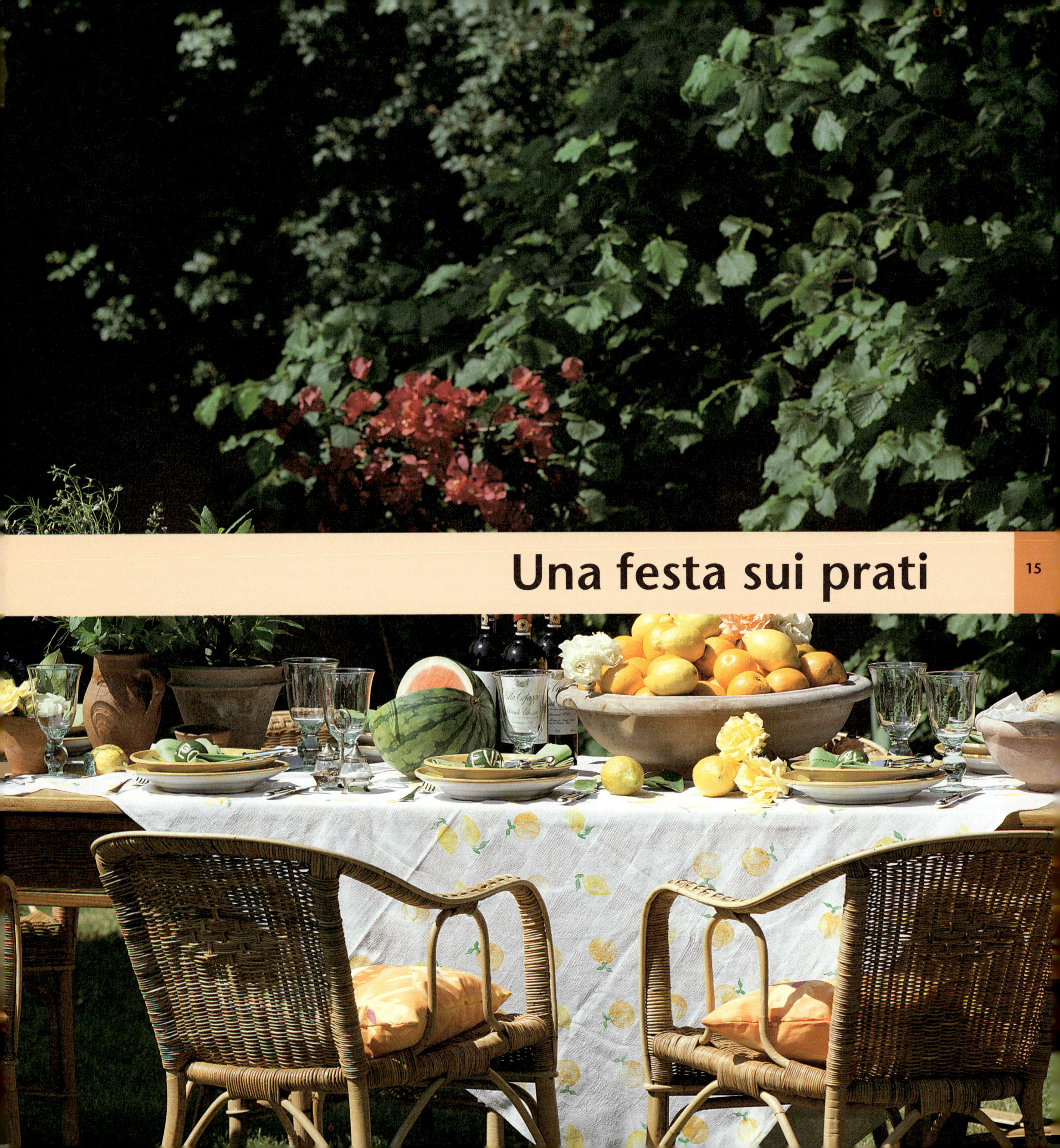

Una festa sui prati

Una festa sui prati

Sommer, Sonne, Blumenpracht, Grillenzirpen unter grünen Bäumen und sternenklare, laue Nächte – es gibt hundert Gründe, die für ein Sommerfest unter freiem Himmel sprechen. Leider können wir hierzulande die Sommerfreuden etwas seltener genießen als in der Toskana. Gerade deshalb sollten wir die milden Hochsommertage und -abende nutzen, um mit lieben Freunden »una festa sui prati«, ein fröhliches Fest auf unseren Wiesen zu feiern. Und so ein Fest im Freien freut nicht nur die geladenen Gäste, sondern ist auch für den Gastgeber nach geglückter Vorbereitung ein unbeschwertes Vergnügen. Die kulinarischen Sommergenüsse, die bei diesem Fest aufgetischt werden, lassen sich sehr gut vorbereiten. Die Dekoration ist effektvoll und ohne große Anstrengung machbar.

Blumen und duftende Kräuter in Hülle und Fülle schmücken die Sommertafel. Eine dicke Wassermelone wird zur appetitlichen Attraktion. Vor allem aber Zitrusfrüchte bestimmen die Dekoration – ob üppig arrangiert in der Terracottaschale, als Muster auf der Tischdecke oder mit Blumen und Kräutern hübsch kombiniert.

Der Zitronenstrauß

Die ungewöhnliche Kombination aus Zitronenzweigen, Feldrittersporn und voll erblühten Rosen macht diesen Strauß zum Blickfang auf den Beistelltischen. Selbstverständlich passen auch andere Wiesengräser und -blumen zu den Zitronenzweigen. Lassen Sie sich vom Angebot in der freien Natur inspirieren. Sie können auch Kräuter mit Zitronenzweigen arrangieren. Die Zweige bekommen Sie in größeren Blumengeschäften und Gärtnereien. Möglicherweise müssen Sie sie vorbestellen.

Besonders gut kommt der Zitronenstrauß in einer Terracottavase zur Geltung, denn die leuchtenden Zitronen bilden einen reizvollen Kontrast zum matten Ton. Sie sollte nach oben hin schmaler werden, damit die schweren Zweige einen Halt haben.

Auch unglasierte Terracottagefäße können Sie als Vase verwenden: Einfach ein passendes Einmach- oder Gurkenglas mit Wasser füllen und in den Tontopf stellen. Auf diese Weise können auch schlichte Blumentöpfe als Vase dienen.

Die Schale

Für das Arrangement eine breite Terracottaschale mit Zitronen und Orangen füllen, das ganze mit lachsfarbenen, weißen und gelben Rosenblüten garnieren.

Die Blüten zwischen den Zitrusfrüchten überstehen das Sommerfest in aller Frische, wenn sie mit Wasser versorgt werden. Dazu Orchideen-Röhrchen, die Sie in Blumengeschäften bekommen, mit Wasser füllen und die Blumenstiele hineinstecken. Die Röhrchen zwischen den Zitrusfrüchten verstecken. Für die Dekoration der Terracottaschale brauchen Sie keine langstieligen Rosen. Fragen Sie Ihren Blumenhändler nach abgebrochenen Blüten – sie sind preiswerter.

Die Tischdecke

Mit aufgedruckten Zitronen und Orangen wird eine rein weiße Tischdecke leuchtend schön fürs Sommerfest. Auch ein einfaches Laken oder einen schlichten Baumwollstoff können Sie auf diese Weise aufputzen.

Sie brauchen eine Linoldruckplatte in DIN-A-6 Größe, verschiedene Linoldruckmesser, eine Walze, Stoffdruckfarbe, drei mittelfeine Pinsel und etwas Geschick. Eine Grundausstattung für Linoldruck bekommen Sie in guten Schreibwarengeschäften. Hier erhalten Sie auch Stofffarbe und Pinsel. Zunächst die Linoldruckplatte mit einer Schere durchschneiden. Die Schablonenzeichnungen für die Zitrone und die Orange (siehe unten) auf je eine Platte übertragen. Dazu das Motiv auf festes Transparentpapier durchpausen, ausschneiden und auf die Linolplatte legen. Nun die Umrisse mit einem weichen Bleistift nachziehen, anschließend mit der Schneidefeder oder einem dünnen Messer nachritzen. Nun mit dem Flachausheber die äußeren Flächen weghobeln bzw. -schneiden. In der Nähe der Frucht mit feineren Linoldruckmessern arbeiten. Auf diese Weise entsteht ein Stempel. Alles, was Sie nicht wegschneiden, ist gedruckt zu sehen.

Wer möchte, kann zusätzlich

in der Mitte der Motive feine Schatten oder Schattierungen anbringen. Das können zum Beispiel feine Streifen in den Blättern sein. Wichtig: Schneiden Sie vorsichtig, denn was Sie einmal weggeschnitten haben, läßt sich nicht wieder ersetzen. Außerdem mit den Linolmessern immer vom Körper wegarbeiten, denn die Federn, Heber und Riller sind so scharf, daß Sie sich damit leicht verletzen können. Den Zitronen- bzw. Orangenstempel nun mit grüner und gelber oder orangefarbener Stofffarbe bepinseln. In guten Schreibwarenläden gibt es spezielle Stofffarbe für Linoldruck. Sie ist etwas

zäher als normale Farbe, tropft deshalb nicht so leicht. Nun können Sie die Motive auf den Stoff drucken. Die Linolplatte dabei mit den Fingern fest auf den Stoff drücken oder mit der Walze mehrmals mit gleichmäßigem Druck über die Platte rollern.

So die ganze Tischdecke bedrucken. Zum Schluß die Farben noch fixieren. Beachten Sie dazu den Herstellerhinweis auf der Packung der Stofffarbe. Meist genügt es, die Motive mit einem Tuch darüber zu bügeln.

Mit der Linoldrucktechnik können Sie auch Stoffservietten verschönern oder die Menükarten herstellen.

in der Toskana draußen schnell zu kalt.

Machen Sie es hierzulande genauso: Lassen Sie die Bäumchen den Sommer über im Garten oder auf der Terrasse stehen. Stellen Sie sie im Herbst ins Haus, am besten in einen kühlen Keller oder in einen nicht zu warmen Flur.

Wenn Sie für das Fest nicht extra so ein Zitrusbäumchen anschaffen wollen, dekorieren Sie den Garten mit Zitronensträußen (Seite 16) oder bunten Sommerblumensträußen, die Sie in verschieden großen Terracottatöpfen oder -vasen arrangieren. Damit die Vasen auch eine Windböe überstehen, eventuell einen größeren Stein hineinlegen. Falls die Töpfe innen unglasiert sind: Einmachgläser hineinstellen, damit kein Wasser herauslaufen kann. (Siehe Zitronenstrauß Seite 16).

Zitrusbäumchen

Zitronen-, Mandarinen- oder Orangenbäumchen dienen auf unserem toskanischen Sommerfest als duftende Dekoration. Die Bäumchen, die Sie in Blumenhandlungen und Gärtnereien bekommen, tragen Früchte und Blüten zur selben Zeit. So sehen sie in Terracottatöpfen nicht nur schön aus, sie faszinieren auch durch den betörenden Duft der Blüten.

In der Toskana beherrschen Zitrusfrüchte zwar nicht so stark wie in Süditalien das Landschaftsbild, doch hat fast jede Familie ihren eigenen Zitronen- oder Orangenbaum im Garten oder auf der

Terrasse stehen, meist in einem großen Terracottatopf. Im Winter werden die wärmeliebenden Pflanzen nach drinnen geholt, denn in dieser Jahreszeit ist es für die empfindlichen Bäume selbst

Leuchtende Zitronen

Beginnt Ihr Fest mittags und möchten Sie in den Abend hineinfeiern? Oder haben Sie Ihre Gäste ohnehin für ein abendliches Fest eingeladen? In beiden Fällen sollten Sie für ausreichende Beleuchtung sorgen. Dekorativ sind Lichterketten, die Sie zusätzlich verzieren (siehe rechts). Auch hier stehen Zitronen wieder im Mittelpunkt. Sie brauchen eine Lichterkette (zum Beispiel aus Ihrer Weihnachtskiste), Tonpapier in zwei verschiedenen Gelbtönen, außerdem frische Blätter von einem Zitronenbaum

oder von einem beliebigen anderen Strauch oder Baum. Außerdem benötigen Sie grüne und gelbe Kordel aus gedrehtem Papier (gibt es im Schreibwarengeschäft) und eventuell etwas Blumendraht. Ein postkartengroßes Stück Tonpapier (DIN-A-6) falten. Zitrone ausschneiden, dabei darauf achten, daß ein Stück Zitronenrand in den Falz läuft. Sie erhalten zwei zusammenhängende Papierzitronen, die sich wie eine Karte aufklappen lassen. Als Vorlage für die Zitronenkontur können Sie die Schablone (Seite 17) verwenden. Die Zitrone am Falz lochen. Durch das Loch ein Stück Papierkordel ziehen. Die aufgeklappte Zitrone über ein Lichtchen an der Kette stecken und mit der Kordel am Kabel festbinden. Dabei jeweils zwei Blätter mit einbinden. Eventuell mit Blumendraht nachhelfen. Diese Lichterkette können Sie dann in ein Bäumchen hängen oder um den Ständer des Sonnenschirmes winden. Wer nicht extra Papierzitronen basteln möchte, kann das Fest auch mit einer

Kette bunter Glühbirnen illuminieren.
Stimmungsvoll sind auch Lichterketten mit verschiedenen Motiven (zum Beispiel Zitronen) als Lampen, die im Dekobedarf und in Kaufhäusern angeboten werden.

Geschirr und Servietten

Auch auf unserem Keramikgeschirr wiederholt sich das Zitronenmotiv. Falls Sie sich nicht extra ein neues Geschirr anschaffen wollen: Zum sommerlichen Ambiente passen auch gelbe Keramikteller und -schüsseln oder glasierte Terracottateller sehr gut.
Auf jeden Fall darf das Geschirr für das Fest im Freien ruhig ein wenig rustikal, italienisch robust sein. Zum Gelb der Zitronen harmonieren lindgrüne Servietten, zum Beispiel aus Leinen. Farbtupfer auf dem Tisch können echte Zitronen oder Früchte aus Keramik sein. Zum Anbeißen schön sieht eine angeschnittene Wassermelone aus (siehe Seite 14/15).

Namenslimette

Statt Tischkarte: Bei unserem Sommerfest zeigt eine Limette (siehe unten) den Gästen den Platz an. Das fruchtige Namensschild können Sie im Handumdrehen selbst herstellen. Sie brauchen pro Person eine Limette und einen Zestenreißer oder einen »Geisfuß« oder »Riller« aus dem Linoldruckset. Kaufen Sie sicherheitshalber ein paar Limetten mehr, falls Sie sich »verschreiben«. Wer keine Limetten (die auch unter dem Namen Limonen angeboten werden) findet, kann auch Zitronen nehmen. Schreiben Sie mit einem weichen Bleistift den Namen des Gastes auf die Frucht. Je schnörkelloser Sie schreiben, desto einfacher können Sie anschließend die Buchstaben mit dem Linoldruckmesser oder dem Zestenreißer ausschneiden. Die Frucht dann einfach auf den Teller legen und nach Belieben noch mit ein, zwei Blättern garnieren. Viele Gäste, vor allem die kleinen, werden die Limette sicher gern mit nach Hause nehmen.

Menükarte

In jedem Fall sollte auf der Menükarte das Hauptthema der Dekoration, nämlich die Zitrone, wieder auftauchen. Die rechts abgebildete Karte stammt aus einem Kunstpostkartenladen. Sie brauchen auf die Vorderseite nur noch »Menü« zu schreiben (zum Beispiel mit einem silbernen Metallicstift). Dann die Speisenfolge hineinschreiben. Selbstverständlich können Sie die Karte auch selbst basteln. Dafür zum Beispiel gelben oder grünen DIN-A-4-Karton zusammenklappen, so daß eine Doppelkarte entsteht. Auf der Vorderseite ein Fenster ausschneiden, da-hinter ein weißes oder schwarzes Papier kleben, auf dem wiederum eine ausgeschnittene Zitrone aufgeklebt oder mit Linoltechnik aufgedruckt ist.

Der Tisch

Damit alle Speisen auf dem Tisch Platz haben, brauchen Sie ein möglichst großes Exemplar. Falls Sie keinen passenden Tisch haben, der sich problemlos nach draußen schaffen läßt, besorgen Sie sich zum Beispiel im Getränkemarkt zwei Biertische, die Sie mit den Längsseiten aneinander stellen.
Dann die Tischdecken darüber breiten, den Tisch eindecken und schmücken. Außer dem eigentlichen Eßtisch brauchen Sie noch mindestens einen Beistelltisch, auf dem Sie Brot und Getränke, aber auch zusätz-

liche Teller, Gläser, Besteck und Servietten deponieren können.
Außerdem können Sie hier Essig und Öl in kleinen Flaschen sowie Salz und Pfeffer bereitstellen.

Der Grill

Für das toskanische Sommerfest brauchen Sie einen geeigneten Grill samt passendem Platz. Der Grill sollte nicht zu klein sein und außerdem standfest. Stellen Sie ihn so auf, daß der Wind den Rauch, der sich beim Grillen bildet, nicht gerade in Richtung Eßtisch bläst. Außerdem darf der Grill auf

keinen Fall zu nah am Tisch stehen.
Verwenden Sie aus Sicherheitsgründen niemals Spiritus oder Benzin, um die Glut

zu entfachen. Bevor die Hähnchen auf dem Rost brutzeln können, muß die Holzkohle mit einer weißen Ascheschicht bedeckt sein. Das dauert etwa eine halbe bis eine Stunde, die Sie bei der Vorbereitung des Essens einplanen sollten.

Sonnenschutz

Bei einem Fest unter freiem Himmel brauchen Sie unbedingt einen Sonnenschutz. In Baumärkten bekommen Sie große Sonnenschirme und offene Zeltdächer. Sie eignen sich auch als Unterschlupf, falls ein Regenschauer die Party stört.

Kühle Tips

Im Sommer ist es heiß, und es wird meist viel getrunken. Sorgen Sie deshalb für ausreichend Getränke, vor allem auch für Wasser und Säfte. Manche trinken gerne Rotwein, aber die meisten Ihrer Gäste werden im Sommer Weißwein bevorzugen. Und ob Wasser oder Weißwein: Die Getränke müssen selbstverständlich schön kühl sein. Schaffen Sie deshalb im Garten oder auf der Terrasse eine Kühlmöglichkeit. Gut eignet sich eine große Terracottaschale, aber auch eine riesige Salatschüssel oder eine Plastikwanne, die Sie mit Zweigen und Blumen rundherum dekorieren. In diese Gefäße füllen Sie dann Eis und stellen die Flaschen hinein. Das Eis können Sie beim Partyservice bestellen. Wer eine große Gefriertruhe hat, kann das Eis auch selbstmachen. Es gibt in Haushaltwarengeschäften spezielle Plastikbeutel zu kaufen, die man mit Wasser füllen und dann ins Gefrierfach legen kann. Sie erhalten viele, kleine, runde Eisstücke. Vorteil einer Kühlmöglichkeit im Garten: Die Gäste können sich problemlos selbst bedienen.

Kräuterblumen

Blühende Kräuter zaubern sommerliche Stimmung auf den Tisch. Die Kräuterblumen sehen nicht nur schön aus, sie duften auch wunderbar. Und wer mag, zupft Thymian oder Rosmarin einfach vom Stiel und gibt damit den Gerichten noch eine eigene Würze. Wählen Sie die Kräuter ganz nach Markt- oder Gartenangebot. Kräuter in Tontöpfen sind eine ganz einfache und dennoch wirkungsvolle Dekoration. Besonders hübsch und nicht alltäglich sind Lorbeerbäumchen (aus dem Blumengeschäft oder Gartencenter) in Tontöpfen oder bunt gemischte Sträuße in Terracotta-Amphoren. Kombinieren Sie zum Beispiel Pfefferminze, Salbei, Estragon und Rosmarin.
Ebenfalls dekorativ, wenn auch nicht original toskanisch: Kapuzinerkresseblüten und -blätter, gemischt mit blühendem Majoran.

Das Brot

Außer Getränken sollte vor allem auch immer ausreichend Brot auf dem Tisch stehen. Stellen Sie dafür möglichst mehrere gut gefüllte Behälter auf den Tisch, so daß man sich von allen Plätzen aus bequem bedienen kann. Zum Sommerfest servieren Sie das Brot am besten in Terracottaschalen. Dazu die Schalen einfach mit einer Stoffserviette oder einem doppelt gefalteten Geschirrtuch auskleiden und mit Brot füllen. Wahrscheinlich müssen Sie immer wieder Brot nachlegen. Stellen Sie deshalb noch zusätzliche Brotlaibe auf einem Beistelltisch bereit. Dort können Sie das Brot auch gleich schneiden. Wer das Brot selbst backen möchte, findet dafür ein Rezept auf Seite 11.

Wohlfühlen garantiert

Ein Sommerfest dauert oft den ganzen Tag und sollte daher etwas Abwechslung bieten. Schön, wenn es neben der großen Eßtafel noch andere Möglichkeiten gibt, um sich kurz niederzulassen. Richten Sie, wenn möglich, ein paar separate Sitzmöglichkeiten im Garten ein. Zwei Korbstühle, um einen kleinen Abstelltisch gruppiert – das kann auch eine Getränkekiste mit einem dekorativen Tablett darauf sein – sind hübsch und laden zum Verweilen ein.

Auch diese lauschigen Plätze sollten Sie mit Licht versorgen. Stimmungsvoll sind Fackeln, die es im Sommer überall zu kaufen gibt. Im Dekobedarf finden Sie sogar Fackeln in Zitronenform (siehe unten).

Auch bunte Lampions oder Windlichter erfüllen ihren Dienst auf attraktive Weise. Wenn Ihre Gäste kommen, begrüßen Sie sie am besten mit einem Aperitif. Im Sommer ist Campari mit Oran-

gensaft ebenso erfrischend wie Orangensaft pur mit einigen Eiswürfeln und einem frischen Minzezweig dekoriert. Servieren Sie die Getränke am besten gleich im Glas, und reichen Sie sie mit einem Drahtkorb herum. Außer Campari schmeckt auch Prosecco gut, zur Abwechslung vielleicht mit etwas Erdbeerpüree gemischt. Sind alle Gäste da, stellen Sie nacheinander die marinierten Gemüse, die Frittata und die Kräutertorte auf den Tisch. Dann bleiben diese Köstlichkeiten noch stehen, während Sie die Spieße und das Hähnchen auf dem Grill zubereiten, denn sie schmecken auch als Beilage

gut. Vielleicht bietet einer Ihrer Gäste seine Hilfe beim Grillen an.

Die Nachspeisen stehen im Kühlschrank bereit und werden erst später herausgetra-

gen. Stellen Sie auf keinen Fall alle Gerichte gleichzeitig auf den Tisch. Denn die meisten Italiener mögen keine Buffets. Man stellt die Köstlichkeiten nacheinander auf den Eßtisch, und zwar nach der üblichen Speisenfolge zuerst Salate und Vorspeisen, dann nach und nach den Rest. Der Mode, Buffets aufzubauen und im Stehen Häppchen zu sich zu nehmen, begegnet man in der Toskana mit Naserümpfen. Gabriele di Camaiore, toskanischer Koch und Gourmet, drückt es so aus: »Noi toscani lasciamo ai francesi la moda di mangiare in piede come gli asini, a noi ci piace di sedere a tavola, comodi e con le gambe distese.« – »Wir Toskaner überlassen es den Franzosen, wie die Esel im Stehen zu essen, und ziehen es selbst vor, am Tisch zu sitzen, bequem und mit ausgestreckten Beinen.«

Ein Tip

Alle Gerichte eignen sich auch für ein Picknick – Hähnchen und Spieße bereits gegart.

Una festa sui prati

Das gibt es

- *Torta di ricotta*
  (Kräuter-Ricotta-Torte)
- **Frittata di verdure** *(Omelett)*
- **Cipolle in salsa di mosto**
  (Zwiebeln in Essig)
- **Fagiolini marinati**
  (Marinierte grüne Bohnen)
- **Insalata di gamberetti**
  (Garnelensalat)
- **Pollo alla diavola** *(Scharf*
  mariniertes Grillhähnchen)
- **Spiedini di carni e verdure**
  miste *(Bunte Grillspießchen)*
- **Salsa piccante**
  (Scharfe Tomatensauce)
- **Crostata di albicocche**
  (Aprikosentorte)
- **Ricotta con le fragole**
  (Frischkäse mit Erdbeeren)

Das brauchen Sie außerdem

Italienisches Weißbrot
1–2 Flaschen Wasser pro
Person, evtl. Saft, Prosecco
1 Flasche Wein pro Person

Getränketip

Weißwein: einen guten Vino
da tavola von Antinori, einen
»Le crete« oder einen »Le
Grance« von Caparzo oder
einen Vernaccia di San Gi-
mignano.
Rotwein: ein weicher Chianti
classico, etwa Poggerino,
Querciabella oder Villa
Cafaggio.

Zeitplan

Am Vorabend: Cipolle in salsa di mosto
Fagiolini marinati ohne Garnierung
Salsa piccante
Aprikosenpüree für die Torte zubereiten
Torta di ricotta zubereiten

Am Festtag
Morgens: Insalata di gamberetti zubereiten
Huhn marinieren
Spieße zubereiten, kalt stellen
Crostata backen
Frittata backen

2 Stunden bevor   Fagiolini garnieren
die Gäste kommen: Tisch decken, dekorieren

1 Stunde bevor   Grill anheizen
die Gäste kommen: Vorspeisen auf den Tisch stellen

Torta di ricotta
Kräuter-Ricotta-Torte

Schmeckt warm und kalt

Zutaten für eine Springform
von 28 cm ø:
Für den Teig:
250 g Mehl (+ Mehl zum
Ausrollen)
1/2 TL Salz
2 EL Olivenöl
Für die Füllung:
2 Stangen Lauch
400 g Mangold
100 g Kräuter (z.B. Borretsch,
Basilikum, Petersilie)
1 EL Olivenöl (+ Olivenöl zum
Bestreichen)
600 g weicher Ricotta
100 g geriebener
Pecorino
Salz • schwarzer Pfeffer

2 Eier
Außerdem:
Salatblätter zum Garnieren

Pro Portion: 1090 kJ/260 kcal
Zubereitungszeit: 45 Min.
(+ 1 Std. Backzeit)

1 Mehl mit Salz, Olivenöl
und 1/8 l Wasser zu einem
geschmeidigen Teig verkneten. Bei Bedarf noch etwas
Wasser oder Mehl dazugeben. Den Teig in vier Stücke
teilen, zu Kugeln formen,
mit einem feuchten Tuch
bedecken und ruhen lassen.

2 Lauch putzen, waschen
und mit dem zarten
Grün fein hacken. Mangold
waschen, Mangoldblätter
und -stiele fein hacken.

Kräuter waschen und fein
hacken.

3 Öl in einer Pfanne erhitzen. Lauch und Mangoldstiele darin unter Rühren
3 Min. dünsten. Mangoldblätter und Kräuter hinzufügen
und zusammenfallen lassen.
Die Flüssigkeit, die sich dabei
bildet, bei starker Hitze unter
Rühren einkochen lassen.

4 Abkühlen lassen, dann mit
dem Ricotta und dem Pecorino mischen, salzen, pfeffern. Die Eier untermischen.

5 Backofen auf 180° vorheizen. Teigkugeln jeweils
auf wenig Mehl entsprechend der Springformgröße
ausrollen.

6 Eine Teigplatte in die
Form legen, mit Olivenöl
bepinseln und einen Rand
hochziehen. Zweite Teigplatte darauf legen und mit
der Ricottamasse bedecken.
Mit der dritten Teigplatte abdecken, diese mit Öl bepinseln, mit dem restlichen Teig
belegen und diesen ebenfalls
bepinseln. Teig mit einer
Stricknadel mehrmals einstechen.

7 Ricottatorte im heißen
Ofen (Mitte, Umluft 160°)
1 Std. backen, bis sie schön
gebräunt ist. Abkühlen
lassen und zum Servieren
auf einer runden Platte mit
Salatblättern garniert anrichten.

Frittata di verdure
Buntes Omelett

Preiswert

Frittate, die italienischen Verwandten der spanischen Tortilla, gibt es in Italien in zahlreichen Variationen. Man
nimmt sie gerne zum Picknick
mit, weil sie kalt ganz ausgezeichnet schmecken.

Zutaten für 15 Personen:
400 g Gemüse (rote Paprikaschoten, Lauch, Fenchel
und Staudensellerie)
2 Zwiebeln
2 Knoblauchzehen

10 Salbeiblätter
1 Bund Petersilie
4 EL Olivenöl
8 Eier
Salz • schwarzer Pfeffer

Pro Portion: 280 kJ/70 kcal
Zubereitungszeit: 30 Min.
(ohne Abkühlzeit)

1 Gemüse putzen, waschen
und in kleine Stücke bzw.
Würfel schneiden. Zwiebeln
und Knoblauch schälen und
fein hacken. Salbei und Petersilie waschen und ohne
die groben Stiele fein hacken.

2 2 EL Öl in einer Pfanne
erhitzen. Zwiebeln und
Knoblauch darin glasig dünsten. Gemüse und Kräuter
untermischen und 5 Min. unter Rühren bei mittlerer Hitze
mitbraten.

3 Eier mit einer Gabel verrühren, aber nicht schaumig schlagen und mit Salz
und Pfeffer abschmecken.
Gemüse untermischen.

4 Restliches Öl in der
Pfanne erhitzen. Eiermasse hineingeben und
gleichmäßig verteilen. Bei
schwacher Hitze in 10 Min.
stocken lassen.

5 Dann mit einer Palette
vom Rand der Pfanne lösen, auf einen Teller gleiten
lassen und gewendet wieder in die Pfanne geben. In
3 Min. fertigbacken.

6 Frittata auf einen Teller
stürzen und abkühlen
lassen. Zum Servieren in
schmale Tortenstücke
schneiden.

Tip

Zum Wenden den Teller am
besten mit Öl bepinseln. Die
gestürzte Frittata gleitet
dann ganz leicht vom Teller
wieder in die Pfanne.

Kühle Köstlichkeiten im Sommer: Eine Marinade aus bestem Olivenöl und Essig oder Zitronensaft verleiht Zwiebeln, Bohnen und Garnelen unwiderstehliches Aroma.

Cipolle in salsa di mosto

Zwiebeln in Essig

Schnell

Giovanni Cappelli, Besitzer von Montagliari – einem Restaurant und Weingut in der Nähe von Panzano – und Hersteller von ausgezeichnetem Essig, verkauft diesen unter dem Namen »Salsa di mosto«. Der Essig schmeckt ganz ähnlich wie der Aceto balsamico und wird auch so hergestellt. Aceto balsamico kommt aber aus Modena.

Zutaten für 15 Personen:
1 kg kleine rote Zwiebeln
4 EL Olivenöl • ¹/₂ Bund Salbei
1 Bund Petersilie
1-2 getrocknete Peperoncini
100 ml trockener Rotwein
100 ml Aceto balsamico
(Salsa di mosto)
Salz • schwarzer Pfeffer

Pro Portion: 200 kJ/50 kcal
Zubereitungszeit: 30 Min.
(+ 12 Std. Marinierzeit)

1 Die Zwiebeln schälen, größere halbieren. Öl in einer Pfanne erhitzen. Zwiebeln darin unter Rühren bei mittlerer Hitze 10 Min. braten, bis sie leicht Farbe bekommen.

2 Inzwischen Salbei und Petersilie waschen, von den groben Stielen befreien und mit den Peperoncini fein hacken.

3 Kräutermischung, Rotwein und Essig zu den Zwiebeln geben. Mit Salz und Pfeffer würzen und offen bei mittlerer Hitze 10 Min. einköcheln lassen, bis die Zwiebeln bißfest sind. Abkühlen und 12 Std., z.B. über Nacht, ziehen lassen.

Fagiolini marinati

Marinierte grüne Bohnen

Läßt sich gut vorbereiten

Zutaten für 15 Personen:
1 kg dünne grüne Bohnen
Salz
1 ¹/₂ unbehandelte Zitronen
1 großes Bund Petersilie
3 Knoblauchzehen
5 EL Olivenöl
100 ml trockener Weißwein
schwarzer Pfeffer • 2 Tomaten
50 g Pinienkerne

Pro Portion: 270 kJ/60 kcal
Zubereitungszeit: 50 Min.
(+ 12 Std. Marinierzeit)

1 Bohnen waschen, putzen und in reichlich sprudelnd kochendem Salzwasser 5 Min. blanchieren. Kalt abschrecken und gut abtropfen lassen.

2 Zitronen heiß waschen, Schale dünn abschneiden, in feine Streifen teilen. Zitrone auspressen. Petersilie waschen und sehr fein hacken. Knoblauch schälen und in hauchdünne Scheiben schneiden.

3 In einer Pfanne 1 EL Öl erhitzen. Einen Teil der Bohnen darin rundherum braun anbraten. Die restlichen Bohnen ebenso braten.

4 Dann den Bratfond mit dem Wein, 100 ml Wasser und 3 EL Zitronensaft ablöschen. Zitronenschale, Petersilie und Knoblauch dazurühren. Die Marinade salzen, pfeffern und mit den gebratenen Bohnen mischen. 12 Std. kühl stellen.

5 Vor dem Servieren die Bohnen nochmals durchmischen und eventuell nachwürzen. Auf einer länglichen Platte anrichten. Die Tomaten häuten und sehr klein würfeln. Pinienkerne in einer trockenen Pfanne unter Rühren goldgelb rösten. Tomaten und Pinienkerne über die Bohnen streuen.

Insalata di gamberetti
Garnelensalat

Schnell

Zutaten für 15 Personen:
4 Stangen Staudensellerie
3-4 Möhren •1 Bund Petersilie
etwas Fenchelgrün
(ersatzweise Dill)
800 g gegarte ausgelöste Garnelen • 6 EL Zitronensaft
12 EL Olivenöl
Salz • schwarzer Pfeffer
1 Zitrone in Schnitzen

Pro Portion: 490 kJ/120 kcal
Zubereitungszeit: 20 Min.
(+2 Std. Marinierzeit)

1 Sellerie waschen, putzen und in hauchdünne Scheiben schneiden. Das zarte Grün fein hacken. Möhren schälen und in sehr feine Streifen (Julienne) schneiden. Petersilie und Fenchelgrün waschen und hacken.

2 Garnelen mit dem Gemüse und den Kräutern in einer Schüssel verrühren. Zitronensaft mit Öl, Salz und Pfeffer gut verquirlen und untermischen.

3 Salat bis zum Servieren mind. 2 Std. kühl stellen. Mit Zitronenschnitzen garnieren.

Scharfe Sachen fürs Sommerfest: Brathühnchen, Grillspieße und Tomatensauce bekommen durch Peperoncini und Paprika feurige Würze.

Pollo alla diavola

Scharf mariniertes Grillhähnchen

Läßt sich gut vorbereiten

Zutaten für 15 Personen:
2 große Brathähnchen
1 Bund Salbei
1 Bund Rosmarin
1 Zitrone
4 Knoblauchzehen
4 getrocknete Peperoncini
100 ml Olivenöl • Salz

Pro Portion: 1380 kJ/330 kcal
Zubereitungszeit: 1 ¼ Std.
(+ 2 Std. Marinierzeit)

1 Hähnchen kalt waschen und gut trockentupfen. Auf der Brustseite mit der Geflügelschere aufschneiden, flach drücken.

2 Kräuter waschen, von den Stielen zupfen und grob hacken. Zitrone auspressen. Knoblauch schälen und dazupressen. Peperoncini fein zerkrümeln. Mit Kräutern, Zitronensaft und Knoblauch unter das Öl mischen, mit Salz würzen.

3 Hähnchenteile von beiden Seiten mit dieser Mischung einreiben und zugedeckt an einem kühlen Ort mindestens 2 Std. marinieren.

4 Inzwischen Holzkohlengrill anheizen. Hähnchenteile darauf pro Seite 20-30 Min. grillen. Garprobe mit einem Stäbchen machen: in eine dicke Stelle, z.B. Keule, stechen. Tritt klarer Saft aus, ist das Hähnchen fertig, ist er dagegen noch blutig, müssen Sie noch weitergrillen. Die Hähnchen in Stücke schneiden und sofort servieren.

Tip

Wer die Hähnchen im Backofen zubereiten möchte, backt sie in 1 Std. bei 200° (Umluft 180°).

Spiedini di carni e verdure miste

Bunte Grillspießchen

Schnell

Zutaten für 15 Personen:
1 rote Paprikaschote
15 kleine rote Zwiebeln
3 Salsicce (rohe Schweinefleischwürstchen; ersatzweise rohe Kalbsbratwürstchen)
300 g Schweine- oder Kalbsleber • 500 g Schweine- oder Kalbsfilet
9-12 Scheiben Weißbrot
30 Lorbeerblätter
1 TL Fenchelsamen
Salz • schwarzer Pfeffer
6 EL Olivenöl

Pro Portion: 650 kJ/160 kcal
Zubereitungszeit: 45 Min.

1 Paprikaschote waschen, putzen und in Stücke von etwa 1 cm Größe schneiden. Zwiebeln schälen und halbieren oder vierteln.

2 Würstchen in Stücke von etwa 2 cm Größe schneiden. Schweineleber und Schweinefilet in mundgerechte Stücke (etwa 1 ½ cm Größe) schneiden. Brotscheiben jeweils vierteln.

3 Gemüse, Fleisch und Wurst abwechselnd mit Brot auf die Spießchen stecken. Dabei immer wieder ein Lorbeerblatt dazwischenstecken.

4 Fenchelsamen im Mörser fein zerstoßen. Mit Salz und Pfeffer unter das Öl mischen. Spieße mit dem gewürzten Öl einpinseln.

5 Grill anheizen. Spieße unter gelegentlichem Wenden 10-15 Min. grillen.

Variante:
Frischen Aal in Stücken abwechselnd mit Brot, Zwiebeln und Lorbeerblättern auf Spieße stecken, mit Rotwein und Olivenöl beträufeln und grillen.

Salsa piccante
Scharfe Tomatensauce

Läßt sich gut vorbereiten

Zutaten für 15 Personen:
1 kg sehr reife Tomaten
3-4 Knoblauchzehen
2 Bund Basilikum
1 Zweig Oregano
2-3 frische Peperoncini
Salz • 3 EL Olivenöl

Pro Portion: 180 kJ/40 kcal
Zubereitungszeit: 15 Min.

1 Die Tomaten häuten und klein würfeln, dabei Stielansätze und Kerne entfernen. Das Tomatenfleisch mit dem Pürierstab fein zerkleinern.

2 Knoblauch schälen und dazupressen. Kräuter waschen und ohne die groben Stiele sehr fein hacken. Peperoncini waschen, vom Stielansatz und einem Teil der Kerne befreien und ebenfalls sehr fein hacken. Mit den Kräutern unter das Tomatenpüree mischen und mit Salz abschmecken. Das Öl untermischen, Sauce kühl stellen.

Tip

Bei Peperoncini sitzt in den Kernen die meiste Schärfe. Entfernen Sie alle Kerne, wenn Sie die Sauce weniger feurig möchten.

Crostata di albicocche

Aprikosentorte

Braucht etwas Zeit

Zutaten für eine Springform
von 28 cm ø:
Für den Belag:
100 g getrocknete Aprikosen
100 ml Vin santo
700 g frische Aprikosen
100 g Zucker
1 EL Zitronensaft
Für den Teig:
300 g Mehl • 125 g Butter
Salz • 100 g Zucker
1 Ei • 1 Eigelb
abgeriebene Schale von
½ unbehandelten Zitrone
Zum Bestreichen:
1 Eigelb

1 EL Milch • 1 EL Vin santo

Bei 12 Stücken pro Stück:
1280 kJ/300 kcal
Zubereitungszeit: 50 Min.
(+ 45 Min. Backzeit +
3 Std. Ruhezeiten)

1 Für den Belag die getrockneten Aprikosen in kleine Stücke schneiden und in einem Schälchen mit dem Vin santo begießen. Zugedeckt 2 Std. quellen lassen.

2 Die frischen Aprikosen waschen, abtrocknen und ebenfalls in kleine Stücke schneiden, dabei entsteinen. Die getrockneten Früchte mit dem Vin santo, den frischen Aprikosen, Zucker und dem Zitronensaft in einem Topf zum Kochen bringen. Die Früchte unter Rühren bei mittlerer Hitze 20 Min. köcheln lassen, bis ein Püree entstanden ist. Abkühlen lassen.

3 Inzwischen für den Teig Mehl mit der in kleine Stücke geschnittenen Butter, 1 Prise Salz, dem Zucker, Ei, dem Eigelb und der Zitronenschale zu einem glatten Mürbeteig verkneten. Den Teig zu einer Kugel formen, in Pergament wickeln und 1 Std. kühl stellen.

4 Dann den Backofen auf 180° vorheizen.

5 Zwei Drittel vom Teig entsprechend der Springform rund ausrollen. Den Teig in die Form geben und einen etwa 4 cm hohen Rand hochziehen. Den restlichen Teig dünn ausrollen und mit einem Teigrädchen in Streifen von etwa 1 cm Breite schneiden.

6 Aprikosenpüree auf dem Teigboden verstreichen, Teigrand darüber nach innen klappen. Das Püree mit den Teigstreifen in einem Gittermuster belegen. Eigelb mit Milch und Vin santo verquirlen, Teig damit bestreichen.

7 Kuchen im heißen Ofen (Mitte; Umluft 160°) in 45 Min. backen, bis er schön gebräunt ist. Dabei gelegentlich bepinseln.

Ricotta con le fragole

Frischkäse mit Erdbeeren

Am besten ganz frisch

Zutaten für 15 Personen:
750 g Erdbeeren
1 unbehandelte Zitrone
6 EL Vin santo
50 g Zucker • 1 kg Ricotta
1 ½ EL löslicher Kaffee (evtl. Espresso)
Schokoraspel und Minzeblättchen zum Garnieren

Pro Portion: 630 kJ/150 kcal
Zubereitungszeit: 20 Min.
(+ 2 Std. Marinier- und Kühlzeit)

1 Erdbeeren waschen und gut abtropfen lassen, dann putzen und in kleine Stücke schneiden. Die Zitrone heiß waschen, abtrocknen und die Schale dünn abschälen. Die Schale in feine Streifen schneiden. Eine Zitronenhälfte auspressen.

2 Erdbeeren mit 2 EL Vin santo, der Zitronenschale und 1 EL Saft sowie 3 EL Zucker mischen und 1 Std. stehenlassen.

3 Dann den Ricotta mit dem restlichen Zucker gründlich verrühren. Kaffeepulver im restlichen Vin santo auflösen. Ricotta halbieren, eine Hälfte mit dem Kaffeepulver mischen, den restlichen Ricotta gründlich mit den Erdbeeren mischen.

4 Die dunkle Ricottamasse in eine flache Schüssel füllen, mit der Erdbeer-Ricotta-Masse bedecken. Mindestens 1 Std. in den Kühlschrank stellen. Mit Schokoraspeln und Minzeblättchen garniert servieren.

Varianten:
Statt mit Erdbeeren schmeckt die Creme auch mit anderen Beeren wie Himbeeren, Brombeeren oder – besonders köstlich – den kleinen Walderdbeeren.

Aber auch saftige Kirschen, aromatische Pfirsiche oder Aprikosen passen ausgezeichnet zu Ricotta.

Tip

Wer möchte, kann die beiden Ricottacremes auch gleich in Portionsschälchen verteilen. Das setzt allerdings voraus, daß genügend Platz zum Kühlen vorhanden ist.

Ein wenig Patina macht Terracottatöpfe zeitlos schön (links). Terracotta-Verkauf unter freiem Himmel (oben links). Giuseppe Ubaldo hat die Töpferkunst von der Pike auf gelernt (oben rechts).

Giuseppe Ubaldo ist über siebzig Jahre alt, seit mehr als fünfzig Jahren sitzt er Tag für Tag in seinem leicht feuchten, niedrigen und mit Tageslicht nicht gerade üppig bedachten Raum an der Drehscheibe. Eigentlich sollte er in seinem Alter wohl besser einen Schlußstrich unter sein Arbeitsleben ziehen, gibt er zu, aber seine Töpferei aufzugeben, fällt ihm einfach allzu schwer. »Ich bin wie ein Regenwurm, ich schaffe es nicht, aus der Erde zu kommen«, meint Giuseppe Ubaldo mit einem verschmitzten, aber auch leicht wehmütigen Gesichtsausdruck. Einen Nachfolger für seine Terracotta-Werkstatt in Castellina in Chianti wird es sicher nicht geben, weil er sich einen Lehrling gar nicht leisten könnte.

Ein Töpfer aus Leidenschaft

Seine eigene Lehrzeit verbrachte Giuseppe Ubaldo unter den aufmerksamen und strengen Augen seines Großvaters. Er wurde nur für die Töpferwaren bezahlt, die ihm gut gelungen waren. Die anderen Teile – der Ausschuß – waren sein »Lehrgeld«. Damals eine Selbstverständlichkeit, die zu akzeptieren er niemals in Frage gestellt hat. Mehr als 50 Jahre später würde kaum ein Lehrling mehr auf diese strengen Bedingungen eingehen.

Heute formt Giuseppe Ubaldo neben Schüsseln, Schalen, Tellern und Tassen vor allem kleine Schälchen für Pinzimonio, eine typisch toskanische Vorspeise, die man vor allem im Sommer und Herbst genießt. Dazu wird rohes Gemüse in Streifen oder Scheiben geschnitten und in Öl getunkt. In die kleinen, von Baldo, wie ihn seine Freunde nennen, gefertigten Schälchen kommt das Öl, das man ganz nach Geschmack mit Pfeffer und Salz, gelegentlich – was allerdings nicht mehr ganz ursprünglich ist – auch mit einem Schuß Essig würzt.

Handwerk vom Formen bis zum Glasieren

Giuseppe Ubaldo formt alle seine Gefäße an der Drehscheibe. Nach dem Trocknen und Brennen glasiert er die Schälchen mit heller Glasur und verziert sie mit typisch toskanischen Motiven, etwa Oliven, die noch an belaubten Zweigen hängen.

Besucher sollten schon ein bißchen Zeit mitbringen, um seine Werkstatt und die Verkaufsräume, die daran anschließen, zu besichtigen. Denn es gibt viel zu entdecken: Schüsseln mit kunstvollem Dekor stehen neben großen und kleinen Tellern, Lampenständern, Platten, Kerzenleuchtern und vielem mehr.

Die Terracotta-Gefäße, die man zum Bepflanzen für Balkon und Garten erstehen kann, kauft der Töpfer bei größeren Herstellern. Er allein bewältigt die viele Arbeit gar nicht mehr.

Besucher können bei Giuseppe Ubaldo Schüsseln, Teller oder Platten gleich mitnehmen oder auch in einer gewünschten Größe bestellen. Spätestens beim nächsten Toskanaurlaub können sie das Stück dann in Empfang nehmen.

Terracotta: Gebrannte Erde

Terracotta findet man in der ganzen Toskana. Das Hauptgebiet für die dekorativen Töpferwaren liegt zwischen Sesto im Norden von Florenz und Montelupo in der Nähe von Empoli. Hier gibt es nämlich den härtesten und widerstandsfähigsten Ton.

Als Terracotta, was wörtlich mit gebrannter Erde übersetzt wird, bezeichnet man streng genommen nur die Gegenstände aus farbig brennendem Ton (er wird also beim Brennen nicht hell), die nach dem Formen und Brennen mehr oder weniger porös und unglasiert bleiben und so ihre schlichte Schönheit zeigen. Es sind vor allem Blumentöpfe, aber auch Mauerziegel, Bodenfliesen, Plastiken und Reliefs. Viele Töpfer veredeln Terracotta-Gegenstände noch durch klare oder farbenfrohe Glasuren oder kunstvolle Dekorationen.

Daran erkennen Sie Qualität

Für die rote Färbung der meisten Terracottagefäße ist der Gehalt an Eisenoxid im Ton verantwortlich. Die schönsten Farbtöne haben Gefäße aus natürlich rötlich gefärbtem Ton, wie es ihn in der Toskana gibt. Vielfach wird jedoch bei der Farbgebung etwas nachgeholfen, damit die Töpferware zu einem höheren Preis verkauft werden kann. Allerdings sind der Manipulation Grenzen gesetzt. Ganz weiß brennende Tonarten kann man mit reichlichen Eisenoxid-Gaben zwar rot einfärben, die Tönung sieht jedoch so künstlich aus, daß man die Täuschung leicht erkennt. Vor allem beim direkten Vergleich mit »echten« Terracotta-Gefäßen.

Qualitativ hochwertige Terracotta wird bei 1100° gebrannt und ist so auch im Winter gegen Frost unempfindlich. Sie erkennen sie an der harmonisch getönten, aber nicht übermäßig roten Farbe.

Auch helle Amphoren, Töpfe oder Vasen können edel aussehen. Sie sind allerdings – zumindest in unseren Breitengraden – nicht so geeignet, im Garten oder auf dem Balkon zu überwintern. Denn die meisten weißbrennenden Tonarten vertragen beim Brennen nur Temperaturen von 950° und sind empfindlicher gegen Kälte. Deshalb sollten Sie helle Gefäße vor Frost schützen und im Winter nach drinnen stellen. Wollen Sie diese Gefäße als Vase verwenden, stellen Sie einfach ein passendes Einmachglas oder ähnliches hinein. Das können Sie dann mit Wasser füllen.

Ärgerlich, wenn heller Ton rot eingefärbt und damit Qualität vorgetäuscht wird, was bei billiger Fabrikware häufig der Fall ist. Fabrikware erkennen Sie auch an den seitlichen Preßnähten. Handgeformte Schalen und Töpfe sind rundherum glatt.

Ein Tip: Falls Sie die Gefäße im Winter draußen lassen möchten, sollten Sie darauf achten, daß sich kein Wasser im Gefäß oder Untersetzer sammelt. Es dehnt sich beim Gefrieren aus und kann selbst bei echten Terracotta-Töpfen Risse verursachen. Und: Die Erde im Terracotta-Topf sollte möglichst locker sein, denn dann kann die Flüssigkeit besser ablaufen.

Ton in Bestform

Außer auf der Drehscheibe läßt sich der Ton auch mit Hilfe von Gipsformen in Töpfe und Teller verwandeln. Echte Handwerker formen die Gefäße selbst – eine Arbeit, die Zeit braucht und daher auch ihren Preis hat.

Geglättet und verziert wird mit Schaber und Hölzchen in unterschiedlichen Größen. Vor allem die Verzierungen – seien es nun feine Trauben, Blumen oder andere kunstvolle Ornamente – lassen den wahren Meister der Kunst erkennen.

Terracotta kann auch gut poliert werden, weil die Partikel der Terracotta relativ fein sind. Polierte Gefäße findet man in der Toskana allerdings eher selten. Sie werden hauptsächlich in Afrika, wo es ebenfalls große Vorkommen an rotbrennendem Ton gibt, hergestellt.

Halten Sie Ausschau nach kleinen Geschäften, die oftmals an der Straße durch unscheinbare Schilder angezeigt werden. Aber auch bei großen Anbietern können Sie schöne Dinge erstehen, zum Beispiel in Impruneta, wo viele Töpferwaren hergestellt werden, und auf dem gesamten Weg von dort nach Florenz.

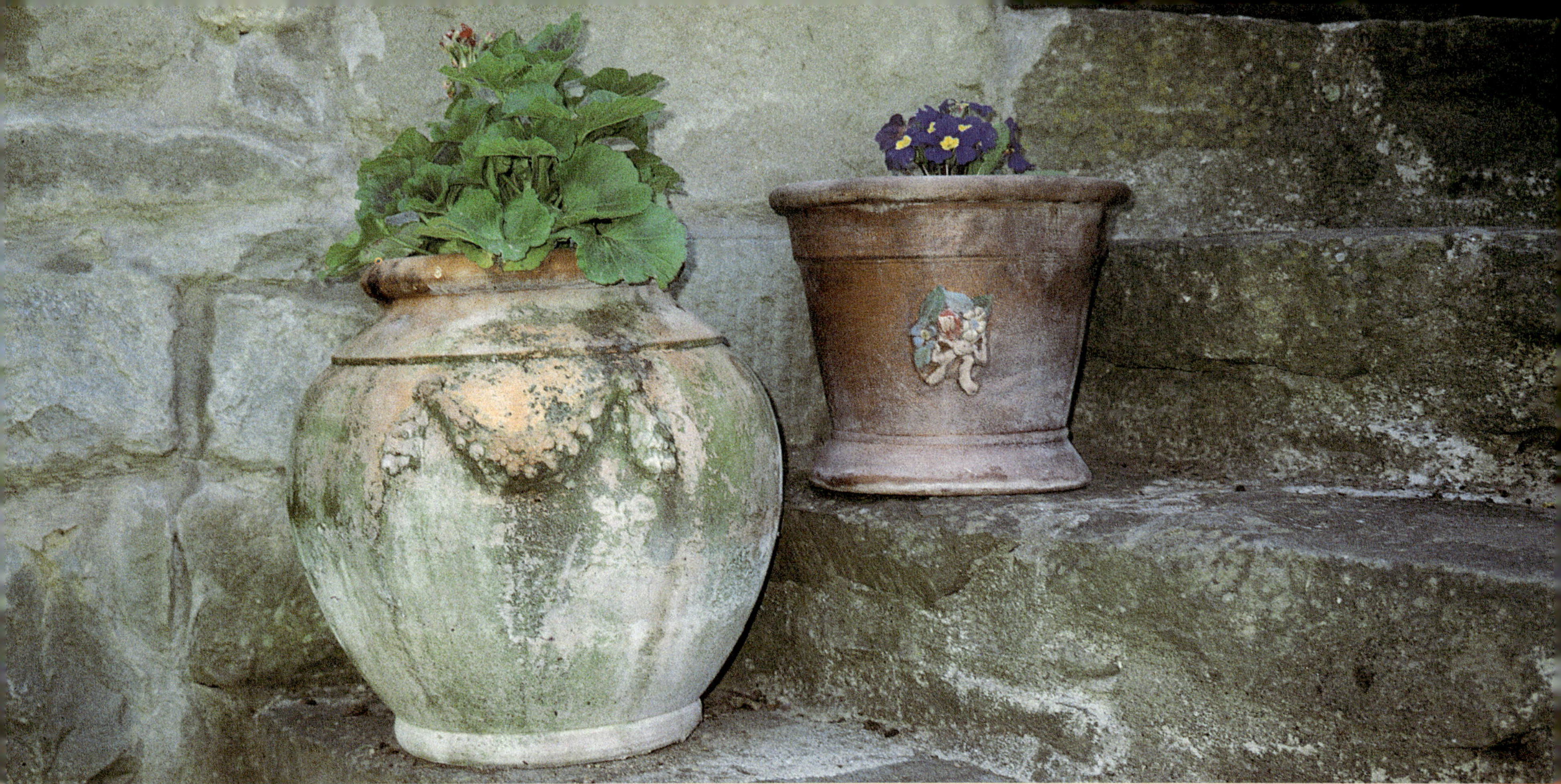

Terracotta

Kleine Kunstwerke am Straßenrand: Auf Terrassen, Treppen oder auf dem Gehsteig kann man Terracottawaren finden (oben und unten links). Die Heilige Maria beschützt ein Haus in San Miniato (unten rechts).

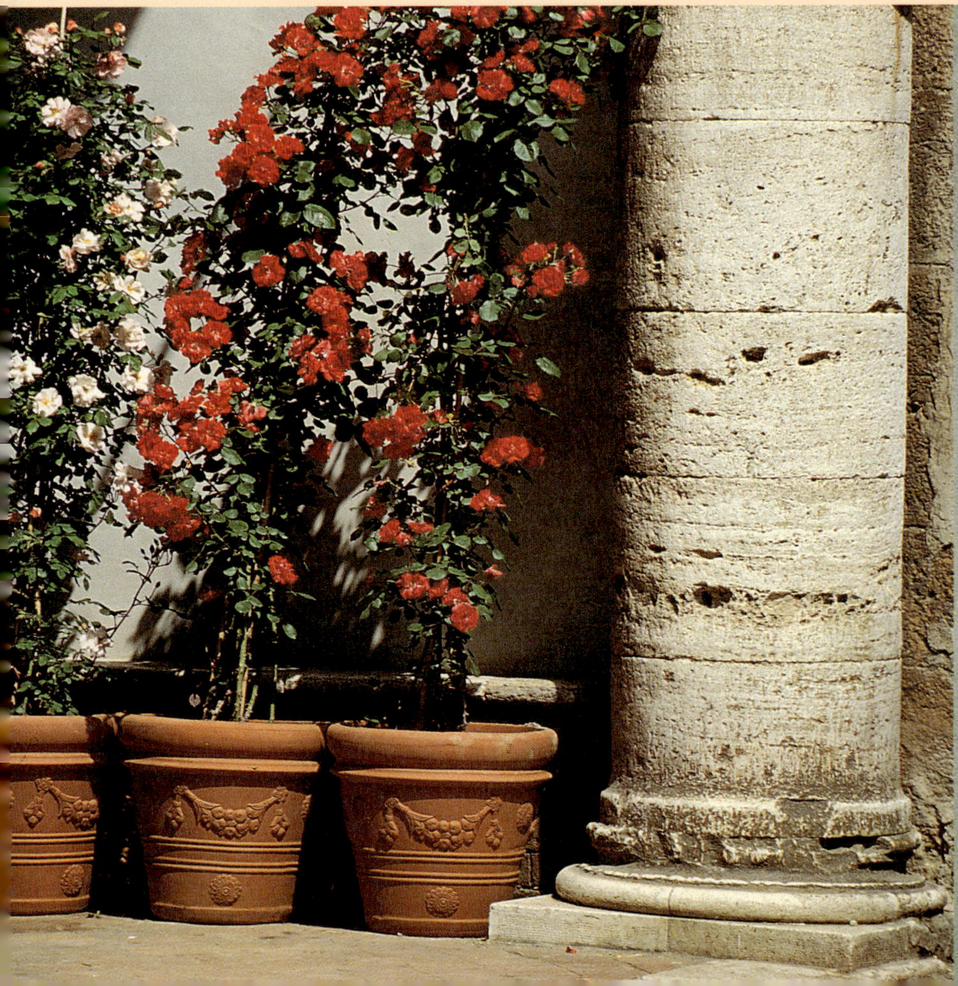

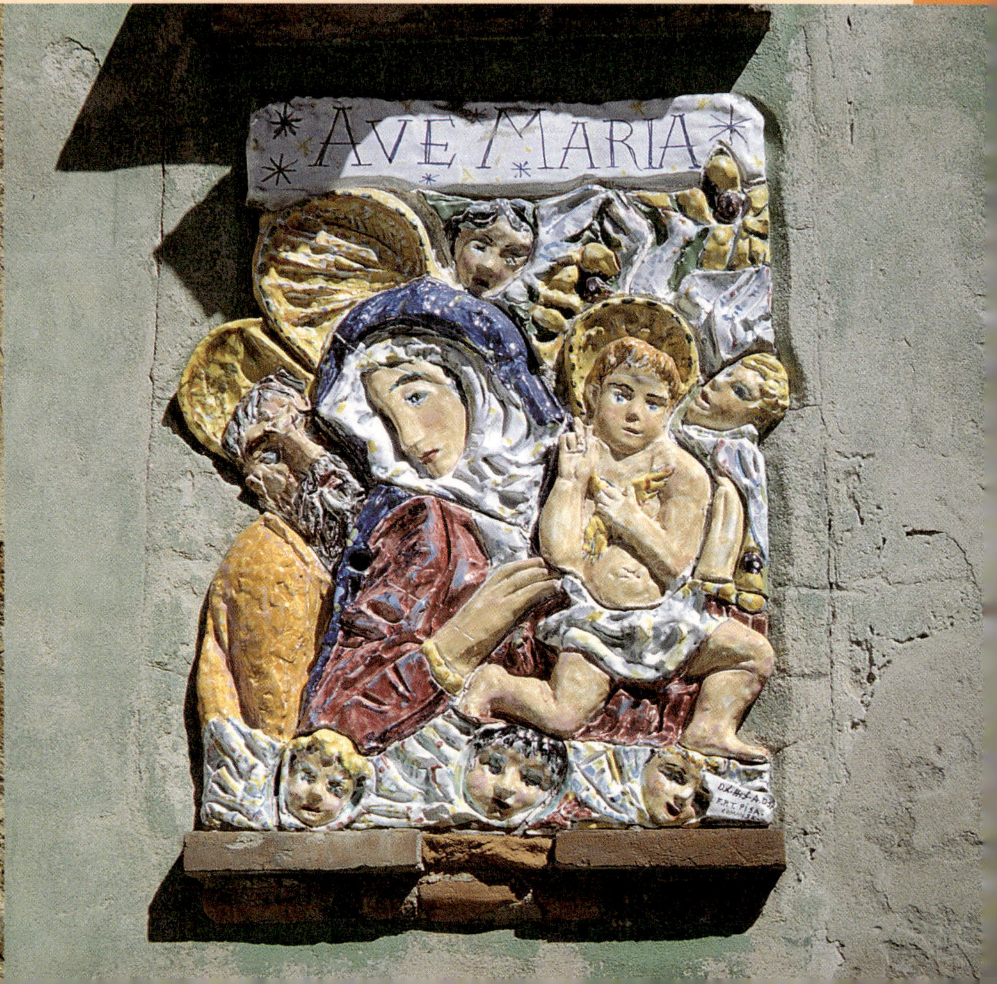

Tafelfreuden alla Medici

Tafelfreuden alla Medici

Feiern Sie wie einst die Medici: Servieren Sie in elegantem Rahmen ein opulentes Mahl im Stil der Renaissance.

Wer schon einmal die prachtvollen Medicipaläste in Florenz bewundert hat, kann sich leicht ausmalen, daß diese bedeutende Familie auch Feste prächtig zu gestalten wußte.

Florenz steht wie keine andere Stadt Italiens im Zeichen der Renaissance. Daß gerade hier die herausragenden Persönlichkeiten dieser blühenden Epoche so viele Kunstwerke, herrliche Gebäude sowie Neuerungen in Kunst und Wissenschaft her-

vorbringen konnten, haben sie nicht zuletzt ihren Förderern zu verdanken, allen voran Lorenzo de' Medici (1449 – 1492) – auch »Lorenzo Il Magnifico«, der Prächtige – genannt.

Tatsächlich wurde Florenz zu seiner Zeit zur kulturell und politisch führenden Macht Italiens.

In Erscheinung traten die Medici in Florenz schon einige Jahrhunderte vor der Renaissance, als der Einfluß des Adels schwand und Kaufleute und Bankiers ihre Machtstellung immer mehr ausbauen und ihren Reichtum stetig vergrößern konnten.

(Koch-)Kunst der Renaissance

In der Zeit humanistischer Ideale, rasanter Entwicklung und immensen Forschergeists schwang sich auch die Kochkunst zu neuen Höhenflügen auf: Sie wurde feiner und raffinierter, gleichzeitig aber auch reiner. Die Köche der Renaissance ließen den Geschmack der einzelnen Zutaten mehr zur Geltung kommen, übertünchten ihn nicht mehr mit tausenderlei Gewürzen.

Diese feine Küche stand später übrigens auch Pate bei der Entwicklung der franzö-

sischen Feinschmeckerküche. So nahm Katharina de' Medici, als sie mit dem französischen Thronerben, Heinrich von Anjou, vermählt wurde, einige ihrer Köche mit nach Frankreich. Sie wollte nicht auf die in ihren Augen lange nicht so entwickelte französische Küche angewiesen sein. Auch die Canard à l'orange, die oft den Franzosen zugeschrieben wird, ist italienischen, sprich florentinischen Ursprungs. Servieren Sie sie, wenn Sie mit Ihren Gästen »Tafelfreuden alla Medici« genießen wollen. Alle Rezepte der Gerichte, die es an diesem festlichen Abend gibt, haben ihre Wurzeln in der Renaissance. Sie wurden lediglich ein wenig heutigen Geschmacksgewohnheiten angepaßt, zum Beispiel nicht gesüßt (was damals bei Fleisch- und Gemüsegerichten durchaus üblich war). Nur bei den Teigtaschen sollten Sie mutig sein und sie mit etwas Zimt und Zucker bestreuen, denn das schmeckt einfach köstlich.

Die Einladungs-karte

Um die Gäste schon im voraus auf das Thema des festlichen Menüs einzustimmen, schicken Sie etwa 2 Wochen vor dem Ereignis eine Einladungskarte. Wählen Sie zum Beispiel eine Doppelkarte mit einem Gemälde von Botticelli, Leonardo da Vinci, Michelangelo, Verrocchio oder einem anderen Renaissancemaler. Sie bekommen diese Karten in gut sortierten Kunstpostkartengeschäften und im Museumsshop.
In die Karte schreiben Sie Datum und Uhrzeit des Festes, und erwähnen eventuell, daß Sie auf festliche Kleidung Wert legen.
Wer möchte, kann auch schon das Menü ankündigen. Vergessen Sie nicht, um Zu- oder Absage zu bitten.

Die Dekoration

Bei den »Tafelfreuden alla Medici« drehen sich Dekorationen und Arrangements um rote Kugeln und Lilien. Lilien zieren das Wappen von Florenz, rote Kugeln finden sich im Wappen der

Medici. Dort bilden genau sechs Kugeln ein auf die Spitze gestelltes Dreieck. Manche Historiker vermuten, daß es sich bei den Kugeln um Pillen handelt und die Medici – der Name heißt ja übersetzt Ärzte – ursprünglich eine Arzt- oder Apothekerfamilie waren. Beweise gibt es dafür jedoch nicht. Berühmt wurden die Medici in erster Linie als Kaufleute und Bankiers.
Die tiefroten Kugeln des Wappens geben den Farbton des Abends an:
Decken Sie den Tisch mit einer tiefroten Tischdecke, besonders festlich ist eine Decke mit goldenen Ornamenten. Sie können auch eine Decke aus Damast oder Samt wählen. Dazu paßt am besten ein hochwertiges, feines, weißes Porzellangeschirr, entweder schlicht oder aber mit zarten Ornamenten verziert. Echtes Silberbesteck und geschliffene Gläser runden die festliche Dekoration ab.
Den Tisch können Sie außerdem noch mit Efeuranken und roten Kugeln schmücken. Das verleiht ihm zusätzliche Pracht. Besonders schön sehen mattglänzende Weihnachtskugeln aus, aber auch selbst gemachte Kugeln aus rotem Kreppapier sind ein Blickfang. Kaufen Sie dazu Styroporkugeln. Zerknüllen Sie das Kreppapier etwas, und kleben Sie es dann rund um die Styroporkugel.
Statt rotem Papier sehen auch Lorbeerblätter hübsch aus, die Sie dicht aneinander und überlappend auf die Kugel kleben können.

Die Menükarte

Sie zeigt die Speisenfolge auf elegante Art an. Nach einem gelungenen Abend nehmen viele gerne eine Menükarte als Andenken oder auch als Anregung für eine Menüfolge mit nach Hause. Lassen Sie sich bei der Gestaltung der Karte vom Wappen der Medici inspirieren. Sie brauchen pro Gast einen Bogen festes weißes Papier. Falten Sie das Papier einmal, und zeichnen Sie an den oberen Rand mit einem Zirkel nebeneinander zwei Halbkreise auf. Diese dann ausschneiden, so daß er die Form eines Wappens bekommt.
Für die Kugeln kaufen Sie im Bastel- oder Dekogeschäft runde Glitzersteine aus Plastik zum Aufkleben, die nicht

ganz flach sondern nach oben gewölbt sind. Auf den ersten Blick sehen sie wie geschliffene Rubine aus. Wer keine Glitzersteine bekommt, kann die Kugeln auch aus rotem Samt ausschneiden und aufkleben oder ganz einfach aufmalen.
Rund um diese Steine zeichnen Sie mit Pinsel und goldener Tempera- oder Gouachefarbe das Wappen auf. Sie können dazu auch einen goldenen Metallicstift verwenden. Ins Innere der Karte schreiben Sie – am einfachsten mit einem goldenen Metallicstift – auf die rechte Seite das Menü, auf die linke Seite eventuell die Weine, die es zu den entsprechenden Gängen gibt.
Die Karte neben jedes Gedeck legen, nach Belieben noch mit etwas Efeu verzieren.

Die Servietten-lilie

Bringen Sie auch die Servietten in festliche Form. Ein Klassiker für Festtafeln ist die Lilie, die für die »Tafelfreuden alla Medici« wie geschaffen zu sein scheint. Sie brauchen pro Gast eine leicht gestärkte und sehr glatt gebügelte Stoffserviette. Besonders edel wirkt die Lilie, wenn Sie sie aus einer kräftig roten Leinen- oder Damastserviette falten. Auch altmodische Spitzenservietten passen hervorragend zu dem Essen im Stil der Renaissance.

Und so wird`s gemacht: Die Serviette zu einem Dreieck zusammenfalten. Die Spitze des Dreiecks soll nach unten zeigen. Nun die linke obere Ecke auf die untere klappen. Mit der rechten oberen Ecke genauso verfahren. Sie haben jetzt ein auf der Spitze stehendes Quadrat vor sich (1). Nun falten Sie die beiden offenen unteren Ecken auf die obere Ecke (2). Danach die untere Spitze des Quadrats bis zur Mitte, zur Bruchkante, falten (3). Dann nochmals umschlagen und anschließend über die Bruchkante legen. Sie haben nun wieder ein Dreieck vor sich. Den rechten und linken Dreieckszipfel nach hinten umbiegen und zusammenstecken (4). Jetzt müssen Sie nur noch die vorderen Dreieckspitzen nach unten umbiegen und in den Rand stecken. Dann die Serviettenlilie auf den Teller stellen.

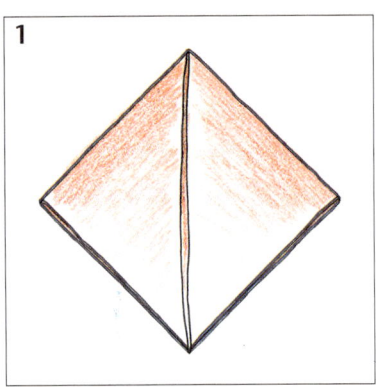

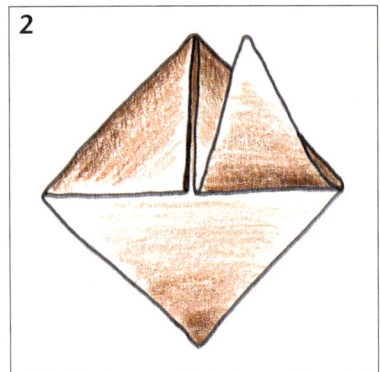

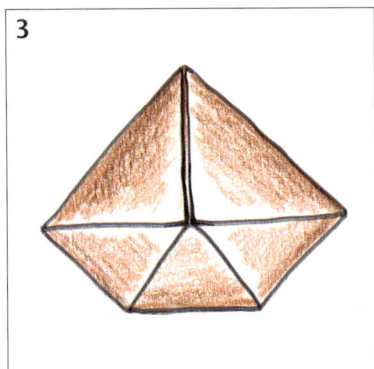

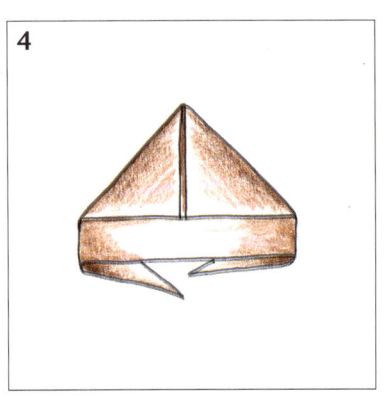

Mit wenigen Handgriffen verwandeln Sie eine Stoffserviette in eine Lilie – ein angemessener Tischschmuck für das Medicifest.

Einfache Alternativen

Wenn es Ihnen zu aufwendig erscheint, die oben beschriebene Lilie zu falten, hier ein anderer Vorschlag:

Dafür brauchen Sie allerdings pro Gast außer einer Serviette auch einen Serviettenring. Sie können eine Papierserviette verwenden. Legen Sie die Serviette zu einem Dreieck zusammen, die Spitze des Dreiecks soll nach oben zeigen. Jetzt den linken und rechten Dreieckszipfel nicht ganz exakt zur Mitte des Stoffbruchs falten, so daß auf beiden Seiten jeweils ein »Ohr« absteht. Die Serviette mit der linken Hand halten und mit der rechten nun die Mitte der Serviette in zwei tiefe Falten legen. Ziehen Sie nun den Serviettenring über die untere geraffte Spitze.

Eine weitere, ganz einfache Möglichkeit, die Serviette auf dem Teller zu drapieren: Rollen Sie sie einfach locker auf und binden Sie ein Goldband darum oder auch ein Stück weiße, eventuell gemusterte Spitzenbordüre. Binden sie nach Belieben eine schöne Blüte mit ein, zum Beispiel eine Rose oder eine Lilie. Sie können die Serviette auch mit einem breiten Dekorband umwickeln und darauf den Namen des Gastes schreiben.

Das Licht

Zu einem opulenten Festmahl im Stil der Renaissance passen keine Glühbirnen oder Halogenscheinwerfer. Stilecht illuminieren Sie den Raum mit Kerzenlicht. Dazu brauchen Sie sehr viele Kerzen, selbst wenn Sie den Raum nicht taghell erleuchten wollen, und außerdem zahlreiche Kerzenständer. Besonders schön sind mehrarmige Leuchter.

Im Zeitalter des elektrischen Lichts besitzen jedoch nur die wenigsten mehrere Exemplare. Leihen Sie sich deshalb bei Freunden, Eltern oder Großeltern welche aus. Stellen Sie kleinere Leuchter auf die Festtafel, größere auf Tische oder Kommoden.

Ob aus echtem Silber, Bronze oder Holz: Damit die Leuchter miteinander harmonieren, schmücken Sie sie mit Efeuranken, Lilienblüten und eventuell roten Rosen oder Tulpen.

Dazu Efeuranken (aus dem Blumengeschäft oder einer Gärtnerei) um die Leuchter winden. Dazwischen befestigen Sie mit Blumendraht kleine Orchideen-Röhrchen, die Sie ebenfalls im Blumengeschäft bekommen. Die Röhrchen hinter Efeublättern verstecken, mit Wasser füllen und die Blütenstiele hineinstecken. So hält die Blütenpracht einen ganzen Abend lang frisch.

Die Leuchter dienen gleichzeitig als Blumenschmuck. Auf zusätzliche Arrangements auf dem festlich gedeckten Tisch sollten Sie verzichten, sonst bleibt kein Platz mehr für die Speisen. Die Kerzen, die Sie in die Leuchter stecken, können weiß, cremefarben oder tiefrot wie die Tischdecke oder die Servietten sein. In jedem Fall sollten Sie so viele kaufen, daß Sie im Laufe des Abends abgebrannte Kerzen ersetzen können.

Sehr dekorativ ist auch ein Standleuchter, den Sie in der Nähe des Tischs aufstellen können. Solche Leuchter, die 20 Kerzen und mehr tragen, geben ein besonders schönes, intensives Licht.

Stilvolle Accessoires

Frische Früchte, auf einer Etagere oder in einer schönen Schale appetitlich arrangiert, sehen nicht nur gut aus, sondern schmecken auch zum Dessert ganz köstlich. Gerade zur Mandeltorte passen blaue und grüne Trauben, frische Feigen, Pfirsiche oder Erdbeeren ausgezeichnet. Das Früchtearrangement nach Belieben mit Ananas garnieren. Sie können die Früchte bereits während des Menüs als Dekoration plazieren. Wenn Sie sie zum Dessert reichen, stellen Sie für jeden Gast auch einen kleinen Teller und ein Obstmesser bereit.

Messerbänkchen: Zum Festmahl im Stil der Renaissance passen sehr gut Messerbänkchen, eine zwar altmodische, aber sehr aparte Serviceergänzung. Früher dienten sie zur Schonung der Tischdecke.

Wasserschälchen: Ebenfalls ganz edel und stilvoll: Halten Sie für jeden Gast ein kleines Schälchen mit Wasser und einer Scheibe Zitrone zum Waschen der Finger bereit.

Ornamente: Als zusätzliche Deko dienen Ornamente aus Stein, Terracotta oder auch Stuck, die es in Einrichtungsläden und auch im Dekobedarf zu kaufen gibt. Sie kosten kein Vermögen. Dort findet man auch kleine Statuen, zum Beispiel von Michelangelo oder anderen Künstlern, die ebenfalls gut ins Renaissancebild passen. Auch auf Flohmärkten können Sie passende Accessoires erstehen.

Hussen: Moderne Möbel können Sie unter großen Decken oder Tüchern verstecken. Als Hussen eignen sich schwere Stoffe besonders gut. Einfach locker über Beistelltische oder Kommoden werfen, eventuell auch ein kleines, weißes Tischtuch darüber decken.

Die Blumen

Dekorieren Sie den ganzen Raum üppig mit prächtigen Lilien. Sie sehen in schlanken hohen Vasen besonders schön aus, die Sie auf dem Fensterbrett ebenso aufstellen können wie auf dem Beistelltisch. Dort wirken auch kleine Gefäße gut, zum Beispiel Terracottatöpfe, in die Sie kurze Lilien und auch ein paar Tulpen geben können. Auf der Festtafel sind die Leuchter (Seite 41) der Blumenschmuck. Üppige Buketts würden dort eher stören. Arrangieren Sie nur einige einzelne Lilienblüten in flachen Schalen oder in kleinen Vasen. Efeuranken, locker auf dem Tisch ausgelegt, ergänzen das Bild.
Lilien gibt es nicht immer zu kaufen, bestellen Sie sie besser in Ihrem Blumengeschäft vor. Vielleicht macht Ihnen der Händler einen guten Preis, wenn Sie eine so große Menge abnehmen.
Statt Lilien können es übrigens auch Longiflorum-Blumen sein, die wie kleine Lilien aussehen und um einiges preiswerter sind.
Außerdem macht ein großer Strauß roter Tulpen auf einem Beistelltisch oder einem kleinen Tischchen im Raum Eindruck und bildet zudem auch einen reizvollen Kontrast zu den weißen Lilienblüten.

Die Musik

Stilvoll untermalt wird das Essen von harmonischen Klängen der Renaissance – Lauten- oder Madrigalmusik (Hirtenmusik).
Hören Sie sich in einem guten Musikgeschäft Werke von Alessandro Piccinini, Monteverdi, Caccini oder Jacopo Peri an. Caccini wirkte bei Hochzeitsfesten der Medici mit – sowohl als Musiker wie auch als Sänger. Peri – von den Florentinern »Il Zazzarino«, der Zottelkopf, genannt – war Musikdirektor am Hofe der Medici. Er begann gleichzeitig mit Caccini die Komposition von Rinaccinis »Dafoe«, der ersten Oper überhaupt.

Stimmungsvolle Details

Begrüßen Sie Ihre Gäste mit einem Aperitif, zum Beispiel einem Glas Prosecco, und Renaissance-Musik. Das versetzt Ihre Gäste gleich in festliche Stimmung.
Dann bitten Sie zu Tisch und servieren den ersten Gang, der schon fertig angerichtet in der Küche bereit steht. Beim weiteren Verlauf des Essens richten Sie sich am besten ganz nach Ihren Gästen. Es empfiehlt sich, zwischen den Gängen eine Pause einzulegen. Denn es wird opulent geschlemmt, und das braucht Zeit, um ein voller Genuß zu sein.
Ganz stilecht servieren Sie zu den »Tafelfreuden alla Medici« einen Wein, der auch schon zu Zeiten der Medici gekeltert wurde. Besonders beliebt war beispielsweise der Carmignano. Von dem funkelnden Rotwein sagte man, er sei viel zu schade, um ihn mit Wasser zu mischen (was damals bei Wein üblich war). Carmignano können Sie bei vielen Weinhändlern bestellen oder sich aus der Toskana mitbringen. Es ist immer noch ein Spitzenwein, er bekam 1990 DOCG Status.
Bieten Sie ihren Gästen zum Abschluß des üppigen Festmahls einen Digestif, zum Beispiel einen Grappa, an. Runden Sie das Essen mit einem Täßchen Espresso ab.

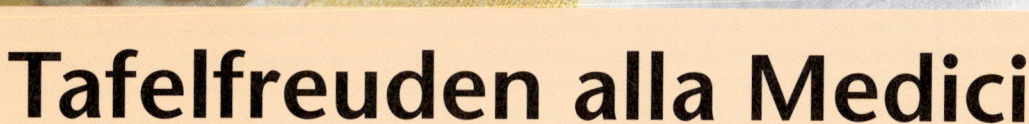

Tafelfreuden alla Medici

Das gibt es

- **Terrina di agnello** *(Lammterrine)*
- **Mostarda di frutta** *(Fruchtsenf)*
- **Tortelletti in brodo** *(Fleisch-Nudel-Täschchen in Hühnerbrühe)*
- **Paparo all'arancia** *(Ente mit Orangen)*
- **Carote glassate** *(Glasierte Möhren)*
- **Radicchio stufato** *(Geschmorter Radicchio)*
- **Sfogliata di mandorle** *(Mandeltorte)*

Getränketip

Zu Terrine und Suppe einen kräftigen Rotwein, zum Bei-spiel einen Rosso di Montal-cino oder einen Carmignano (Seite 42).
Zur Ente ebenfalls den Rot-wein reichen oder einen ge-haltvollen Weißwein, zum Beispiel einen Sauvignon oder Chardonnay von Ca-stello di Ama oder einen an-deren Chardonnay (I Sistri oder Caparzo).

Das brauchen Sie außerdem

Italienisches Weißbrot
1 Flasche Wein pro Person
1-2 Flaschen Wasser pro Person
Evtl. frische Früchte

Zeitplan

Am Vortag (morgens):	Fleisch für die Terrine marinieren
(abends):	Lammterrine zubereiten
	Fruchtsenf zubereiten
	Mandeltorte backen
Am Festtag (morgens):	Brühe kochen, Tortelletti zubereiten
4 Stunden vor dem Essen:	Tisch decken und dekorieren
2 Stunden vor dem Essen:	Möhren und Radicchio vorbereiten
	Enten würzen, Orangen vorbereiten
Kurz bevor die Gäste kommen:	Terrine anrichten
	Enten in den Ofen schieben
Nach der Vorspeise:	Tortelletti garen
Nach dem ersten Gang:	Gemüsebeilagen zubereiten
	Ente in Stücke schneiden, flambieren und anrichten

Die Rezepte stammen aus der Renaissance, wurden aber ein wenig unserem heutigen Geschmack und Geldbeutel angepaßt. Zu Zeiten der Medici verwendete man Goldstaub zur Abrundung des Senfs.

Terrina di agnello

Lammterrine

Läßt sich gut vorbereiten

Zutaten für eine Kastenform
von 28 cm Länge:
¼ l trockener Rotwein
1 Lorbeerblatt
1 TL schwarze Pfefferkörner
1 Bund Rosmarin
2 Knoblauchzehen
1 unbehandelte Zitrone
900 g Lammkeule ohne
Knochen
150 g roher Schweinebauch
100 g Kalbfleisch
100 g Kalbsleber
3 Eiswürfel • 200 g Sahne

Salz • schwarzer Pfeffer
1 EL Olivenöl
100 g Pistazienkerne
50 g schwarze Oliven
80 g fetter Speck
150 g große dünne Scheiben
fetter Speck zum Auslegen
der Form
Salatblätter zum Anrichten

Bei 12 Portionen pro Portion:
1600 kJ/380 kcal
Zubereitungszeit: 1 Std.
(+ 24 Std. Marinier- und
Abkühlzeiten + 1½ Std. Garzeit)

1 Rotwein mit Lorbeerblatt, den Pfefferkörnern und 2 Zweigen Rosmarin in einer Porzellanschüssel mischen. Knoblauch schälen und hal-

bieren. Zitronenschale fein abreiben. Mit dem Knoblauch zum Wein geben.

2 Von der Lammkeule 250 g Fleisch in größeren Stücken abschneiden und kühl stellen. Restliches Lammfleisch, Schweinefleisch und Kalbfleisch in kleine Würfel schneiden und mit der Marinade mischen. 12 Std. kühl stellen.

3 Dann die Fleischwürfel abtropfen lassen, Rosmarin und Knoblauch entfernen. Wieder in den Kühlschrank stellen. Die Kalbsleber würfeln und ebenfalls kühlen.

4 Fleischwürfel und Leber in 3 Portionen im Mixer oder in der Küchenmaschine fein mixen. Dabei jeweils 1 Eiswürfel dazugeben.

5 Die Fleischfarce mit der Sahne mischen und mit 3 TL Salz und 1 TL Pfeffer würzen. Kalt stellen.

6 Das übrige Lammfleisch in etwa 1 cm große Würfel schneiden, im Öl bei starker Hitze rundherum kräftig anbraten. Die Pistazien grob hacken. Die übrigen Rosmarinnadeln ebenfalls grob zerkleinern. Die Oliven entsteinen und würfeln. Den fetten Speck sehr klein würfeln.

Tafelfreuden alla Medici

7 Die Terrinenform mit den Speckscheiben auskleiden. Fleisch- und Speckwürfel, Pistazien, Rosmarin und Oliven unter die Fleischfarce mischen, diese in die Form füllen und gut hineinpressen. Die Speckscheiben darüber klappen. Die Form mit Alufolie gut verschließen.

8 Den Backofen auf 140° vorheizen. Die Fettpfanne des Ofens mit heißem Wasser füllen. Die Terrinenform hineinstellen, die Terrine im heißen Ofen (unten, Umluft 120°) 1 ½ Std. garen. Dabei gegebenenfalls noch etwas Wasser nachgießen. Die Terrine aus dem Ofen nehmen,

abkühlen lassen und mindestens 12 Std. kühl stellen.

9 Die Terrine stürzen, die Speckscheiben abnehmen. Die Terrine mit einem scharfen Messer in etwa 1 ½ cm dicke Scheiben schneiden. Auf Teller verteilen, mit Salat garnieren, mit dem Fruchtsenf servieren.

Tip

Um zu prüfen, ob die Masse ausreichend gewürzt ist, 1 TL davon abnehmen und in wenig Öl braten. Abkühlen lassen und probieren.

Mostarda di frutta
Fruchtsenf

Läßt sich gut vorbereiten

Zutaten für 12 Personen:
je 250 g säuerliche Äpfel und Birnen • je 1 unbehandelte Zitrone und Orange
¼ l heller Traubensaft
¼ l trockener Weißwein
75 ml Vin santo
25 g gelbes Senfpulver
¼ TL Zimtpulver
Salz • weißer Pfeffer

Pro Portion: 210 kJ/50 kcal
Zubereitungszeit: 1 ½ Std.
(ohne Abkühlzeit)

1 Äpfel und Birnen schälen, in Schnitze schneiden. Zitronenschale abschneiden, hacken. Zitrone auspressen.

2 Obst mit Saft und Wein, Zitronenschale und -saft zum Kochen bringen. Zugedeckt bei schwacher Hitze 45 Min. garen.

3 Vin santo angießen und alles weitere 30 Min. offen köcheln lassen. Mit dem Pürierstab durchmixen.

4 Orangenschale abreiben. Mit Senfpulver, Zimt, Salz und Pfeffer unter die Fruchtmasse mischen. Abkühlen lassen.

Brodo di pollo
Hühnerbrühe

Läßt sich gut vorbereiten

Da für die Füllung der Nudeltaschen Hähnchenfleisch benötigt wird, kann man auch die Hühnerbrühe gleich selbst zubereiten. Sie schmeckt so wesentlich besser und wird außerdem feiner gewürzt, als wir sie hierzulande kennen. Gemüse wie Staudensellerie und Tomaten geben ihr ebenso ein feines Aroma wie Kräuter und frischer Ingwer.

Zutaten für 12 Personen:
1 großes Brathähnchen (etwa 1,7 kg)
½ Staude Sellerie
2 Möhren

1 Zwiebel
2 Knoblauchzehen
je 2 Zweige Rosmarin und Salbei
1 frisches Lorbeerblatt
1 walnußgroßes Stück Ingwer
1 TL Pfefferkörner
2 Tomaten
Salz

Pro Portion: 600 kJ/140 kcal
Zubereitungszeit: 1 Std. 20 Min. (ohne Abkühlzeit)

1 Für die Brühe das Hähnchen innen und außen waschen. In einem Topf mit etwa 2½ l Wasser bedecken.

2 Den Sellerie waschen, putzen und in etwa 2 cm lange Stücke schneiden, das Grün mitverwenden. Die

Möhren und die Zwiebel schälen und halbieren. Den Knoblauch ebenfalls schälen. Rosmarin und Salbei waschen, mit dem Gemüse und dem Lorbeerblatt zum Hähnchen geben. Den Ingwer schälen, halbieren und mit den Pfefferkörnern ebenfalls hinzufügen. Die Tomaten waschen, halbieren und mit zum Hähnchen geben.

3 Alles zum Kochen bringen, salzen und bei schwacher Hitze und halb zugedeckt 1 Std. ziehen lassen.

4 Das Hähnchen in der Brühe abkühlen lassen, dann das Fett von der Oberfläche abheben. Das Hähnchen herausnehmen.

5 Die Brühe sieben und eventuell nochmals salzen, das Gemüse und die Kräuter wegwerfen. Vom Hähnchen 200 g Fleisch für die Tortelletti ablösen, den Rest für ein anderes Gericht verwenden.

Tip

Mit dem übriggebliebenen Hähnchenfleisch können Sie am nächsten Tag Sandwiches zubereiten. Weißbrotscheiben mit Salatblättern und Rucola bedecken, mit Hähnchenfleisch belegen und mit Mostarda di frutta (Rezept Seite 45) bestreichen.

Tortelletti in brodo
Nudeltäschchen in Brühe

Läßt sich gut vorbereiten

Zutaten für 12 Personen:
Für den Teig:
400 g Mehl • 1 EL Olivenöl
4 Eier • Salz
Für die Füllung:
200 g gegartes Hähnchenfleisch (Rezept oben)
200 ml Hühnerbrühe
150 g Pancetta
je ½ Bund Rosmarin und Salbei
3 frische Lorbeerblätter
1 Stück Zimtstange (1 cm)
1 TL schwarze Pfefferkörner

2 Gewürznelken
1 haselnußgroßes Stück Ingwer
100 g geriebener Parmesan
2 Eier • Salz
Zum Servieren:
Zimtpulver und Zucker

Pro Portion: 1040 kJ/250 kcal
Zubereitungszeit: 1 ½ Std.

1 Mehl mit Öl, Eiern und 1 TL Salz zu einem geschmeidigen Teig verkneten. Zu einer Kugel formen, zugedeckt 30 Min. ruhen lassen.

2 Hähnchenfleisch mit dem Wiegemesser fein zerkleinern. Brühe aufkochen. Pancetta darin 5 Min. ziehen lassen, dann sehr fein

hacken oder durch den Fleischwolf drehen.

3 Kräuter waschen, ganz fein hacken und mit Hähnchen und Pancetta mischen. Gewürze im Mörser fein zerstoßen. Ingwer schälen und durch die Knoblauchpresse drücken. Gewürze, Käse und Eier unter die Hähnchenmasse rühren, salzen.

4 Teig nochmals durchkneten und mit der Nudelmaschine zu dünnen Platten ausrollen. Jeweils 10 x 10 cm große Quadrate abschneiden. Füllung auf einer Hälfte der Quadrate verteilen, zu

einem Rechteck zusammenklappen, Ränder mit den Zinken einer Gabel zusammendrücken.

5 Die Hühnerbrühe zum Kochen bringen. Teigtaschen darin 5-7 Min. köcheln lassen. Mit wenig Zimt und Zucker bestreuen.

Tip

Kommt es Ihnen merkwürdig vor, daß die Nudeltaschen mit Zimt und Zucker bestreut werden? Versuchen Sie es trotzdem, es schmeckt einfach köstlich.

Die berühmte Ente mit Orangen gilt als Klassiker der französischen Haute cuisine. Tatsächlich ist dieses Rezept aber florentinischen Ursprungs.

Paparo all'arancia

Ente mit Orangen

Paparo ist die alte Bezeichnung für Ente – anatra.

Klassiker

Zutaten für 12 Personen:
2 Bauernenten
(je etwa 2,7 kg)
50 g roh geräucherter
Schinken
5 unbehandelte Orangen
1 EL Butter
Salz • schwarzer Pfeffer
Muskatnuß, frisch gerieben
200 ml trockener Weißwein
1 Zitrone

1 EL Zucker
150 ml Grand Marnier

Pro Portion: 4220 kJ/1010 kcal
Zubereitungszeit: 40 Min.
(+ 2 1/2 Std. Garzeit)

1 Die Enten innen und außen gründlich waschen und trockentupfen.

2 Den Schinken in sehr kleine Würfel schneiden. 1 Orange heiß waschen und die Schale abschneiden. Ebenfalls sehr fein hacken und mit dem Schinken und der Butter mischen. Mit Salz, Pfeffer und Muskat abschmecken. Jeweils die Hälfte dieser Mischung in den Bauch der Enten geben. In einem Schälchen Salz und Pfeffer mischen. Die Enten damit rundherum kräftig einreiben.

3 Den Backofen auf 180° vorheizen. Die Enten nebeneinander mit der Brustseite nach unten in die Fettpfanne des Backofens legen. Die Enten im Backofen (unten, Umluft 160°) 30 Min. braten.

4 Inzwischen die Schalen von 2 weiteren Orangen abschneiden und in feine Streifen schneiden. 3 Orangen auspressen, die übrigen schälen und filetieren. (Lesen Sie dazu auch den Tip.)

5 Den Orangensaft und den Weißwein zur Ente gießen. Die Enten wenden und noch 2 Std. braten. Dabei immer wieder mit der Garflüssigkeit begießen und noch ein- bis zweimal wenden.

6 Kurz vor Ende der Garzeit die Zitrone auspressen. Den Saft mit dem Zucker in einem Topf zum Kochen bringen und dickflüssig einkochen lassen.

7 Die Enten aus der Fettpfanne heben, tranchieren und auf ein Backblech legen, dann wieder in den Ofen schieben. Den Grill einschalten und die Enten knusprig werden lassen.

8 Inzwischen die Garflüssigkeit entfetten, dann zur Zitronenmasse in den Topf gießen und einmal aufkochen lassen. Die Orangenfilets und die Orangenschale einlegen und erhitzen, dann herausheben und neben den Entenstücken anrichten. Die Sauce mit Salz und Pfeffer würzen und in eine vorgewärmte Sauciere geben.

9 Den Grand Marnier in eine Schöpfkelle geben, entzünden und brennend über die Entenstücke gießen. Die Ente sofort servieren.

Tip

Das Filetieren von Zitrusfrüchten geht ganz einfach: Schneiden Sie von den Orangen oben und unten eine Scheibe ab und stellen Sie die Frucht auf diese Fläche. Dann von oben nach unten die dicke Schale mit der weißen Haut in Streifen abschneiden. Die Filets lassen sich jetzt mit einem scharfen Messer zwischen den dünnen Trennhäuten herausschneiden.
Den Grand Marnier sollten Sie in der Schöpfkelle am besten über einer brennenden Kerze entzünden. Dazu Kelle leicht schräg halten.

Carote glassate
Glasierte Möhren

Preiswert

Zutaten für 12 Personen:
1 kg Möhren
1 rote Zwiebel
60 g Butter
2 EL Zucker
4 EL Vin santo
Salz
schwarzer Pfeffer

Pro Portion: 340 kJ/80 kcal
Zubereitungszeit: 35 Min.
(ohne Abkühlzeit)

1 Die Möhren schälen, der Länge nach vierteln und in etwa 3 cm lange Stücke schneiden. Die Zwiebel schälen und fein hacken.

2 Die Butter in einer großen Pfanne zerlassen. Den Zucker darin bei mittlerer Hitze unter Rühren schmelzen und leicht braun werden lassen. Möhren und Zwiebel dazugeben und alles bei mittlerer Hitze unter Rühren 3 Min. braten.

3 Vin santo angießen und das Gemüse zugedeckt bei mittlerer Hitze weitere 5 Min. garen, bis es bißfest ist. Mit Salz und Pfeffer würzen. Möhren abkühlen lassen und vor dem Servieren wieder erwärmen.

Radicchio stufato

Geschmorter Radicchio

Würzig

Wie bitter das Gemüse schmeckt, entscheidet die Sorte des Radicchio. Die runden, kugeligen Radicchioköpfe schmecken milder als der längliche Radicchio di Treviso, auch Trevisano genannt. Inzwischen gibt es auf dem Markt auch grünlichen Radicchio, eine Kreuzung aus dem roten, runden Radicchio und Chicorée – er schmeckt ebenfalls milder und eignet sich für dieses Gemüsegericht.

Zutaten für 12 Personen:
800 g Radicchio
(etwa 4 Köpfe)
2 Knoblauchzehen
2 EL Olivenöl
100 ml trockener Weißwein
Salz
schwarzer Pfeffer
Muskatnuß, frisch gerieben
1 Prise Zucker

Pro Portion: 130 kJ/30 kcal
Zubereitungszeit: 20 Min.

1 Den Radicchio waschen, welke Blätter entfernen. Den Radicchio der Länge nach achteln. Den Strunk nicht abschneiden, damit die Blätter beim Garen zusammenhalten. Den Knoblauch schälen und fein hacken.

2 Das Öl in einer Pfanne erhitzen. Den Radicchio darin rundherum kräftig anbraten. Den Knoblauch kurz mitbraten.

3 Das Gemüse mit dem Wein ablöschen, mit Salz, Pfeffer, Muskat und Zucker würzen und zugedeckt bei mittlerer Hitze 10 Min. dünsten.

Variante:
Radicchio con maroni
Radicchio mit Kastanien
200 g Maronen (Eßkastanien) kreuzweise einschneiden und auf dem Backblech im heißen Backofen bei 250° (Umluft 220°) in 10 Min. backen, bis die Schalen aufplatzen. Etwas abkühlen lassen, aus den Schalen lösen und vierteln oder in Würfel schneiden. Mit dem Knoblauch zum Radicchio geben und das Gemüse wie beschrieben weiter zubereiten.

Tip

Das Gemüse läßt sich sehr gut zubereiten und wieder erwärmen.
Statt Möhren und Radicchio schmecken zur Ente auch Rosmarinkartoffeln (Rezept Seite 68, gleiche Menge) und Sommersalat (Rezept Seite 162, doppelte Menge).

Sfogliata di mandorle

Mandeltorte

Läßt sich gut vorbereiten

Zutaten für eine Springform von 28 cm ø:
Für den Teig:
350 g Mehl (+ Mehl für die Arbeitsfläche)
80 g Zucker
1 TL Ingwerpulver
70 ml Olivenöl
1 Ei
Für die Füllung:
150 g Zucker
2 TL Zimtpulver
50 g Rosinen
400 g geschälte Mandeln

200 ml Milch
300 g Datteln
50 g Pinienkerne
Außerdem:
Olivenöl für die Form
2 EL Zucker
2 EL Vin santo

Bei 12 Stücken: pro Stück
2270 kJ/540 kcal
Zubereitungszeit: 40 Min.
(+ 55 Min. Backzeit)

1 Das Mehl mit dem Zucker, Ingwer, Öl, Ei und 75 ml kaltem Wasser zu einem glatten, geschmeidigen Teig verkneten. Den Teig halbieren und jeweils auf Mehl zu einem runden Fladen in Größe der Form ausrollen. Das Teigstück dabei immer wieder etwas drehen, damit es rund wird.

2 Für die Füllung den Zucker mit Zimt, Rosinen, Mandeln und Milch im Mixer fein zerkleinern. Datteln entkernen und sehr fein schneiden, unter die Mandelmasse mischen. Die Pinienkerne in einer trockenen Pfanne unter Rühren bei mittlerer Hitze goldbraun anrösten, ebenfalls unter die Masse mengen.

3 Den Backofen auf 180° vorheizen. Eine Teigplatte in die geölte Springform legen, dabei einen kleinen Rand hochziehen. Die Füllung auf dem Teig verteilen, mit der zweiten Teigplatte abdecken. Ränder etwas zusammendrücken.

4 Die Mandeltorte im heißen Ofen (Mitte, Umluft 160°) in 30 Min. backen. Dann den Zucker mit dem Vin santo verrühren, auf die Torte streichen. Torte weitere 25 Min. backen, bis sie schön gebräunt ist. Die Torte kurz in der Form ruhen lassen, dann herauslösen und auf einem Kuchengitter abkühlen lassen.

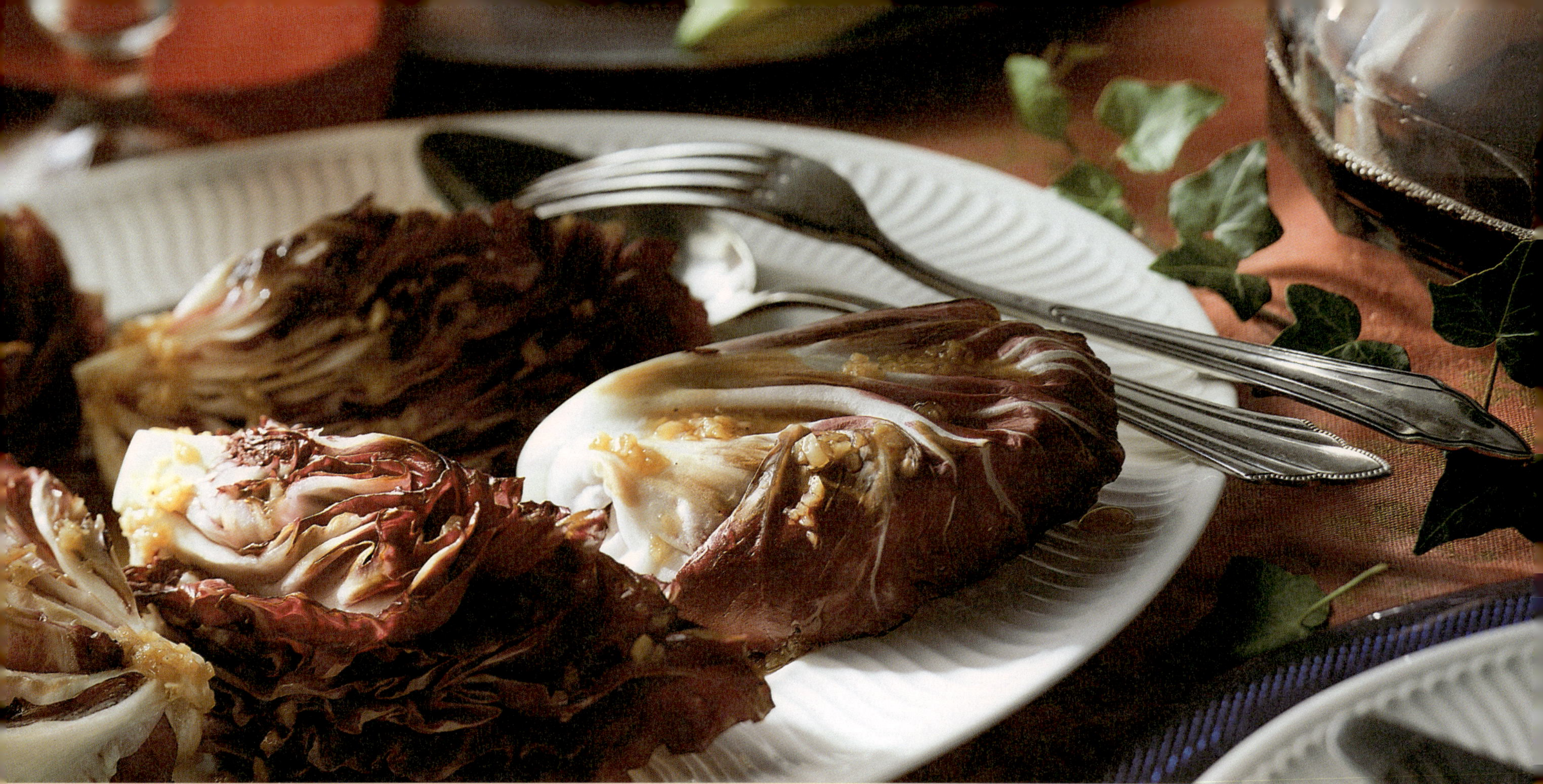

Tafelfreuden alla Medici

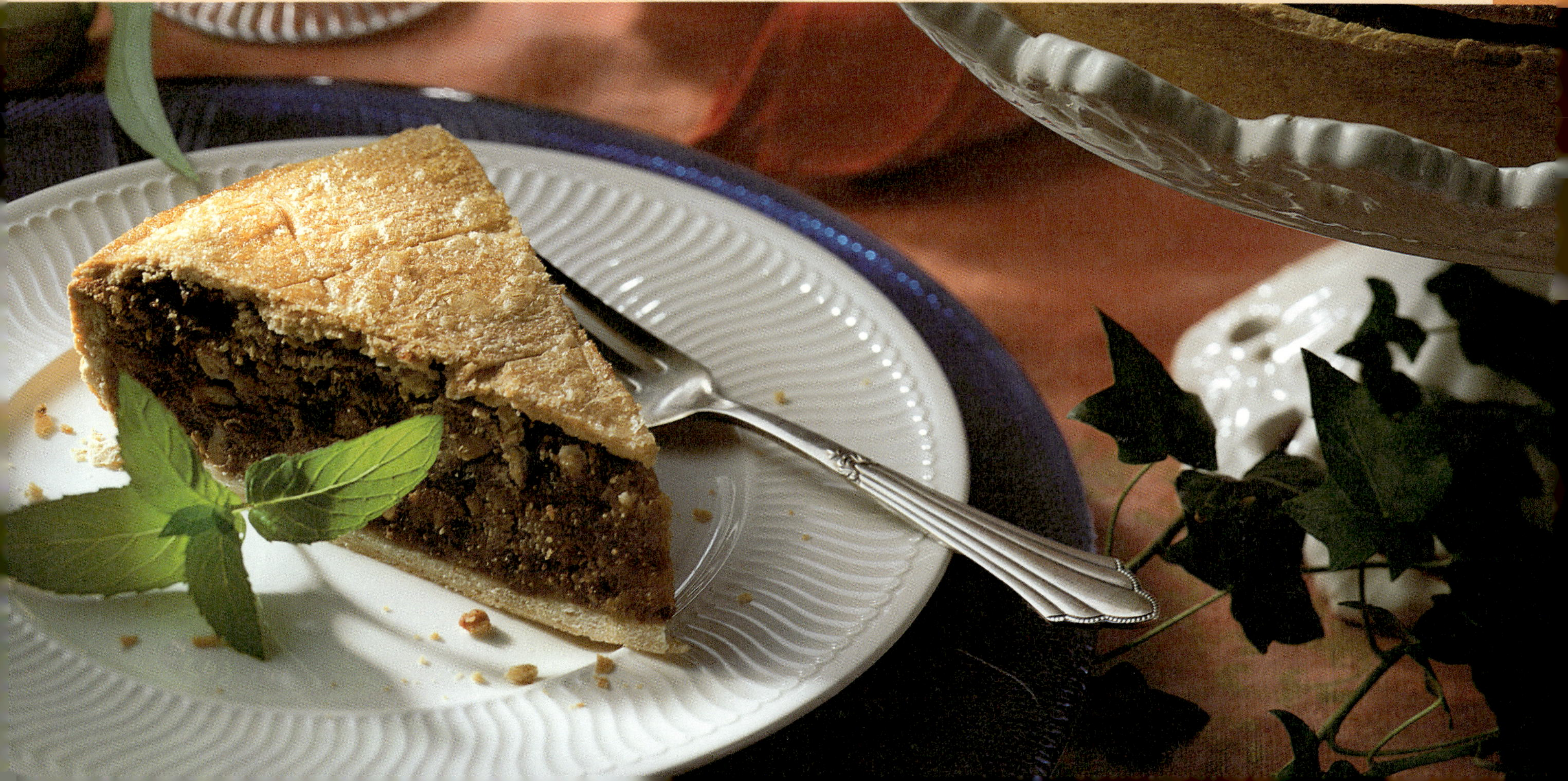

Berühren verboten – Genießen erlaubt: Spezialitäten der Toskana (links).
Romanello Tapinassi aus San Miniato ist stolz auf seine Trüffelwürste (oben links).
Bei Dario Cecchini findet man Würste und Bücher (oben rechts).

In der Macelleria

Wiedergeburt und Wiedererweckung fast vergessener Werte, Individualität und vor allem auch moderne Weltoffenheit – das sind Attribute, die in Italien vor allem die Lebensziele vieler junger Menschen bestimmen und sich auch heute unter dem Schlagwort Renaissance vereinigen lassen. Man findet in vielen Bereichen Menschen, die sich dem humanistischen, gebildeten und kunstinteressierten Renaissancemenschen verwandt fühlen und Themen von damals ins moderne Leben integrieren möchten. Auch bei der Beschäftigung mit kulinarischen Themen liegt das sehr nahe, denn es gibt zahlreiche gut erhaltene Kochbücher, die Einblick in die Küche der Renaissance verschaffen und die Zubereitung von Fleisch, Geflügel und Gemüse wie auch den Umgang mit Kräutern und den damals noch sehr teuren Gewürzen am Hof der Medici beschreiben.

Im Stil der Renaissance: Dario Cecchini

Beispiel für einen traditionsbewußten Italiener ist Dario Cecchini: Der Metzger in Panzano im Herzen des Chiantigebietes und Maria-Callas-Fan entspricht auf den ersten Blick dem Bild eines verschlossenen, fast arrogant wirkenden Toskaners. Sobald man jedoch seine Metzgerei und die Köstlichkeiten, die Dario Cecchini tagtäglich anbietet, mit Interesse und Liebe zum Essen betrachtet, taut er rasch auf. Er kommt schnell auf die Renaissance zu sprechen, möchte alte Traditionen pflegen und ins moderne Leben übertragen, erzählt, wieviel Wert er auf gutes, unverfälschtes Essen legt. Er gerät geradezu in Rage, kommen ihm die Landsleute in den Sinn, die zwar jede Automarke kennen, aber schon lange nicht mehr wissen, wie man so traditionelle Gerichte wie Pappa al pomodoro oder Ribollita zubereitet. Auch die Sparsamkeit beim Essen versteht und duldet er nicht – seiner Meinung nach hat Qualität einfach ihren Preis.

Dario Cecchini sammelt mit Leidenschaft Kochbücher, die er auch stolz in seinem Geschäft präsentiert. Viele enthalten alte Rezepte. Diejenigen, die aus der Renaissance stammen, hält der versierte Metzger für die besten. Und deshalb verkauft er auch in seinem Laden zahlreiche Spezialitäten, die auf solch historische Rezepte zurückgehen, zum Beispiel einen würzigen Senf aus Most und Früchten. Laut Originalrezept gehören in den Senf frühere Luxus-Ingredenzien wie kandierte Früchte und auch ein wenig Gold, das zeigen sollte, wie reich der Gastgeber war. Diese Zutaten nimmt Dario Cecchini allerdings nicht mehr.

In seiner Metzgerei, die übrigens schon seit Generationen von den Cecchinis geführt wird, erfreut man sich nicht nur der wunderbaren Stimme der Callas, sondern kann appetitliche und ausgewählt wohlschmeckende Fleisch- und Geflügelwaren aus der Toskana kaufen: fertige Pasten für Crostini im Glas, einen Sugo aus Lamm oder anderem Fleisch für die Pasta, Terrinen, fertig gemischte Hackpflänzchen oder würzige Bällchen aus roher Wurstmasse mit Walnüssen.

An den Wänden des geschmackvoll eingerichteten und dekorierten Ladens hängen Piedini di porco (gesalzene und getrocknete Schweinefüße), die man beim Kochen von Bohnen und anderen Hülsenfrüchten mit ins Wasser gibt – vorher werden sie etwa eine Woche in Essigwasser eingelegt. So bekommt man ein ganz besonderes Aroma.

Geschichte(n) rund um die Macelleria: Romanello Tapinassi

In San Miniato treffen wir einen anderen Metzger, Romanello Tapinassi. Er weiß Geschichten aus der jüngsten Vergangenheit zu erzählen. Die Mezzadria, Halbpacht, hat er noch erlebt, denn bis in die 50er Jahre war sie durchaus üblich. Sie bestimmte, daß der mezzadro, der Bauer, die Hälfte der erwirtschafteten Erträge, deren Höhe genau festgelegt war, an den Grundbesitzer abtreten mußte.

In der Toskana, einer Landschaft mit eher kargen Böden, war das Erbringen dieser Mengen nicht immer einfach, manchmal schlichtweg unmöglich. Mancher mezzadro ersann daher eine List, um dem Besitzer ein kleines Quentchen vom Ertrag abzuluchsen. Außer bei Getreide, Gemüse, Oliven und Wein war zum Beispiel auch genau festgelegt, wie viele Schweinehälften der Grundbesitzer zu bekommen hatte. Der wollte übrigens immer die linke Seite des Schweins, wo auch das Herz liegt. Der Grund: Die Schweine schlafen auf der rechten Seite, die entsprechend schmutzig ist. Die Bauern lieferten die geforderten Hälften, schnitten zuvor jedoch hier und da ein wenig Fleisch ab, entfernten mit viel Geschick ein Kotelett, und auch bei der Leber bediente sich der Bauer ein wenig. Leber, Schinken und Hirn brachten sie extra zum Padrone, letzteres in ein Kohlblatt gewickelt, damit es heil ankam. Die so gewonnenen Stücke wanderten schließlich mit dem Gemüse, das gerade zur

Hand war, in einen Eintopf, den »Tegamaccio«, was soviel bedeutet wie »einen Topf voll«.

Geschlachtet wurde traditionell am 18. Januar, einen Tag nach dem Fest des Heiligen Antonius, dem Schutzpatron der Haustiere. Daß er oft als Heiliger der Schweinehirten bezeichnet wird, kommt wahrscheinlich daher, daß er auf vielen Abbildungen mit einem Schwein zu sehen ist. Allerdings geht das aber vor allem darauf zurück, daß der Orden der Antoniter das Privileg der Schweinezucht genoß.

Aus dem Blut der Schweine stellte man nicht nur Würste her, sondern backte auch Pfannkuchen daraus, sowohl salzige mit Parmesan oder anderem Käse wie auch süße, zum Beispiel mit Zimt oder anderen Gewürzen aromatisiert. Und in Zeiten der Armut wurde natürlich jeder Teil des Schweins verwendet, selbst der gesäuberte Darm wanderte in den Kochtopf und wurde mit Brot verspeist.

Romanello Tapinassi ist spezialisiert auf Trüffelwurst. Er erzählt mit großer Begeisterung, wie er die Wurst herstellt oder erklärt, wie er Pasta con tartufi – Nudeln mit Trüffeln – kocht. So anschaulich, daß man den Teller mit dem würzig duftenden Gericht vermeintlich vor sich stehen hat und nur noch zugreifen möchte. Und so macht man die Pasta: Die Hälfte der Trüffeln nach dem Säubern in einem Mörser zerstoßen, mit dicker oder eingekochter Sahne erwärmen, aber keinesfalls kochen lassen. Salzen, pfeffern und mit den Nudeln – selbstverständlich muß es Pasta fresca sein – mischen. In vorgewärmte Teller füllen und die restlichen Trüffeln darüber hobeln – fertig. Wir haben es noch am selben Abend ausprobiert – mit sogenannten Marzolini, jungen und nicht ganz so aromatischen Märztrüffeln, wovon man etwa 30 g für 4 Personen braucht. Ein Tip von Romanello Tapinassi: Wer im November in der Toskana ist, sollte unbedingt die Trüffelmesse in San Miniato besuchen, die im November stattfindet (sie dauert über zwei Wochen) und den ganzen Ort in einen betörenden Duft hüllt.

»Cucina pronta«

Wer gerne Fleisch und Wurst ißt, aber nicht stundenlang in der Küche stehen möchte, findet überall in der Toskana in den meist appetitlich dekorierten »macellerie« ein großes Angebot an fertig zubereiteten oder komplett vorbereiteten Fleischwaren – auch cucina pronta genannt. Eine typische Spezialität der Toskana sind Fegatelli: Leberstücke werden vom Metzger in ein Schweinenetz gehüllt, damit sie beim Grillen nicht austrocknen, und abwechselnd mit frischen Lorbeerblättern auf Spieße gesteckt. Sowohl auf dem Holzkohlengrill wie auch in der Pfanne brauchen sie etwa 10 Minuten, bis sie gar sind. Außerdem gibt es entbeinte und fein gefüllte Perlhühner oder Kaninchen (ein Rezept dafür finden Sie auf Seite 153), traditionell gewürzte und gebundene Schweinebraten (Rezept Seite 146) oder andere bunt zu-

Metzger mit Sinn für Kultur: Dario Cecchini (links). Fegatelli, Leberstücke mit
Lorbeerblättern, werden in vielen Metzgereien fertig zubereitet angeboten (rechts).

In der Macelleria

sammengestellte Spieße in einer Qualität, die in keiner Weise an Fertigprodukte denken läßt. Und fast alle Metzger geben bereitwillig und ausführlich Auskunft darüber, wie man
diese Köstlichkeiten zu Hause am besten zubereitet, welche
Garzeit sie brauchen und was dazu paßt.

Pikante Vielfalt

In Sachen Wurst gehören Salami und Schinken vom Wildschwein zu den Spezialitäten der toskanischen Metzgereien.
Diese Delikatessen sind köstlich würzig und nicht so fett wie
die vom Hausschwein.

Mit Fenchelsamen wunderbar aromatisiert ist die Finocchiona, eine relativ weiche, salamiähnliche Wurst aus
Schweinefleisch. Nach dem Anschneiden sollte man sie
rasch verbrauchen. Sie schmeckt übrigens wie auch die roh
geräucherten Salsicce, die man mit geschmorten Hülsenfrüchten ißt, als unkomplizierter und schneller Crostinibelag
ganz ausgezeichnet. Einfach mindestens ½ cm dick auf
dünne Scheiben Weißbrot streichen und im heißen Ofen bei
250° 4-5 Min. backen, bis das Brot heiß und knusprig ist.

Außer verschiedenen anderen Salamiarten, alle vom
Schwein, aber unterschiedlich fett und mal frisch, mal gut
geräuchert und gelagert verkauft, wird Sopressata angeboten, eine große gekochte Wurst aus verschiedenen Schwei-
nefleischteilen, die vorher gepreßt wurden. Sopressata wird
wie unser Preßsack zubereitet, allerdings anders gewürzt.

In manchen Metzgereien findet man auch noch die »Sopressata in cuffia«. Sie besteht aus der gleichen Masse, wird
aber in einen Schweinekopf gefüllt, der vorher von den Knochen befreit wurde.

Bei den frischen Würstchen, Salsicce fresche, gibt es von
Metzger zu Metzger große Qualitäts- und Geschmacksunterschiede. Manche würzen sie nur mit Pfefferkörnern, andere geben etwas Wein oder Trüffel hinzu, die ihnen einen
besonders würzigen Geschmack verleihen.

Am besten probiert man schon während der Reise einige
Sorten, um dann die beste von allen mit nach Hause zu nehmen.

Servieren Sie Ihren Gästen verschiedene Schinken- und
Wurstsorten mit Brot – in der Toskana zu Hause, aber auch
im Restaurant eine beliebte Vorspeise.

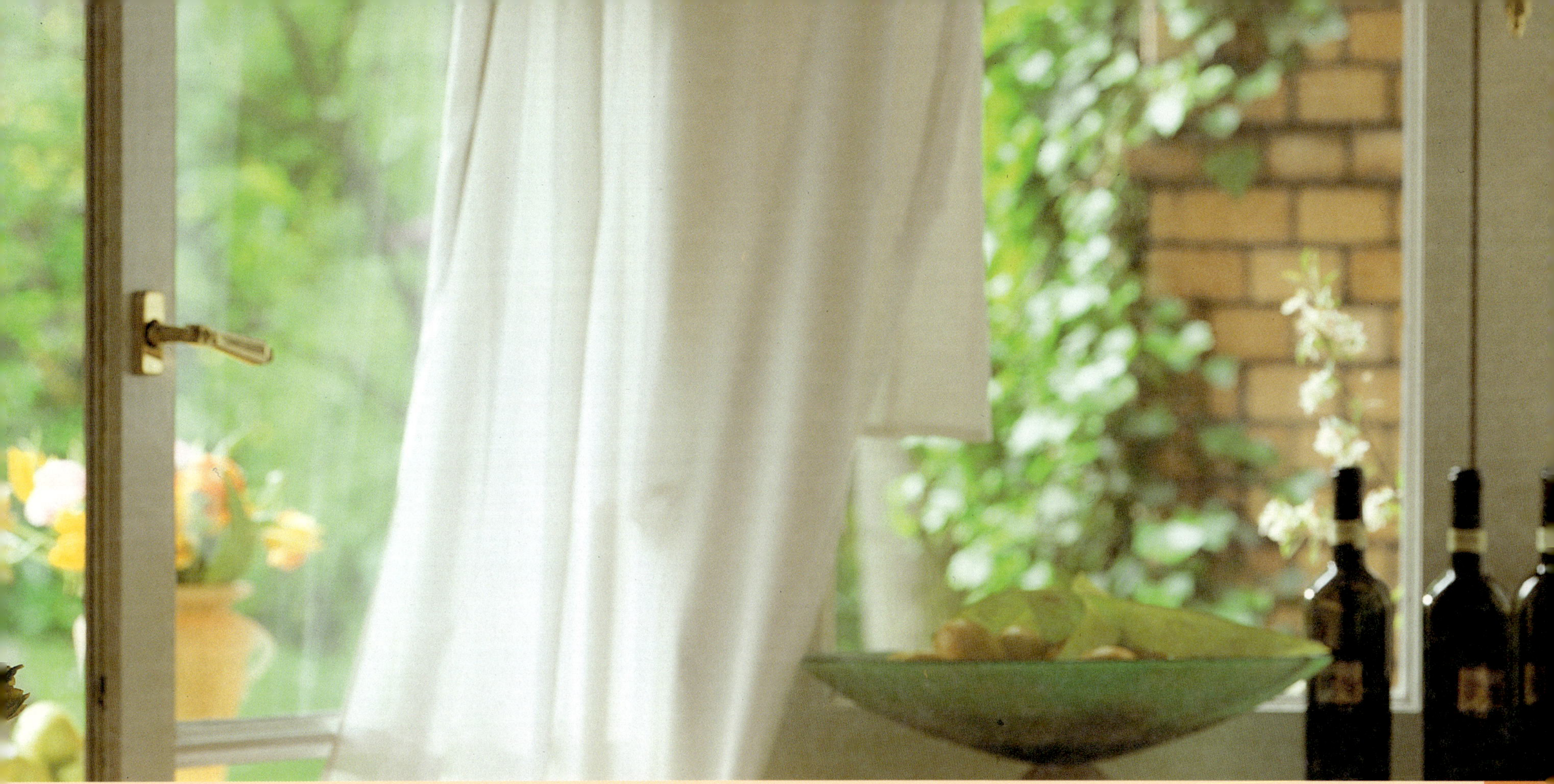

Fröhliche Ostern

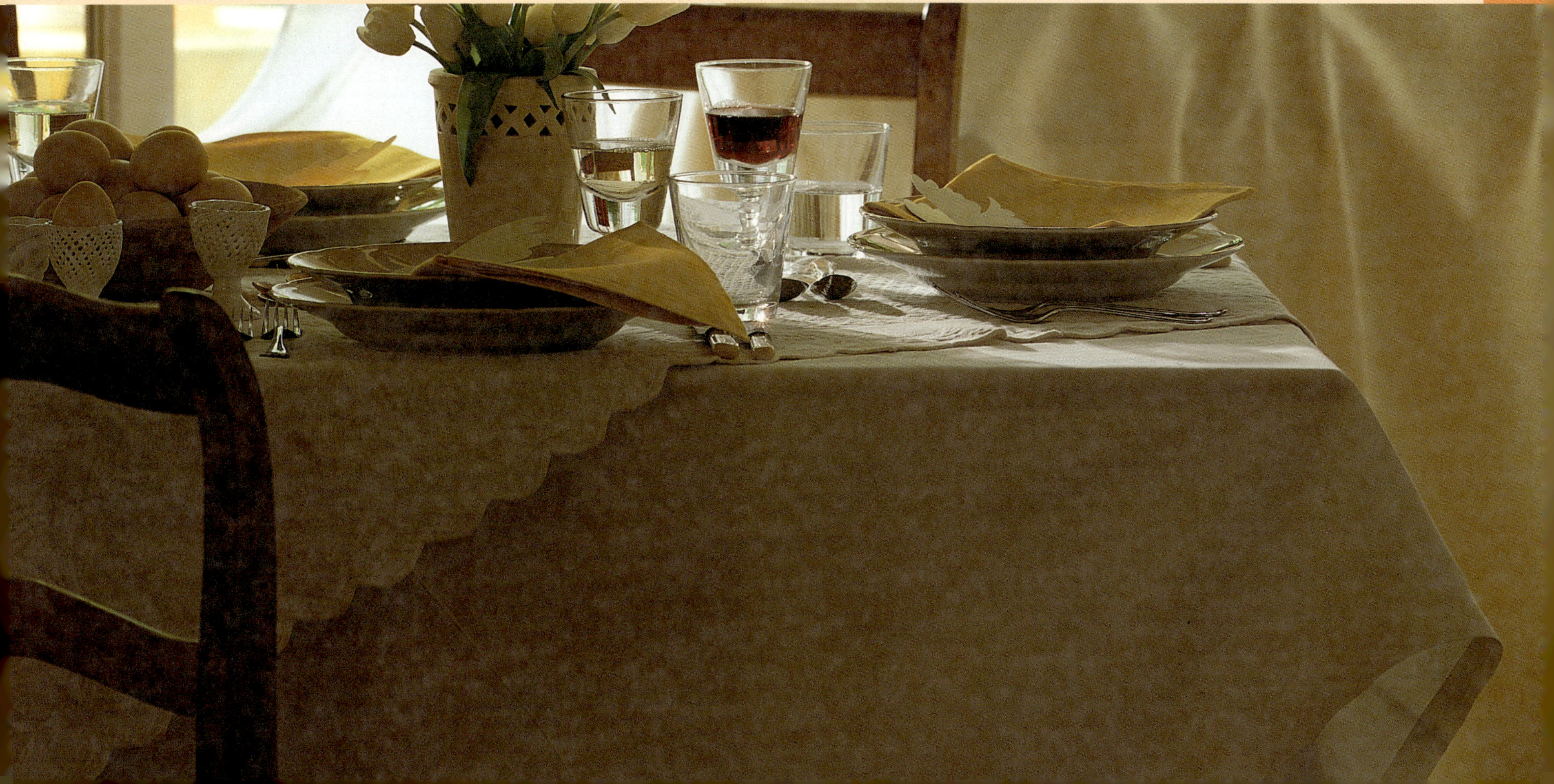

Fröhliche Ostern

*I*m Frühling, wenn es Ostern wird, präsentiert sich die Toskana in einer wunderbaren Farbenpracht: Zum ersten zarten Grün gesellen sich leuchtendgelbe Blüten.

Vor allem üppige Mimosenbäume und -sträucher bestimmen mit ihren feinen gelben Kügelchen die Szene, auch auf den Wiesen blitzen gelbe Blümchen hervor. Daneben blüht betörend der Rosmarin, beeindrucken zartblaue Borretschblüten. Zu Ostern bietet die Toskana ein fröhliches Bild, das Lebensfreude weckt. Der Winter – auch, wenn er in der Toskana mild ist – verab-

schiedet sich. Das Leben der Menschen spielt sich nun nicht mehr vorwiegend drinnen, sondern mehr und mehr im Freien ab. Kein Wunder, daß die Toskaner das Osterfest gebührend feiern. Denn es ist ja nicht nur das wichtigste christliche Fest, man freut sich auch über den Beginn des Frühlings.

Bei der Dekoration stehen neben der Farbe Gelb bunte Blumen, Eier und Tauben im Mittelpunkt. Tauben spielen in der Toskana zu Ostern eine wichtige Rolle, treten sie doch bei einem überall beliebten Feuerwerk in Aktion – der »Colombina« (Seite 73).

Der Tisch

An Ostern zeigt sich die Natur von ihrer fröhlichen Seite. Decken Sie deshalb den Ostertisch in fröhlichen, hel-

len Farben: Als Grundlage dient eine weiße, eventuell in sich gemusterte Tischdecke. Wer möchte, breitet in der Mitte des Tisches eine zweite, am Rand hübsch verzierte Decke darüber.

Das Geschirr kann ebenfalls weiß sein, nach Belieben stellen Sie farbige Platzteller darunter.

Blumen und Eier bringen zusätzlich Farbe ins Spiel. Dabei dominiert auf unserem Ostertisch die Farbe Gelb. Wählen Sie dazu passende Servietten, etwa in Gelb und möglichst aus Stoff. Auch zartgrüne oder weiße sind schön. Decken Sie sowohl Wasser- als auch Weingläser.

Die Tauben

Die Picasso-Taube inspirierte uns bei der Gestaltung.

Tischkarte: Für die Tischkarte kaufen Sie Tonpapier von 140 g oder 160 g in Pastellfarben wie Lindgrün, Apricot oder auch Zartgelb. Einen Bogen Din-A-4-Tonpapier einmal falten. Dann die Taubenzeichnung (links) mit Hilfe eines Kopierers auf die 2-3fache Größe vergrößern. Kopie ausschneiden, auf das Tonpapier legen und die Form mit einem dünnen Bleistift auf dem Tonpapier nachzeichnen. Die Taube aus dem gefalteten Tonpapier ausschneiden. Sie erhalten zwei Tauben, die Sie am unteren Flügel mit etwas Alleskleber zusammenkleben, dann mit dem Namen des Gastes beschriften. Nach dem Trocknen die zusammengeklebten Tauben leicht aufklappen.

Deko-Tauben: Ebenso wie die Tischkarte fertigen, allerdings nicht beschriften (Seite 62).

Menükarte: Kaufen Sie im Schreibwarengeschäft, Kunstpostkartenladen oder Museumsshop Doppelkarten mit dem Taubenmotiv von Pablo Picasso. Sie brauchen pro Gast eine Karte, außerdem Transparentpapier, Goldstaub oder -farbe und Pinsel oder einen goldenen Metallicstift. Die Karte aufklappen, auf die rechte Seite das Menü, auf die linke Seite eventuell die Weine schreiben. Karte zuklappen und auf die Vorderseite »Menu« schreiben. Der Schriftzug glänzt besonders schön, wenn Sie Goldstaub verwenden. Dazu Goldstaub (aus dem Künstlerbedarfs – oder Schreibwarengeschäft) mit wenig Wasser vermischen und mit einem Pinsel (Stärke 3) auf die Karte auftragen. Einfacher schreiben Sie mit einem goldenen Metallicstift. Für die Banderole schneiden Sie einen Din-A-4-Bogen Transparentpapier längs in etwa 5 cm breite Streifen. (Sie erhalten etwa 5 Stück). Je einen Streifen um eine Karte wickeln, auf der Rückseite zusammenkleben. Auf der Vorderseite mit Goldstaub und Pinsel (Stärke 7) oder goldenem Metallicstift mit »Buona Pasqua« beschriften. Karten neben die Teller legen.

59

Die Servietten

Nehmen Sie für den festlichen Anlaß Leinenservietten. Sie wirken besonders edel und lassen sich sehr gut in die gewünschte Form bringen. Sie können die Servietten selbst aus Leinen nähen: 50 x 50 cm große Quadrate zuschneiden und mit der Nähmaschine säumen. Apart ist ein Serviettenfächer auf oder neben jedem Gedeck. Dazu die großen Leinenservietten zu einem Rechteck zusammenfalten und glattbügeln. Dann an einer Schmalseite beginnend die Serviette wie eine Ziehharmonika zusammenfalten. Diese Falten nicht mehr bügeln, sondern nur noch leicht zusammendrücken. So fällt der Fächer später schön weich und locker.

Die Serviette an einer Seite mit einem 2 cm breiten Geschenkband aus farblich passendem Satin mehrfach umwickeln, danach an der offenen Seite auffächern. Besonders hübsch sind Servietten in einem sonnigen Gelb. Wenn Sie nur weiße in so großer Menge zu Hause haben, können Sie diese nehmen und mit gelbem Band umwickeln. Leinen läßt sich auch problemlos in der Waschmaschine färben.

Die Etagere

Eine Etagere bietet Platz für österliche Kleinigkeiten und macht auch als dekoratives Element auf sich aufmerksam. Arrangieren Sie darauf gefärbte Eier, kleine Zitronen und selbstgebackene Ostertäubchen. Zusätzlich können Sie die Etagere mit bunten Bändern schmücken. Dazu 5 cm breites Geschenkband (am besten mit Draht verstärktes Textilband) evtl. mit Goldfarbe und Pinsel (Stärke 7) mit »BUONA PASQUA« beschriften, um die Etagere winden oder einfach locker herunterhängen lassen.

Die Hefe-täubchen

Dafür brauchen Sie wieder eine Taubenschablone und Hefeteig. Vergrößern Sie die Taubenzeichnung (Seite 59) mit dem Kopierer nach Belieben auf die 2-3fache Größe und schneiden Sie sie aus. Für den Teig 500 g Mehl in eine Schüssel sieben und in der Mitte eine Mulde formen. 1 Würfel frische Hefe (42 g)

zerkrümeln und mit 1 TL Zucker und 2 EL lauwarmer Milch anrühren. In die Mehlmulde geben, mit etwas Mehl bestäuben und zugedeckt an einem warmen Ort 15 Min. gehen lassen. Dann 60 g Zucker, 3/8 l lauwarme Milch, 50 g zerlassene Butter und die abgeriebene Schale von 1 unbehandelten Zitrone dazugeben und alles zu einem glatten Teig verkneten. Den Teig an einem warmen Ort zugedeckt etwa 1 Std. gehen lassen, bis er sein Volumen verdoppelt hat. Dann auf wenig Mehl dünn ausrollen und mit der Schablone Tauben ausschneiden. Das geht besonders gut mit dem Pizzaroller, aber auch mit einer Küchenschere läßt sich

Hefeteig schneiden.
Die Täubchen auf ein gefettetes Backblech legen, mit einer Mischung aus 1 Eigelb und 1-2 EL Milch bestreichen. Rosinenaugen eindrücken. Die Tauben mit abgezogenen ganzen Mandeln verzieren und im vorgeheizten Backofen bei 170° (Umluft 150°) in 15 Min. goldbraun backen.

Die Eier

Ostern ohne hart gekochte und hübsch gefärbte Eier ist bei uns nicht denkbar. Deshalb sollten Sie sie auch bei diesem Osterfest als eßbare Dekoration auf dem Tisch mit einplanen – selbst wenn in der Toskana dieser Brauch nicht so üblich ist.
Bei unseren zartgelb gefärbten Eiern haben wir das Kochen gleich mit dem Färben verbunden. Geben Sie ins Kochwasser einfach 1 EL Kurkumapulver – das ja auch dem Currypulver die gelbe Farbe verleiht – und kochen die Eier darin.
Intensiver wird die Farbe, wenn Sie die Eier nicht nur

im Kurkumawasser kochen, sondern auch darin abkühlen lassen.
Gefärbte Ostereier glänzen wunderbar, wenn Sie sie nach dem Färben und Trocknen mit einem feuchten Tuch mit Olivenöl einreiben. Kurkuma ist übrigens nicht die einzige Zutat, um Eier auf natürliche Art zu färben. Rötliche Eier bekommen Sie, wenn Sie die Eier in Rote-Bete-Saft oder in Malventee kochen.
Violetten bis bläulichen Schimmer verleiht ihnen Heidelbeer- oder auch Holundersaft.
Grüne Eier erhalten Sie, wenn Sie sie in Spinat- oder Brennesselsaft kochen.

Gitter befestigen. Die Reagenzgläser mit Wasser füllen und jeweils 1-2 Ranunkeln, Tulpen, Anemonen oder andere Blumen Ihrer Wahl hineinstellen.

Besonders toskanisch wirkt ein solches Blumengitter, wenn Sie Mimosen oder auch Glyzinien verwenden. Ganz nach Belieben können Sie das Spalier noch mit Tauben aus weißem Papier (Seite 59) dekorieren. Diese einfach zwischen die Ranken stecken oder mit einem Faden befestigen.

Die Tischblumen

In der Toskana dominieren an Ostern die wunderbar gelbblühenden Mimosen das

Bild. Bei uns sind die hübschen Zweige zu dieser Zeit allerdings nur schwer zu bekommen. Sie können deshalb auch andere Blumen für die Tisch- und Zimmerdekoration nehmen. Einfach schön sind beispielsweise Papageientulpen mit ausgefransten Blütenrändern. Sie sehen nicht nur attraktiv aus, sondern fallen auch

locker über den Vasenrand, dadurch wirken Sie besonders reizvoll.

Kombinieren Sie beispielsweise große gelbe Papageientulpen mit kleinen weißen Minitulpen. Die unterschiedlichen Größen sorgen für einen hübschen Kontrast auf dem Tisch.

Besonders ansprechend sind die Blumenarrangements, wenn Sie dafür die gleichen Vasen in unterschiedlichen Größen zur Verfügung haben. Und: Die Vasen sollten eine becherähnliche Form haben, damit die Tulpen schön fallen und gut zur Geltung kommen können.

Besonders hübsch und an Ostern auch hierzulande in vielen Farben in den Blumengeschäften erhältlich sind Ranunkeln mit dichten Blüten. Sie bekommt man im Bund, aber auch in kleinen Töpfen zu kaufen.

Ebenfalls dekorativ und passend zu Ostern: ein dicker Strauß aus gemischten Kräutern, etwa aus Rosmarin, Thymian, Basilikum und Petersilie. Sie symbolisieren den Frühling und duften würzig.

Weitere Deko-Ideen

Tonschalen mit Frühlingsblumen wie Primeln, Stiefmütterchen und kleinen Narzissen bepflanzen.

Kleine Terracotta-Gefäße mit Moos auslegen, Eier auf dem Moosbett arrangieren.

Eine Blumen-Efeu-Girlande binden und in der Mitte des Tisches auslegen.

Das Spalier

Wer den Raum mit viel Grün und bunten Blumen dekoriert, holt sich ein Stück Natur in die eigenen vier Wände. Man genießt nicht nur das köstliche Festessen, sondern fühlt sich fast wie im Freien – was selbst in der Toskana um diese Jahreszeit nur selten möglich ist.

Das Blumenspalier können Sie problemlos selbst fertigen. Nach dem Fest schmückt es Balkon oder Terrasse. Besorgen Sie sich im Baumarkt ein ausziehbares Spalier aus rohem Holz. Dieses dann im Keller oder in der Garage mit Dispersionsfarbe aus der Dose weiß an-

sprühen oder mit einem breiten Pinsel bemalen.

Oder Sie nehmen gleich ein weiß gestrichenes, das es in Pflanzenmärkten aus Holz und Plastik zu kaufen gibt. Reichlich Efeuranken im Blumengeschäft oder aus dem eigenen Garten (eventuell auch bei Freunden nachfragen) besorgen und das Spalier damit üppig umwinden. Flechten Sie den Efeu immer wieder um die Holzsprossen, damit das Ganze wirklich schön dicht wird.

Für Farbtupfer sorgen bunte Blüten. Dazu Reagenzgläser (aus dem Labor- oder Ärztebedarf) besorgen und mit dünnem Kupfer-, Gold- oder Blumendraht aufrecht am

Der blühende Strauß

Auf pompöse Blumenarrangements auf dem Eßtisch sollten Sie verzichten. Sie nehmen Platz und Sicht weg und stören eher.
Fensterbretter, Kommoden oder Beistelltische dürfen Sie dagegen ruhig üppiger dekorieren.
Stellen Sie beispielsweise blühende Apfelzweige – auch verschiedene blühende Zweige oder Nußzweige mit ihrem frischen Grün sind attraktiv – in eine große Vase oder in einen nicht zu weiten Übertopf. Die Zweige mit Papiertauben dekorie-

ren. Die Tauben werden wie die Tischkarten gefertigt (Seite 59), allerdings nach Belieben aus weißem Japanpapier oder anderem dekorativen Papier ausgeschnitten und in jedem Fall nicht beschriftet.
Mit einer dünnen Nadel jeweils einen Faden Nylon- oder Nähgarn durch die Taubenflügel ziehen. Die Tauben mit dem Faden an einem Zweig befestigen oder einfach zwischen die Zweige stecken.
Dabei ist weniger oft mehr. Damit das ganze Arrangement schön leicht wirkt, sollten Sie darauf achten, die blühenden Zweige nicht zu überladen.

Das Ambiente

Im Mittelpunkt der österlichen Dekoration steht selbstverständlich der schön gedeckte Tisch. Stellen Sie ihn am besten in die Mitte des Raumes, damit alle Gäste bequem Platz daran finden und genügend Bewegungsfreiheit haben. Eine helle, heitere Atmosphäre schaffen Sie, indem Sie auch den Raum frühlingshaft- freundlich gestalten. Das Blumenspalier (Seite 61) peppt eine kahle Wand auf. Sie müssen es nicht fest andübeln, es reicht, wenn Sie es anlehnen. Plazieren Sie es so, daß man es schon beim Betreten des Raumes sehen kann. Verstecken Sie dunkle Beistelltische oder Kommoden unter hellen Hussen. Dazu einfach große Laken oder Tücher locker über die Möbelstücke werfen und ein wenig drapieren. Blumensträuße, Sträucher oder eine schön arrangierte Etagere (Seite 60) darauf dienen als Blickfang. Und auch die Fensterbretter können Sie in die Dekoration mit einbeziehen. Begrüßen Sie Ihre Gäste mit einem Gläschen Prosecco oder Spumante secco. Das stimmt ein auf ein fröhliches Essen und vertreibt die Zeit, bis alle Gäste angekommen sind. Dazu können Sie Crostini und Bruschetta – zwanglos auf verschiedenen Tellern arrangiert – anbieten. So steigt Ihren Gästen der Alkohol nicht gleich zu Kopf. Laden Sie Ihre Gäste zum Mittagsmenü an Ostern ein. Bei Tageslicht kommen die Dekorationen und Blumen am besten zur Geltung. Außerdem können Ihre Gäste ohne Zeitdruck ausgiebig schlemmen und sich zwischen den einzelnen Gängen auch ein wenig Zeit lassen. So verläuft das Essen auch für die Gastgeber viel entspannter.
Organisieren Sie am besten jemanden, der sich um Getränke, volle Aschenbecher und ähnliches kümmert, damit Sie wirklich nur fürs Essen zuständig sind und nicht in Streß geraten.
Zum Abschluß des festlichen Tages freuen sich Ihre Gäste über einen Espresso und eventuell ein Gläschen Vin santo.

Das gibt es

- Crostini con capperi
  (Crostini mit Kaperncreme)
- Bruschetta
  (Tomaten-Crostini)
- Panini di ramerino
  (Rosmarinbrötchen)
- Gnocchi ignudi
  (Nackte Nockerl)
- Agnello arrosto
  (Lammbraten aus dem Ofen)
- Patate con ramerino
  (Rosmarinkartoffeln)
- Carciofi arrostiti
  (Gebratene Artischocken)
- Zuccotto
  (Halbgefrorenes Biskuitdessert)

Das brauchen Sie außerdem

Italienisches Weißbrot
1-2 Flaschen Wasser pro Person
1 Flasche Wein pro Person

Getränketip

Zu Crostini, Bruschetta und Gnocchi paßt ein Vernaccia di San Gimignano, z.B. von Teruzzi & Puthod. Zum Lamm servieren Sie Rotwein, etwa einen Rosso di Montalcino, zum Beispiel von Caparzo, oder einen guten Chianti, z.B. von La Massa oder von Poggerino.

Zeitplan

Am Vorabend:	Biskuitplatte für Zuccotto backen, Lamm marinieren
Am Festtag Morgens:	Kartoffeln kochen, Hefeteig für Brötchen zubereiten, Ricottamasse für die Gnocchi zubereiten, kühl stellen; Kaperncreme zubereiten
4 Std. vorher:	Zuccotto fertigstellen, Rosmarinbrötchen backen, Tisch decken und dekorieren
1 Std. vorher:	Gnocchi formen, in Mehl wälzen, Tomatenmasse für Bruschetta zubereiten, Artischocken putzen
Kurz bevor die Gäste kommen:	Lamm in den Ofen schieben Brot für Bruschetta rösten, Crostini fertigstellen
Nach den Crostini:	Gnocchi garen
Nach dem Primo:	Artischocken schneiden, braten; Kartoffeln braten, Lamm schneiden, mit Beilagen servieren
Nach dem Secondo:	Zuccotto stürzen, verzieren

Kleine, knusprige Vorspeisen, die problemlos gelingen: Crostini mit Kapern oder Tomaten und Rosmarinbrötchen schmecken nicht nur an Ostern zum Auftakt eines festlichen Menü.

Crostini con capperi

Crostini mit Kaperncreme

Sehr schnell

Im Original wird die Kaperncreme nur mit Mayonnaise zubereitet. Diese Variante ist leichter und feiner im Geschmack. Sie können aber auch nur Mayonnaise nehmen.

Zutaten für 12 Personen:
100 g Kapern
1 ½ EL Mayonnaise
2 ½ EL Mascarpone oder Crème fraîche
12 dünne Scheiben Weißbrot

Pro Portion: 370 kJ/90 kcal
Zubereitungszeit: 10 Min.

1 Die Kapern mit einem großen schweren Messer möglichst fein hacken. Dann mit der Mayonnaise und Mascarpone oder Crème fraîche gründlich mischen. Salz und Pfeffer brauchen Sie für diese Creme nicht, die Kapern sind würzig genug.

2 Die Brotscheiben ungetoastet damit bestreichen und servieren.

Bruschetta

Tomaten-Crostini

Am besten ganz frisch

Zutaten für 12 Personen:
4 mittelgroße Tomaten
1 Bund Basilikum
2 Knoblauchzehen
2 TL Kapern
Salz • schwarzer Pfeffer
2-3 EL Olivenöl
12 große Scheiben Weißbrot

Pro Portion: 440 kJ/100 kcal
Zubereitungszeit: 20 Min.

1 Tomaten waschen und sehr klein würfeln, dabei die Stielansätze herausschneiden. Basilikum waschen und trockenschwenken. Die Blättchen abzupfen und in Streifen schneiden. Knoblauch schälen und mit den Kapern sehr fein hacken.

2 Diese Zutaten mischen, mit Salz und Pfeffer würzen und mit dem Öl verrühren.

3 Brotscheiben einmal durchschneiden und im Toaster oder im vorgeheizten Backofen bei 250° (Umluft 220°) in 4 Min. goldbraun rösten.

4 Mit der Tomatenmasse belegen und sofort servieren.

Panini di ramerino

Rosmarinbrötchen

Läßt sich gut vorbereiten

Ein Rezept aus dem 14. Jahrhundert: Damals backte man einen großen Laib aus dem Teig. Heute macht man daraus kleine Brötchen, die vor allem am Gründonnerstag (Giovedì santo) angeboten werden.

Zutaten für 12 Brötchen:
3 Zweige Rosmarin
75 g Olivenöl (+ Olivenöl für das Backblech und zum Bestreichen) • 500 g Mehl

25 g frische Hefe
1 TL Zucker
Salz
50 g Rosinen

Pro Brötchen: 950 kJ/230 kcal
Zubereitungszeit: 1 Std. 40 Min.

1 Den Rosmarin waschen, trockenschwenken und die Nadeln vom Stiel zupfen. Ein Drittel davon beiseite legen, den Rest grob hacken. Das Öl in einer kleinen Pfanne erhitzen. Den Rosmarin darin bei mittlerer Hitze anbraten, bis er braun ist. Dann das Öl durch ein Sieb gießen.

2 Das Mehl in eine Schüssel füllen, in der Mitte eine Mulde formen. Die Hefe zerbröckeln, mit dem Zucker und 1 EL lauwarmem Wasser verrühren, in die Mulde geben, mit Mehl bestäuben und zugedeckt 15 Min. ruhen lassen.

3 Dann das gewürzte Öl, 200 ml lauwarmes Wasser und 1 kräftige Prise Salz hinzufügen. Alles zu einem glatten, geschmeidigen Teig verkneten. Bei Bedarf noch etwas Wasser oder Mehl dazugeben. Den Teig wieder in die Schüssel geben, mit einem Tuch bedecken und an einem warmen Ort 1 Std. gehen lassen, bis er sein Volumen fast verdoppelt hat.

4 Inzwischen den restlichen Rosmarin fein hacken.

5 Den Teig nochmals durchkneten, den Rosmarin und die Rosinen untermengen. Aus dem Teig 12 Brötchen formen und auf ein geöltes Backblech setzen. Zugedeckt nochmals 15 Min. gehen lassen. Inzwischen den Backofen auf 220° vorheizen.

6 Die Brötchen kreuzförmig einschneiden, mit Olivenöl bestreichen und im heißen Ofen (Mitte, Umluft 200°) 20 Min. backen.

Gnocchi ignudi
»Nackte Nockerl«

Braucht etwas Zeit

»Nackte Nockerl« heißt dieses Gericht, weil die Masse, die auch als Füllung für Ravioli verwendet wird, ohne Teighülle zubereitet wird.

Zutaten für 12 Personen:
gut 1 kg Mangoldblätter (Stiele vorher abschneiden), Blattspinat und Löwenzahn gemischt • Salz
750 g weicher Ricotta
5 Eier
200 g geriebener Parmesan
100 g Mehl (+ Mehl zum Wenden)
Salz • schwarzer Pfeffer
Muskatnuß, frisch gerieben
40 Salbeiblätter
100 g Butter • 2 EL Olivenöl
Parmesan zum Bestreuen

Pro Portion: 1460 kJ/350 kcal
Zubereitungszeit: 1 Std.
(+ 4 Std. Ruhezeit)

1 Blattgemüse verlesen und waschen. Mangoldblätter grob zerschneiden. Gemüse in reichlich Salzwasser in 2 Portionen 2–3 Min. blanchieren. Kalt abschrecken und abtropfen lassen, dann in einem Tuch sehr gut ausdrücken. Gemüse mit dem Wiegemesser fein zerkleinern.

2 Ricotta mit dem Gemüse, den Eiern, dem Parmesan und dem Mehl verrühren, mit Salz, Pfeffer und Muskat abschmecken. Die Masse zugedeckt 4 Std. kühl stellen.

3 Zwei Platten mit Mehl bestäuben. Aus der weichen Ricottamasse mit Löffeln tischtennisballgroße Klößchen formen und im Mehl wälzen. In zwei weiten Töpfen Salzwasser zum Kochen bringen. Salbei waschen.

4 Butter schmelzen, aber nicht braun werden lassen. Öl und Salbeiblätter untermischen.

5 Klößchen in das leise siedende Wasser gleiten und 2-3 Min. darin ziehen lassen. Die Gnocchi sind fertig, sobald sie nach oben steigen.

6 Gnocchi aus dem Wasser heben und auf vorgewärmte Teller verteilen. Mit etwas Salbei-Butter garnieren. Dazu frisch geriebenen Parmesan reichen.

Tip

Wieviel Mehl man für die Gnocchi braucht, hängt vor allem davon ab, wie frisch und von welcher Konsistenz der Ricotta ist. Am besten bringen Sie in einem kleinen Topf Wasser zum Kochen, formen 1 Probeklößchen aus der Ricottamasse und garen es im leise siedenden Wasser. Wenn es seine Form behält, ist genügend Mehl am Teig.

Agnello arrosto
Lammbraten aus dem Ofen

Klassiker

Zutaten für 12 Personen:
1 Lammkeule mit Knochen (etwa 2,4 kg)
10 Knoblauchzehen
10 Salbeiblätter
6 Zweige Rosmarin
4 frische Lorbeerblätter
1 unbehandelte Zitrone
4 EL Olivenöl
Salz • schwarzer Pfeffer
200 ml trockener Weißwein

Pro Portion: 1520 kJ/360 kcal
Zubereitungszeit: 15 Min.
(+ 4 Std. Marinierzeit + 1 ½ Std. Garzeit)

1 Lammkeule mit einem Tuch abreiben, um eventuell vorhandene Knochensplitter zu entfernen.

2 Knoblauch schälen und durch die Presse drücken. Kräuter waschen und trockenschwenken. Salbeiblätter und die Nadeln von 2 Rosmarinzweigen mit 2 Lorbeerblättern sehr fein hacken und zum Knoblauch geben. Zitrone heiß waschen, abtrocknen und die Schale fein abreiben. Die Zitrone auspressen. 2 EL Saft mit der Zitronenschale und dem Olivenöl zum Knoblauch geben und alles gut verrühren.

3 Lamm mit Salz und Pfeffer einreiben und rundherum mit der Knoblauchpaste bestreichen. Die Paste etwas einmassieren, das Fleisch abdecken und an einem kühlen Ort 4 Std. marinieren.

4 Dann den Backofen auf 250° (Umluft 220°) vorheizen. Die Lammkeule mit der Fettseite nach oben in die Fettpfanne des Backofens geben. Restliche Kräuter dazulegen.

5 Lamm im Backofen (unten) 15 Min. braten. Dann die Temperatur auf 160° (Umluft 140°) zurückschalten und den Wein angießen. Die Lammkeule noch 1 Std. garen, bei Bedarf noch etwas Wasser dazugeben.

6 Die Keule im abgeschalteten Ofen 15 Min. ruhen lassen, dann in Scheiben schneiden und auf einer vorgewärmten Platte servieren.

Tip

Zum Lammbraten paßt außer Rosmarinkartoffeln (Rezept nächste Seite) ein Salat aus 3 Bund Rucola und 1 Radicchio, angemacht mit Aceto balsamico, Salz, Pfeffer und Olivenöl.

Patate con ramerino

Rosmarinkartoffeln

Preiswert

In der Toskana nennt man Rosmarin ramerino.

Zutaten für 12 Personen:
1,5 kg vorwiegend fest-
kochende Kartoffeln
2 Zweige Rosmarin
3-4 EL Olivenöl
Salz
schwarzer Pfeffer

Pro Portion: 380 kJ/90 kcal
Zubereitungszeit: 50 Min.
(ohne Abkühlzeit)

1 Kartoffeln waschen und in etwa 2 cm hoch Wasser zugedeckt bei mittlerer Hitze in 30 Min. weich kochen, abkühlen lassen.

2 Den Rosmarin waschen, die Nadeln vom Stiel zupfen. Die Kartoffeln schälen und längs vierteln.

3 Das Öl in einer großen Pfanne erhitzen. Die Kartoffeln darin bei mittlerer Hitze braun braten. Sie sollen möglichst nebeneinander liegen, also evtl. zwei Pfannen benutzen. Kartoffeln mit Rosmarin, Salz und Pfeffer würzen und noch 2 Min. unter Rühren braten.

Carciofi arrostiti

Gebratene Artischocken

Am besten ganz frisch

Zutaten für 12 Personen:
2 kg kleine Artischocken
(etwa 15 Stück)
Saft von 1 Zitrone
1 Bund Petersilie
4 Knoblauchzehen
4 EL Olivenöl
Salz • schwarzer Pfeffer

Pro Portion: 420 kJ/100 kcal
Zubereitungszeit: 30 Min.

1 Äußere, harte Blätter der Artischocken abzupfen. Den oberen Teil der Artischocken spitz zuschneiden.

2 Die Artischocken der Länge nach achteln und mit dem Zitronensaft mischen. Petersilie waschen, fein hacken. Knoblauch schälen und fein hacken.

3 Das Öl in einem großen schweren Topf erhitzen. Die Artischocken darin unter gelegentlichem Rühren bei mittlerer Hitze 5 Min. braten.

4 Petersilie und Knoblauch hinzufügen, alles mit Salz und Pfeffer würzen und weitere 2 Min. braten.

68

Zuccotto

Halbgefrorenes Biskuitdessert

Läßt sich gut vorbereiten

Zutaten für 12 Personen:
Für den Teig:
5 Eier • 80 g Puderzucker
1 Päckchen Vanillezucker
50 g Speisestärke
50 g Mehl (+ Mehl zum
Bestäuben)
Für die Füllung:
70 g geschälte Mandeln
70 g Haselnüsse
150 g Zartbitterschokolade
75-100 g gemischte kandierte
Früchte (siehe Seite 184)
250 g Ricotta • 500 g Sahne
100 g Puderzucker
2 EL Kakaopulver

Außerdem:
etwa 6 EL Orangenlikör
Puderzucker und Kakaopulver
Fett für das Backblech

Pro Portion: 1660 kJ/400 kcal
Zubereitungszeit: 1 ¼ Std.
(+ mind. 2 ½ Std. Ruhezeit)

1 Den Backofen auf 200° (Umluft 180°) vorheizen. Für den Teig die Eier trennen. Eiweiße mit Puderzucker und Vanillezucker steif schlagen. Eigelbe nacheinander unterziehen. Speisestärke und Mehl mit einem Schneebesen locker untermischen.

2 Backblech fetten und mit Mehl bestäuben. Teig darauf glattstreichen. Biskuit im heißen Ofen (Mitte) in 12 Min. backen, bis er goldgelb ist, auf ein Küchentuch stürzen und abkühlen lassen.

3 Mandeln und Nüsse in einer trockenen Pfanne goldgelb rösten, abkühlen lassen, hacken. Schokolade ebenfalls fein hacken. Kandierte Früchte klein würfeln. Ricotta glattrühren. Sahne steif schlagen und unterziehen. Ricottamasse mit dem Puderzucker abschmecken. Ein Drittel mit den kandierten Früchten mischen. Den Rest mit den Nüssen, der Schokolade und dem Kakao vermengen.

4 Eine kuppelförmige Form von mindestens 2 l Inhalt bereitstellen. Den Biskuitteig entsprechend zuschneiden. Die Form damit auskleiden (einige Stücke zum Abdecken beiseite stellen), Teig mit Orangenlikör tränken. Die helle Creme vorsichtig auf dem Teig verteilen, die dunkle darauf geben. Zuccotto mit den restlichen Teigstreifen abdecken.

5 Den Zuccotto 2 Std. ins Gefrierfach stellen. 30 Min. vor dem Servieren herausnehmen. Den Zuccotto stürzen und mit Puderzucker und nach Belieben mit Kakao bestäubt servieren.

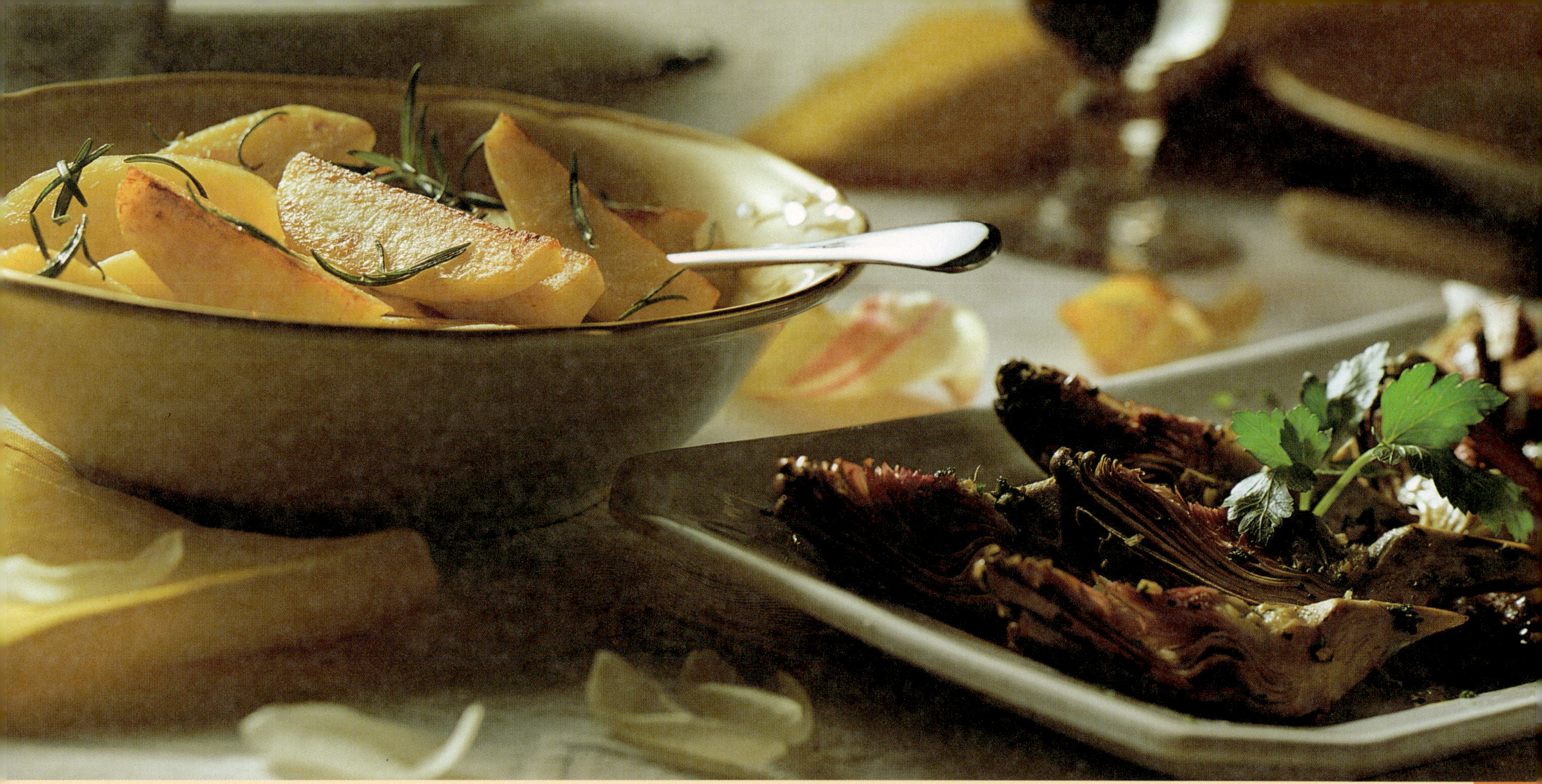

Fröhliche Ostern

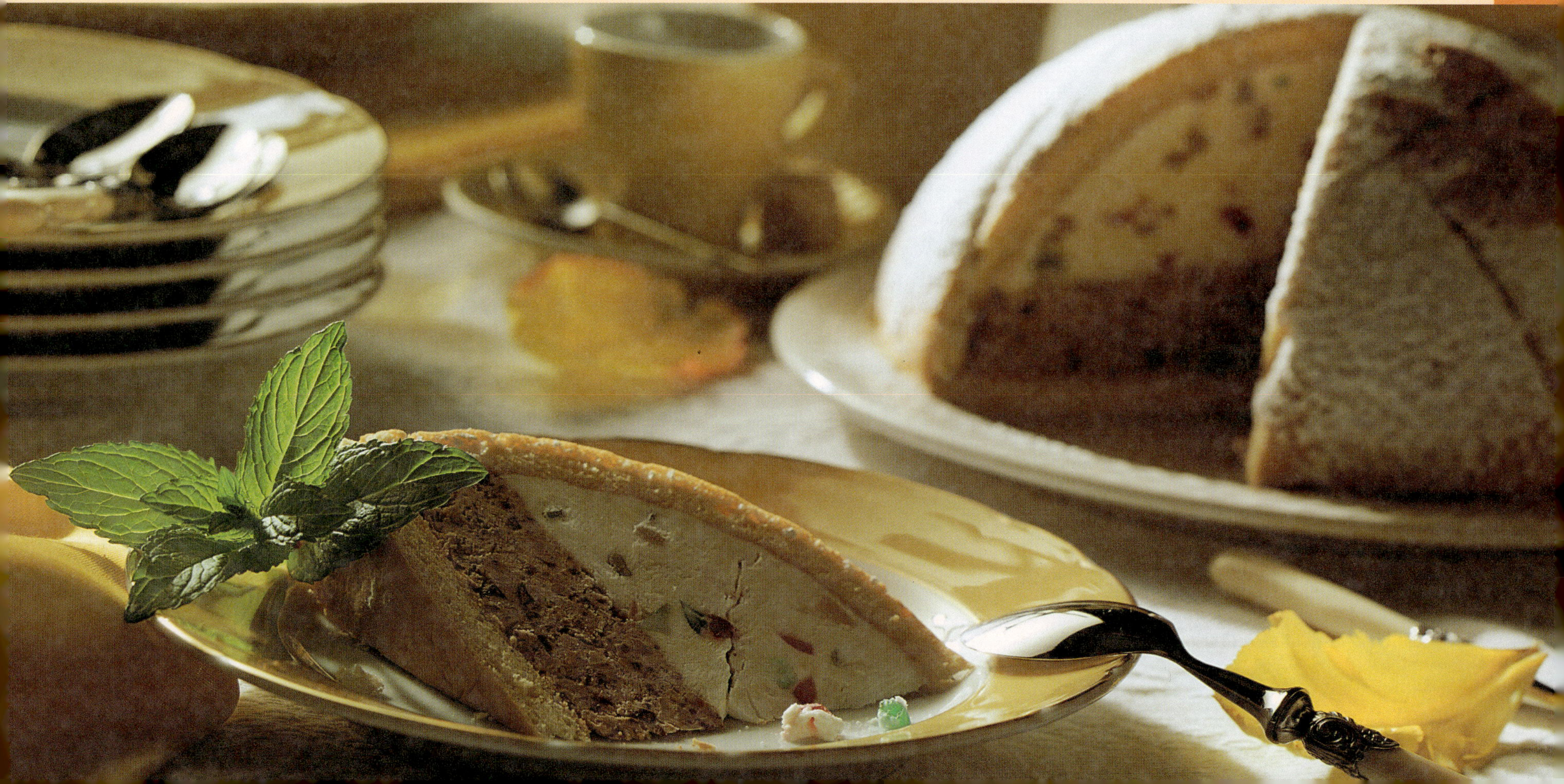

Mimosen blühen an Ostern im Überfluß, Wiesen betören durch die Blütenpracht (links). Die Ente lädt zum Ostermahl in der Osteria Le Logge in Siena (oben links). Toskanische Ostereier beeindrucken durch ihre Größe (oben rechts).

Buona Pasqua

ie Natur kündigt die Festtage an: Mimosen blühen kräftig gelb und wecken neue Lebenslust, zarte Borretschblüten blitzen zwischen den Weinreben auf, und das Grün ist schon kräftig, aber dennoch zart. Es wird Ostern und alles erwacht zu neuem Leben.

Beeindruckend sind die riesigen, oft grell-bunt gefärbten Schokoladeneier und -hasen, Enten, Küken und Tauben, die man um die Osterzeit in Italien in jeder Bar und in den Schaufenstern vieler Geschäfte bewundern kann.

Ostern – das immer am ersten Sonntag nach dem Frühlingsvollmond gefeiert wird – scheint im katholischen Italien nicht nur das größte christliche Fest zu sein, sondern vor allem auch ein Spektakel, das zwar ernst genommen wird, aber doch Spaß machen soll.

Traditionsbewußte Toskaner genießen in diesen Tagen klassische Ostergerichte und pflegen alte Osterbräuche – nicht steif und förmlich, sondern fröhlich und entspannt.

Gerichte mit Tradition

Am Gründonnerstag, in Italien Giovedi santo – also heiliger Donnerstag genannt – bekommt man in allen Bäckereien pane oder panini di ramerino, ein inzwischen meist süßes, früher auch salziges Gebäck, das mit Rosinen und Rosmarin gebacken wird. Brot und anderes Gebäck hat an diesem Tag, dem sogenannten Ablaßtag, an dem die Sünder früher wieder in den Schoß der Kirche aufgenommen wurden, in allen christlichen Ländern Tradition. Klöster, Stifte und auch Hospitäler verteilten das Gebäck am Gründonnerstag an die Armen.

Karfreitag ist auch in der Toskana ursprünglich ein Fastentag, traditionsreiche leichte Speisen lassen sich allerdings heutzutage weder auf den Speisekarten noch auf den Tischen der Hausfrauen entdecken. In den meisten Orten ist der Karfreitag mittlerweile ein ganz normaler Werktag, die Geschäfte sind geöffnet, und überall wird gearbeitet.

Ostern: Festtage für Feinschmecker

An Ostern darf geschlemmt werden. Traditionell verbringt die ganze Familie den Ostersonntag gemeinsam, Höhepunkt des Tages ist das Festessen. Nach den »mageren« Wintertagen steht nun alles, was der Frühling zu bieten hat, auf dem Speiseplan – heute wie vor hundert Jahren. So gab und gibt es Lamm und Eier, frische Kräuter und Frühlingsgemüse, ergänzt durch Getreide – verarbeitet im Brot, in der Pasta und auch im Dessert.

Viele Lebensmittel, die im März hergestellt werden oder wachsen, tragen den hübschen Beinamen »Marzolino«, vom »März«. Diese Genüsse gehören ebenfalls zum perfekten Ostermenü. Die kleinen Trüffel werden ebenso Marzolino genannt wie der Pecorino, der im März aus der noch raren, aber besonders schmackhaften Schafmilch hergestellt wird.

Junger Pecorino mit weicher Schale ist Bestandteil einer einfachen, aber köstlichen Vorspeise, die man an Ostern gern serviert. Man ißt den weichen Käse mit jungen dicken Bohnen, fave fresche, direkt aus der Hülse gepult und mit Salz und Pfeffer bestreut. Wer das Ganze etwas aufpeppen möchte, beträufelt Bohnen und Käse mit einigen Tropfen besten Olivenöls.

Zu den beliebten Antipasti an Ostern zählen Crostini mit Leberfarce. Das Brot wird in heißer Brühe gewendet und dann mit der Farce bestrichen.

Als Primo folgt häufig eine Suppe mit Lamm oder Gemüse und Eiern oder aber hausgemachte Pasta, die mit Eiern hergestellt wird, serviert mit einem Lammsugo.

Auf jeden Fall spielen Eier eine wichtige Rolle. Sie gelten seit alters her als Symbole für Fruchtbarkeit und Fortpflanzung, denn die Hennen beginnen nach der Winterpause um Ostern herum wieder zu legen. Eier gehören wie die ersten frischen Kräuter einfach zum Frühling dazu.

Beim Hauptgericht des österlichen Festmahls steht Lamm im Mittelpunkt. Es gilt als Symbol für Sanftmut, Unschuld und Reinheit ebenso wie für den Opfertod Christi.

Als Dessert gibt es an Ostern in den meisten Familien Zuppa inglese oder Zuccotto – beide aus zartem Biskuit und feinen Cremes hergestellt. Wahrscheinlich sind diese Süßspeisen so beliebt, weil sie kuppelförmig aussehen und so ebenfalls an die Form von Eiern erinnern.

Von Glücksbringern und dem Gang durch sieben Kirchen

In der Toskana stehen am Gründonnerstag überall vor den Kirchen riesige Sträuße mit Olivenzweigen, die nach der Messe geweiht werden. Die Zweige sollen zu Hause dafür sorgen, daß das folgende Jahr in jeder Hinsicht ein gutes Jahr wird.

Ebenfalls Glück und Seelenheil verheißt der Gang durch die sieben Kirchen, den in Florenz nicht nur traditionsbewußte Toskaner in der Nacht von Donnerstag auf Freitag antreten. Alle Gotteshäuser sind festlich mit Blumen geschmückt, das Kreuz ist aber noch mit einem schwarzen Tuch verhangen. In den Kirchen herrscht reges Kommen und Gehen. Man trifft sich und findet wie überall in Italien genügend Zeit, miteinander zu plaudern – im Flüsterton zwar, aber ohne falsche Verlegenheit.

Warum es gerade sieben Kirchen sein müssen, weiß niemand genau zu sagen. Sicher ist die Sieben eine heilige Zahl, die sowohl in Schriften des Altertums wie auch in der Bibel häufig auftaucht. In sieben Tagen vollendet sich je ein Viertel der Mondphasen, sieben Farben hat der Regenbogen, sieben Tage brauchte die Schöpfung, und Jesus gab seinen Jüngern mit dem Vaterunser sieben Bitten, mit denen sie sich Gottvater anvertrauen konnten. Man kennt die sieben Weltwunder, weiß von sieben Säulen der Weisheit und kann sich im siebten Himmel fühlen. In jedem Fall: Sollten Sie einmal in dieser Nacht in Florenz sein, versäumen Sie nicht diesen Gang, bis elf Uhr in der Nacht sind fast alle Kirchen geöffnet, die meisten sogar noch länger.

Am Karfreitag schweigen die Kirchenglocken. In jedem Ort findet ein Prozessionszug seinen Weg durch die Gassen, oft nur von wenigen, meist älteren Einwohnern begleitet, fast immer von italienisch-melancholischer Blasmusik untermalt.

Ostern ist das Fest der Familie. Die meisten Museen haben geschlossen und auch an den Geschäften steht »chiuso«. Wer nicht zu Hause feiert, geht mit Kind und Kegel ins Ristorante.

»Scoppio del carro« – Feuerrausch in Florenz

Auf dem Domplatz in Florenz feiert man alljährlich am Ostersonntag ein traditonelles Spektakel: den »Scoppio del carro«, was soviel heißt wie »die Explosion des Wagens«. Ein vergoldeter und kunstvoll verzierter Wagen aus dem 18. Jahrhundert wird von weißen, hübsch geschmückten Ochsen, bestaunt und begleitet von vielen Menschen in historischen Kostümen, auf die Piazza del Duomo gezogen. Auf dem Wagen stecken zahlreiche Feuerwerkskörper. Über einen Draht ist er mit dem Hochaltar des Doms, Santa Maria del Fiore, verbunden.

Nach der heiligen Messe »fliegt« eine Tontaube vom Altar über diesen Draht zum Wagen und entzündet ein buntes Feuerwerk. Explodieren soll der Karren – auch wenn die wörtliche Übersetzung das ankündigt – dabei natürlich nicht, aber ein beeindruckendes Schauspiel wird schon jedes Jahr aufs neue erwartet.

In Florenz feiert man den »Scoppio del carro«. Festlich geschmückte weiße Ochsen ziehen den Karren auf den Domplatz (links). Eine Tontaube entzündet ein farbenprächtiges Feuerwerk auf dem Wagen (rechts).

Buona Pasqua

Die »Colombina« – ein Osterspektakel

Nicht nur in Florenz, sondern überall in der Toskana begeht man Ostern feierlich und spektakulär. In fast jedem kleinen Ort der Toskana wird ein ähnliches Fest gefeiert wie der »Scoppio del carro«: die Colombina, in dessen Mittelpunkt das Täubchen – »colombina« – steht.

Das Täubchen ist meist aus Metall gefertigt und wird über dem Portal der Kirche befestigt. Von dort saust es mit lautem Getöse mehrere hundert Meter über ein Seil oder einen Draht zu einem speziell gebauten Gerüst, trifft auf einen Zünder und bringt damit ein mindestens ebenso lautes wie leuchtendes Feuerwerk zum Knallen und Glitzern.

Raketen und Knallkörper sind auf unterschiedlichen Gestellen so angeordnet, daß sie nacheinander Feuer fangen, sich also gegenseitig zünden. Das Spektakel wird untermalt von einem ohrenbetäubenden Knallen, so daß lärmempfindliche Zuschauer schnell das Weite suchen. Gelingt das Ganze, verheißt es ein gutes kommendes Jahr.

Schade, wenn das Feuerwerk – wie es einmal in Panzano, einem Ort mitten im Chianti-Gebiet, passierte – zwar gewaltig raucht, Lichter und Glanz jedoch nicht zu sehen sind. Böse Zungen schreiben das dem allzu lässigen Umgang mit der Tradition zu.

Erstaunlicherweise findet die Colombina keineswegs in jedem Ort am selben Tag statt, wie das bei traditionellen Festen normalerweise üblich ist. In einem Ort feiert man am Samstag, im nächsten am Sonntag oder gar erst am Montag. Befragt nach dieser seltsamen Unregelmäßigkeit, geben Toskaner augenzwinkernd zu: »Na, wahrscheinlich deshalb, damit man miterleben kann, wie die Colombina im Nachbarort gefeiert wird.« Schließlich gibt es ja nicht nur ein Feuerwerk zu bestaunen, sondern auch für das leibliche Wohl wird überall ausreichend gesorgt.

In Panzano fiel die Colombina einmal am angekündigten Tag sogar ganz aus. Man hatte versäumt, bei der Polizei die Genehmigung einzuholen. Was tun? Ganz darauf verzichten? Keineswegs, sondern eine Woche später feiern – was sonst?

Vino e olio

Vino e olio

ein und Öl stehen unangefochten im Mittelpunkt der toskanischen Küche – Grund genug also, sie auch einmal als Hauptdarsteller auf die Bühne Ihres Festes zu heben. Laden Sie Ihre Gäste zu einer Weinprobe (Seite 79) ein. Danach servieren Sie rustikale Speisen, die ihren Geschmack aromatischem Olivenöl verdanken. Bieten Sie auch mehrere Öle an, die Ihre Gäste dann mit Brot oder Pinzimonio (Seite 82) probieren können.

In der Toskana ist Weinlese meist im Oktober, die Oliven werden in der Regel Mitte November geerntet und so schnell wie möglich gepreßt. Das toskanische Leben im Herbst ist also geprägt von diesen zwei großen Ernteereignissen. Und selbstverständlich wird dort der Abschluß der teils mühsamen Arbeit gebührend gefeiert. Im sonnigen Süden kann man im Herbst natürlich ohne Probleme draußen feiern. Und auch hierzulande gibt es oft schöne Herbstnachmittage und -abende, die zu Weinprobe und Essen auf der Terrasse oder im Hof einladen. Falls das Wetter aber nicht mitspielt, verlegen Sie das »Vino e olio«-Fest einfach nach drinnen.

Die Dekoration

Wenn »Vino e olio« im Mittelpunkt eines Festes stehen, fällt die Wahl der Dekoration nicht schwer: Schmücken Sie Tafel und Tische mit Weinblättern, Weinranken und Olivenzweigen. Auch Trauben in Keramik- oder

Porzellanschalen sehen wunderschön aus und laden zum Naschen ein. Kleine flache Schalen aus glasierter Terracotta mit Oliven sowie Teller und Platten mit buntem Gemüse für Pinzimonio (Seite 82) ergänzen das Bild.

Wer möchte, kann kleine Olivenbäumchen in Terracottatöpfen aufstellen oder auch Olivenzweige in großen Vasen arrangieren.

Wer Stein- oder Terracottafiguren besitzt, kann sie als zusätzliche Deko verwenden. Solche Figuren oder Säulen findet man in Einrichtungsgeschäften.

Außerdem eignen sich bunte Herbstblätter als Deko-Material, denn auch in der Toskana gibt es viele Wälder, die sich im Herbst in Rot und Gelb präsentieren.

Das Geschirr

Rustikale Accessoires passen gut zum Wein- und Ölfest. Besonders hübsch und typisch italienisch ist ein dickes, weißes Porzellangeschirr, denn es harmoniert mit allen Farben, die man für Tischdecke und Servietten

wählen kann. Nehmen Sie dazu auch einfaches Besteck und Leinenservietten mit eher grober Struktur. Außerdem dem einfarbigen Geschirr paßt sehr gut die typische weiß-grün gesprenkelte Keramik der Toskana. Oder auch Geschirr mit Olivenmotiven – in der Toskana bekommt man es bei jedem Terracotta-Händler, aber auch bei uns wird es inzwischen von einigen Herstellern angeboten.

Falls Sie farbiges Geschirr wählen, sollten Tischdecke und Servietten weiß sein. Bei einfarbigem Geschirr können Sie den Tisch dagegen gut mit einer gemusterten Tischdecke, zum Beispiel mit Weinranken oder Olivenmotiven eindecken. Sie brauchen für die Weinprobe (Seite 79) dann allerdings für jeden Gast ein weißes Tischset oder ein weißes Geschirrtuch, das Sie während der Probe auf den Tisch legen können. Denn eine bunte Tischdecke läßt die Farbe des Weins nicht zur Geltung kommen.

Am besten stapeln Sie das Geschirr am Anfang noch auf einem Beistelltisch. Endgültig gedeckt wird der Tisch erst nach der Weinprobe.

Die Speisekarte

Kaufen Sie pro Gast Bogen Büttenpapier in einem zarten Cremeweiß. Außerdem brauchen Sie bei 10 Gästen 10 Bögen Pergamentpapier in derselben Größe, 1 Bogen lila Seidenpapier, 1 Bogen Zeichenpapier und eventuell 9 Farbkopien. 1 Bogen Pergamentpapier benötigen Sie

außerdem für den »La cena« Schriftzug. Zusätzlich verschiedene dünne Pinsel und Aquarellfarben.

Malen Sie zuerst mit den Aquarellfarben mindestens vier kleine Motive auf das Zeichenpapier, zum Beispiel Messer und Gabel, Weintrauben mit grünem Stiel, Oliven mit zweifarbigen Blättern oder auch buntes Gemüse wie Tomaten oder Paprikaschoten. Diese Motive dann mit Hilfe des Farbkopierers zehnmal kopieren, oder auch nur neunmal, wenn Sie das Original mitverwenden wollen. Die Motive rechteckig ausschneiden. Selbstverständlich können Sie auch jede Karte mit Original-

zeichnungen schmücken. Auf ein kleines Stück Pergamentpapier mit Tinte oder auch mit dem Computer »La cena« – »Das Abendessen« – schreiben und ausschneiden. Aus dem lila Seidenpapier ein Rechteck ausschneiden, das etwas größer ist als das Pergamentstück. Das beschriftete Pergament auf das Seidenpapier kleben.

Das Büttenpapier einmal längs falten. Auf die Vorderseite oben »La cena«, darunter jeweils vier bunte Motive aufkleben. Für die Innenseite je einen Bogen Pergamentpapier mit den Speisen beschriften und längs einmal falten. Jeweils in das Büttenpapier legen.

Das Ambiente

Der Herbst ist in ein ganz besonderes Licht getaucht. Die Farben sind bunt, das Licht kräftig, aber dennoch mild und sanft. Das Braun der Erde blitzt schon wieder durch, die letzten grünen Blätter fallen auf.
Versuchen Sie auch bei Ihrem Fest diese besondere Farben- und Lichtstimmung zu zaubern.

Kerzenlicht

Besonders stimmungsvolles Licht bringen Kerzen, die in Glasstürzen, großen Windlichtern oder großen Glasvasen besonders gut zur Geltung kommen und auch tagsüber, wenn Sie keine Festbeleuchtung brauchen, dekorativ aussehen.
Kaufen Sie nicht nur reinweiße, sondern auch cremefarbene Kerzen, möglichst in unterschiedlicher Dicke. Sie brauchen sehr viele, um Hof, Terrasse oder – falls Sie drinnen feiern – Innenräume in sanften Kerzenschimmer tauchen zu können.
Die Kerzen großzügig auf

dem Boden, auf Mauervorsprüngen, Treppen, Fensterbrettern und auf dem Beistelltisch verteilen.
Windlichter können Sie zusätzlich mit Weinranken oder Olivenzweigen schmücken. Auch schöne Pflanzgefäße und bunte Tücher fügen sich gut in die stimmungsvolle Dekoration ein.
Auf dem Tisch selbst sollten Sie unbedingt auf große Kerzen verzichten, denn sie versperren die Sicht auf das Gegenüber und stören das Gesamtbild eher. Dort können Sie aber zum Beispiel Teelichter in kleinen Glasgefäßen aufstellen.

Bunte Blechvasen

Italienische Atmosphäre schaffen Sie mit originellen Olivenölkanistern und -dosen, die sowohl als Depot für Reservekerzen wie auch als Vase für Olivenzweige dienen können. Fragen Sie im italienischen Restaurant, wo ja in großen Mengen Olivenöl benötigt wird, ob Sie leere Kanister bekommen können. Oder Sie kaufen bei einem italienischen Feinkosthändler Olivenöl in Dosen. Auch Oliven, die Sie ja ohnehin auf diesem Fest anbieten, gibt es in hübschen Dosen. Die schönsten Dosen

finden Sie in italienischen Supermärkten. Bringen Sie sich von einer Toskanareise Olivenöl, geschälte Tomaten oder Oliven in Dosen mit. Schneiden Sie von den Dosen mit einem Öffner den Deckel ab, und biegen Sie die Ränder mit einer Zange vorsichtig nach innen, damit Sie sich nicht an ihnen verletzen. Eventuell müssen Sie die Ränder auch feilen.
Um Olivenzweige darin aufzustellen, brauchen Sie einen Kanister mit mindestens 5 l Inhalt. Kleinere Exemplare fallen zu schnell um. Den Kanister mit Wasser füllen und eventuell mit einigen kleineren Steinen beschweren, um ihm Standfestigkeit zu geben.
Sie können auch ein kleines Olivenbäumchen (aus dem Gartencenter) samt Topf in den Kanister stellen.
Die Bäumchen können im Sommer im Freien stehen, im Winter müssen Sie sie aber ins Haus holen, denn Olivenbäume sind sehr frostempfindlich.

Die Trauben

Rote und grüne Weintrauben laden beim »Vino e olio«-Fest zum Zugreifen ein, dienen aber auch als Dekoration. Arrangieren Sie sie beispielsweise in einer schönen Etagere aus Metall und Stein (siehe oben rechts) oder drapieren Sie sie in einem Füllhorn aus Korbgeflecht (siehe unten rechts).
Die Trauben sehen besonders appetitlich aus, wenn Sie sie mit wenig Wasser ansprühen (zum Beispiel mit der Wäschespritze).

Die Weinprobe

Wenn Sie eine professionelle Weinprobe machen möchten, sollten Sie einige Regeln beachten, damit sie auch wirklich perfekt gelingt.

Beim Wein können Sie entweder nur eine Sorte in unterschiedlichen Jahrgängen – zum Beispiel Chianti classico – oder aber verschiedene toskanische Weine desselben Jahrganges zur Verkostung anbieten. Am besten nehmen Sie nur Rotwein. Wer auch Weißweinliebhaber unter seinen Gästen hat, kann aber auch einige Flaschen Weißwein zur Probe bereitstellen. Bei der Weinprobe selbst sollte sich jeder für Weiß- oder Rotwein entscheiden oder aber mit Weißwein beginnen und dann zum roten übergehen.

Beschränken Sie sich auf vier bis sechs Weine, denn mehr können die Geschmacksnerven nicht verkraften. Selbst Weinprofis stellen dann feine Unterschiede kaum mehr fest.

Damit die Farbe des Weins so richtig gut zur Geltung kommt, sollte das Tischtuch weiß sein und auch die Gläser sollten nicht farbig sein. Wer den Tisch schon mit einer gemusterten Tischdecke bedeckt hat, legt am besten für jeden Gast ein weißes Tischset, eine weiße Serviette oder auch ein weißes Geschirrtuch bereit.

Stellen Sie außerdem Wasserflaschen und -gläser sowie reichlich Weißbrot auf den Tisch. So können die Gäste ihr Glas zwischen den Weinproben mit Wasser ausschwenken und den Gaumen

mit einem Stück Brot neutralisieren. Außerdem sollten Sie noch zwei, drei Gefäße auf den Tisch stellen, in die Ihre Gäste den Wein leeren können, wenn sie nicht jede Probe bis zum Schluß trinken möchten.

Fremde Gerüche stören beim Wahrnehmen der Düfte. Bit-

ten Sie Ihre Gäste also, erst nach der Weinprobe zu rauchen. Und: Bei einer professionellen Weinprobe bitten die Veranstalter die Tester sogar, unparfümiert zu erscheinen.

So werden die Gläser vorbereitet: Etwas Wein in das Glas geben und durch

Schwenken und Drehen im ganzen Glas verteilen. Dadurch verschwinden fremde Gerüche, die im Glas haften könnten und dadurch den Duft und den Geschmack des Weins verfälschen würden. Dieser Wein wird – selbstverständlich ohne vorher daran zu nippen – ins Glas des Nachbarn geschüttet, der das Ritual mit seinem Glas ebenso ausführt und den kostbaren Wein wiederum an seinen Nachbarn weitergibt. Dieser Wein dient nur zur Vorbereitung des Glases und wird zum Schluß weggeschüttet.

Sind alle Gläser vorbereitet, bekommt jeder Gast einen Schluck zum Probieren. Zuerst aber riecht man daran. Keine Scheu übrigens, stecken Sie Ihre Nase ruhig tief ins Glas, damit Sie den Geruch pur erleben.

Das, was Ihnen beim Riechen in den Sinn kommt, können Sie aufschreiben und später mit den Geruchserlebnissen der anderen Tester vergleichen. Legen Sie also eventuell für jeden Gast ein kleines Heftchen bereit, das er später als Erinnerung mit nach Hause nehmen kann.

Schwenken Sie dann den Wein im Glas und riechen Sie noch einmal daran. Dann nehmen Sie einen Schluck, Weinkenner ziehen ihn geräuschvoll zwischen den Zähnen durch und schlürfen ihn, um alle Nuancen voll aufnehmen zu können.

Notieren Sie auch den Geschmackseindruck. So können Sie Monate später noch einmal rekapitulieren, welcher Wein Ihnen am besten geschmeckt hat.

Es macht Spaß und ist informativ, wenn man die Notizen vergleicht – vorausgesetzt, man macht keinen ernsthaften Wettkampf daraus, wer die feinste Nase und den differenziertesten Gaumen hat.

Übrigens: Manche Önologen sind davon überzeugt, daß Weinproben an Tagen, an denen Tiefdruck herrscht, nicht so günstig sind. Denn dann zeigt sich der Gehalt des Weines weniger deutlich.

Die Weinkarte

Ebenso wie die Speisen, mit denen Sie Ihre Gäste nach der Weinprobe verwöhnen, können Sie auch die Weine, die Sie anbieten, auf einer selbst gemachten Weinkarte (links oben) aufführen. Hergestellt wird die ebenso informative wie dekorative Karte wie die Speisekarte (Seite 77). Auf die lila unterlegte Fläche schreiben Sie »i vini«, also »die Weine«. Als Motive können Sie Weinflaschen und Gläser, aber auch ein Weinblatt oder einige Trauben malen.

Die Weine auf einen Bogen Pergamentpapier schreiben, am besten in der Reihenfolge, in der Sie sie auch anbieten wollen. Vergessen Sie nicht, Weingut und Jahrgang zu nennen.

Die Gläser

Je dünner die Gläser sind, desto besser sind sie für eine Weinprobe geeignet. Weißweingläser sind kleiner als Rotweingläser. Zudem sollten die Gläser möglichst nach oben hin etwas schmäler zulaufen, denn dann sammelt sich das Bouquet besser im Glas und verflüchtigt sich nicht so schnell.

Es gibt spezielle Chianti classico Gläser, die man auch zum Testen von Weißwein gut nehmen kann. Wer nicht extra Gläser für die Weinprobe anschaffen möchte, nimmt für den Chianti oder Brunello etwas größere bauchigere Gläser und für den Weißwein etwas höhere und schmälere.

Die Gläser sollten klar, gut gespült und getrocknet sein. Am besten reiben Sie die Gläser vor der Weinprobe noch einmal nach. Es empfiehlt sich, dafür ein Geschirrtuch aus reinem Leinen zu nehmen, das man dann auch nur für diesen Zweck verwenden sollte.

Der Wein

Wein will pfleglich behandelt werden. So spielt neben der Lagerung auch die Temperatur, mit der er getrunken wird, eine Rolle und auch der Zeitpunkt, wann man ihn öffnet.

Meist wird Rotwein zu warm und Weißwein zu kalt getrunken. Zu stark gekühlte Weißweine können ihren Geschmack nicht entfalten, zu warme Rotweine schmecken nicht mehr voll und zu stark nach Alkohol. Weißweine serviert man bei einer Temperatur von 8-12°. Je besser der Wein, desto höhere Temperatur dürfen Sie ihm gönnen. Rotweine servieren Sie bei einer Temperatur von 14-18°. Auch hier gilt: Einfachere und jüngere Weine dürfen kälter sein als die länger gelagerten älteren

Jahrgänge. So schmeckt ein einfacher Chianti bei 14°, eine Riserva hingegen sollten Sie mit etwa 18° servieren. Holen Sie den Rotwein nicht zu früh aus dem kühlen Keller, einige Stunden vor dem Fest reichen aus.
Weißwein einige Stunden, bevor die Gäste kommen, in den Kühlschrank stellen.

Das Dekantieren

Rotwein sollte atmen können, damit er seinen Geschmack voll entfalten kann. Die Flaschen deshalb immer schon einige Stunden vor dem Servieren öffnen. Entfernen Sie den Korken und legen ihn quer über die Flaschenöffnung. Schnuppern Sie nach dem Öffnen immer am Korken, damit Sie einen korkenden Wein sofort aussortieren können. Sehr alte Weine dekantieren. Das dient vor allem dazu, daß edle Tropfen mit viel Luft in Berührung kommen und auch dazu, daß das sogenannte Depot, das sich bei unfiltrierten Weinen am Boden der Flasche absetzt, nicht mit ins Glas kommt,

sondern in der Flasche bleibt. Beim Dekantieren gießt man den Wein langsam in eine Karaffe. Man kann entweder an einem hellen Platz dekantieren, so daß man das Depot auch in einer dunklen Flasche sehen kann oder aber eine Kerze unter den Flaschenhals stellen. Zum Schluß sehr vorsichtig gießen, damit das Depot wirklich in der Flasche bleibt.

So gelingt der Abend perfekt

Um die unterschiedlichen Weine zu bewerten, sollte der Gaumen noch möglichst unbelastet sein. Machen Sie die Weinprobe deshalb zu Beginn des Nachmittags oder Abends.
Auch auf einen Aperitif sollten Sie in diesem Fall verzichten, denn er beeinträchtigt die Geschmacksfähigkeit. Reichen Sie zur Weinprobe nur frisches, möglichst ungesalzenes Brot (Rezept Seite 11), außerdem auch reichlich Wasser, am besten stilles Mineralwasser. Zwischen den einzelnen Weinen kann man die Gläser mit dem Wasser ausspülen und auch einen Schluck gegen den Durst nehmen. Ein Stück Brot neutralisiert den Gaumen und macht frei für den nächsten Wein.
Der Tisch muß zu diesem Zeitpunkt noch nicht fertig gedeckt sein, Teller, Besteck und Servietten stehen auf einem Beistelltisch bereit.
Nach der Weinprobe dann den Tisch eindecken.
Stellen Sie nun auch das Olivenöl auf den Tisch, am be-

sten in den Originalflaschen. Oder füllen Sie es in mehrere Metallkännchen oder Karaffen. So kann jeder das Öl gut erreichen.
Die Gäste brauchen das Olivenöl nicht nur für die Fettunta und zum Beträufeln der Suppe, sondern können es auch pur mit Pinzimonio (Seite 82) oder Brot probieren. Rösten Sie das Brot dafür im heißen Backofen auf dem Backblech bei 250° (Umluft 225°) etwa 5 Minuten, bis es knusprig ist. Das heiße Brot mit etwas Öl beträufeln, nach Wunsch wenig Salz darüber streuen. Beginnen Sie die Speisenfolge mit den Crostini und der Fettunta, dann gibt es Ballot-

te und Pinzimonio. Zum Pinzimonio sollten Sie auch den Kichererbsenfladen (Cecina) in kleinen Stücken mit auf den Tisch stellen.
Nach einer kleinen Pause bringen Sie den Topf mit der dampfenden Suppe auf den Tisch. Die Nachspeisen, also den Castagnaccio und den Fladen, stellen Sie anschließend dazu, jeder kann sich selbst davon nehmen.
Dazu servieren Sie die Weine von der Weinprobe – jetzt hat wahrscheinlich jeder seinen Lieblingswein gefunden und bedient sich selbst.
Wenn Sie möchten, können Sie noch Pecorino als pikanten Abschluß reichen.

Das Öl

Natürlich ist es am besten, wenn Sie Ihren Gästen neues Öl anbieten können. Olio nuovo schmeckt kräftig, hat einen leicht scharfen und angenehm ins Bittere gehenden Geschmack. Sein einziger Nachteil: Neues Öl bekommen Sie hierzulande nur in wenigen Feinkostläden. Am einfachsten bringen Sie es sich von einer Toskanareise mit. Dort können Sie es bei Bauern und auf Weingütern kaufen. Fragen Sie im Ristorante oder in einer Bar, wer im Ort Öl anbietet. Ansonsten wählen Sie hochwertiges Olivenöl zum Probieren, auf jeden Fall »extra

vergine«. Um das frisch gepreßte Öl zu genießen, wird es in der Toskana gleich nach dem Pressen mit zahlreichen Kleinigkeiten probiert, meist als Antipasto, zum Beispiel mit gegrilltem Gemüse. Und, wie bei allem, was man in Italien im Laufe des Jahres zum ersten Mal ißt, darf man sich auch beim Genuß des ersten frisch gepreßten Öls etwas wünschen.

Am besten kaufen Sie zwei bis drei Öle, zum Beispiel eines aus dem Chiantigebiet, eines von den Hügeln rund um Siena und eines von der Küste. Gäste mit feinem Gaumen werden ihre Freude beim Probieren und

Diskutieren haben, denn auch beim Öl sind die Geschmacksunterschiede groß. Sie bekommen die Öle im italienischen Feinkosthandel, können sie aber auch bestellen, denn fast alle Weinversender haben auch Olivenöl im Programm.

Il Pinzimonio

Eine einfache und dabei wirklich köstliche Vorspeise ist Pinzimonio, rohes Gemüse mit Olivenöl. Dafür Gemüse wie Staudensellerie, Fenchel, Paprikaschoten, kleine Artischocken (die man roh essen kann, in der Toskana nennt man sie sogar "da pinzimonio"), Radicchio und Möhren waschen, putzen und in Streifen oder Stücke schneiden. Öl in Schälchen, die es für diesen Zweck in der Toskana speziell zu kaufen gibt, füllen und mit Salz und Pfeffer würzen. Stellen Sie für jeden Gast ein eigenes Schälchen bereit.

Das Gemüse in das Öl eintunken und knabbern. Essig gibt man traditionell nicht dazu. Wer dennoch nicht auf

Säure verzichten möchte, nimmt etwas Zitronensaft oder einen milden Essig.

Die Oliven

Außer Brot, Gemüse und Öl können Sie noch grüne und schwarze Oliven anbieten. Auch sie sehen in glasierten Terracotta-Schälchen schön aus. Oliven können Sie beim Italiener in guter Qualität offen kaufen. Nehmen Sie keine tiefschwarzen Früchte, bei denen meist mit Farbe nachgeholfen wurde, sondern eher die kleinen bräunlichen.

Qualitativ hochwertige Oliven kommen aus der Toskana oder auch aus dem benachbarten Ligurien. Stellen Sie auch kleine Schälchen für die Kerne bereit, denn dunkle Oliven werden so gut wie nie ohne Stein angeboten.

Außerdem passen dazu noch hervorragend Grissini, die knusprigen dünnen Stangen oder auch Pizzabrot, welches es mit Rosmarin oder Peperoncino gewürzt ebenfalls beim Italiener zu kaufen gibt.

Das gibt es

- *Pinzimonio*
  (Gemüserohkost)
- **Crostini ai funghi**
  (Crostini mit Pilzcreme)
- **Cecina**
  (Kichererbsenfladen)
- **Ballotte**
  (Geschmorte Maronen)
- **Ribollita**
  (Gemüse-Bohnen-Suppe)
- **Fettunta col cavolo nero**
  (Geröstetes Brot mit Kohl)
- **Castagnaccio**
  (Kastanienmehlkuchen)
- **Schiacciata con l'uva**
  (Traubenfladen)

Das brauchen Sie außerdem

Italienisches Weißbrot
1-2 Flaschen Mineralwasser
pro Person
Diverse Weine für die Weinprobe (Seite 79)
Rohkost für Pinzimonio
Schwarze Oliven
Diverse Olivenöle
evtl. 1 großes Stück Pecorino

Zeitplan

Am Vorabend:	Castagnaccio backen
	Ribollita kochen
	Ballotte kochen
Am Festtag	
Morgens:	Pilzcreme für die Crostini zubereiten
	Kichererbsenteig anrühren
	Tisch decken und dekorieren
3 Stunden vorher:	Hefeteig für Schiacciata zubereiten
	Kohl putzen
	Gemüse für Pinzimonio putzen
1 Stunde vorher:	Kichererbsenfladen backen
	Kohl kochen
wenn die Gäste kommen:	Ribollita im Ofen erwärmen
	Schiacciata backen
	Brot für Crostini rösten
	Maronen erwärmen

Crostini ai funghi

Crostini mit Pilzcreme

Läßt sich gut vorbereiten

Zutaten für 10 Personen:
40 g getrocknete Steinpilze
1 Knoblauchzehe
1 kleines Bund Petersilie
1 EL Olivenöl
Salz • schwarzer Pfeffer
5-6 Blätter Minze
1 TL Zitronensaft
20 dünne Weißbrotscheiben

Pro Portion: 640 kJ/150 kcal
Zubereitungszeit: 30 Min.
(+ 1 Std. Quellzeit)

1 Steinpilze in ¼ l Wasser 1 Std. quellen lassen. Dann herausnehmen und grob hacken.

2 Das Einweichwasser durch eine Filtertüte gießen. Vom Einweichwasser 200 ml abmessen, den Rest weggießen.

3 Knoblauch schälen und hacken. Petersilie waschen und ohne die groben Stiele hacken.

4 Olivenöl in einer Pfanne erhitzen. Die Pilze darin unter Rühren bei starker Hitze andünsten. Den Knoblauch und die Petersilie kurz mitdünsten, mit Salz und Pfeffer würzen. 100 ml Einweichwasser dazugeben und die Pilze bei mittlerer Hitze unter gelegentlichem Rühren offen 10 Min. köcheln lassen. Dabei nach und nach das restliche Einweichwasser dazugießen.

5 Inzwischen die Minze waschen, trockentupfen und fein hacken.

6 Die Pilze mit der Garflüssigkeit im Mixer oder mit dem Pürierstab fein zerkleinern. Das Püree mit der Minze, dem Zitronensaft und eventuell noch Salz und Pfeffer abschmecken.

7 Die Brotscheiben im Toaster oder im vorgeheizten Backofen bei 250° (Umluft 220°) in 4 Min. goldbraun rösten.

8 Die gerösteten Brotscheiben mit der Pilzcreme bestreichen und servieren.

Tip

Getrocknete Steinpilze gibt es im Spätsommer und Herbst in der Toskana auf jedem Markt offen zu kaufen. Nehmen Sie sich einen Vorrat mit nach Hause, denn sie schmecken nicht nur sehr aromatisch, sondern kosten auch wesentlich weniger als hierzulande.
Wer möchte, kann natürlich auch frische Steinpilze nehmen, etwa 300 g. Die Pilze gründlich putzen. Beim Garen nach und nach etwa 100 ml trockenen Weißwein angießen.

Ballotte

Geschmorte Kastanien

Läßt sich gut vorbereiten

Zutaten für 10 Personen:
1 kg Maronen (Eßkastanien)
1-2 EL Olivenöl
2 TL Fenchelsamen
Salz

Pro Portion: 720 kJ/170 kcal
Zubereitungszeit: 50 Min.

1 Den Backofen auf 250° (Umluft 220°) vorheizen. Die Maronen auf der gewölbten Seite mit einem scharfen Messer (am besten einem mit gezackter Klinge) kreuzweise einschneiden.

2 Die Maronen auf ein feuchtes Backblech legen und in den heißen Ofen schieben. 10 Min. garen, bis die Schalen aufplatzen. Maronen 10 Min. abkühlen lassen, aus den Schalen lösen.

3 Das Öl in einem Topf erhitzen. Die Maronen mit den Fenchelsamen darin anbraten. Salzen und 5 Min. bei mittlerer Hitze unter gelegentlichem Rühren braten.

4 Die Maronen in eine Schüssel geben und heiß servieren. Zahnstocher dazu reichen, damit man die heißen Maronen bequem essen kann.

Cecina

Kichererbsenfladen

Preiswert

Zutaten für 10 Personen:
400 g Kichererbsenmehl (Asienladen)
Salz • 5 EL Olivenöl
2 Zweige Rosmarin
grob gemahlener Pfeffer

Pro Portion: 760 kJ/180 kcal
Zubereitungszeit: 40 Min.
(+ 4 Std. Quellzeit)

1 Kichererbsenmehl mit Salz in einer Schüssel mischen. 400 ml kaltes Wasser nach und nach mit einem Schneebesen unterrühren, bis eine flüssige Masse, etwa in der Konsistenz von Pfannkuchenteig, entsteht. Zugedeckt 4 Std. ruhen lassen.

2 Dann den Backofen auf 220° vorheizen. Die Fettpfanne des Backofens mit 1 EL Öl ausstreichen.

3 Rosmarin von den Stielen zupfen. Kichererbsenmasse in die Fettpfanne gießen. Restliches Öl darüber träufeln. Cecina mit Rosmarin belegen und pfeffern.

4 Im heißen Ofen (Mitte, Umluft 200°) 25 Min. backen, bis die Masse fest ist. In Stücken servieren.

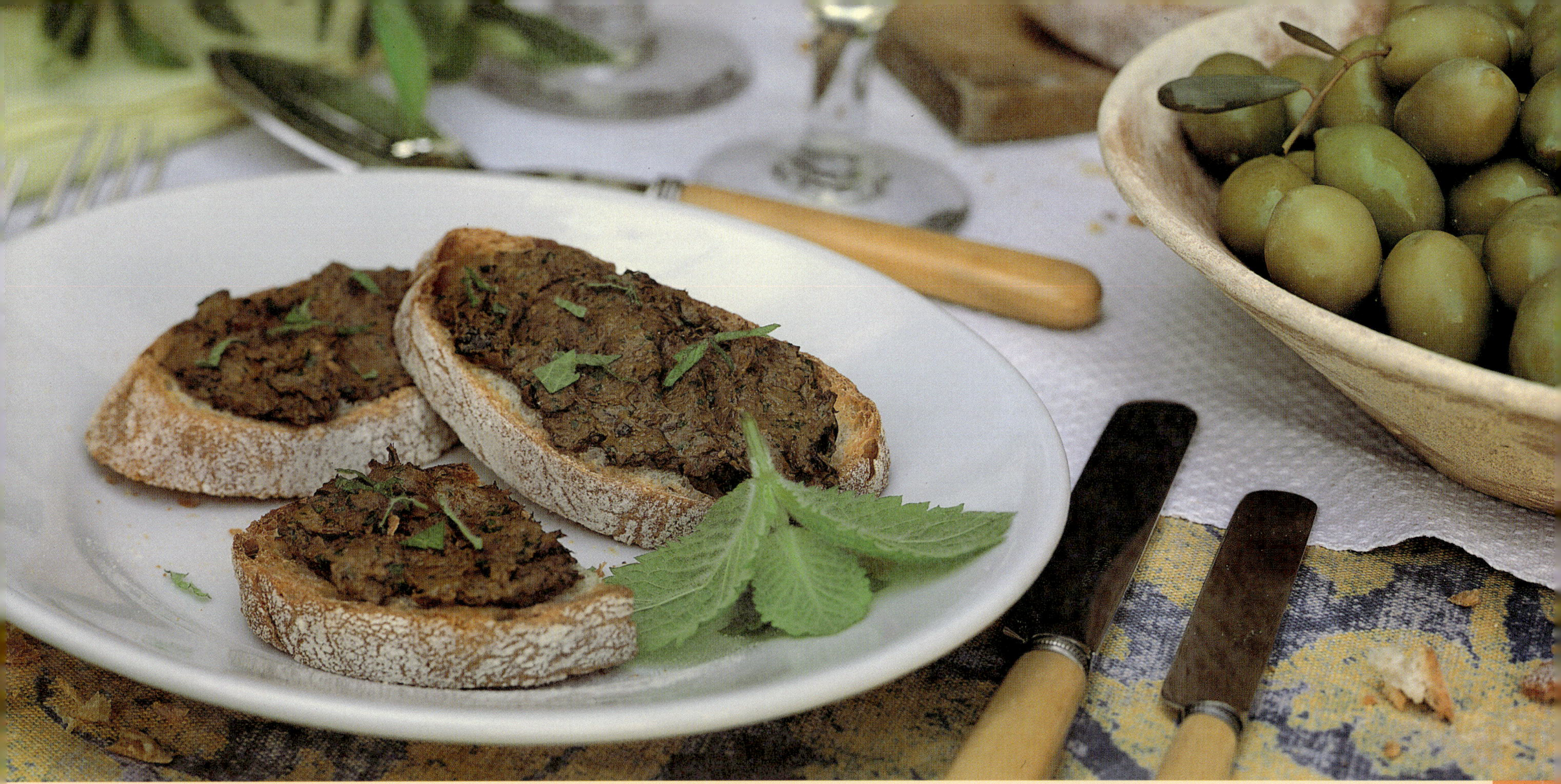

Vino e olio

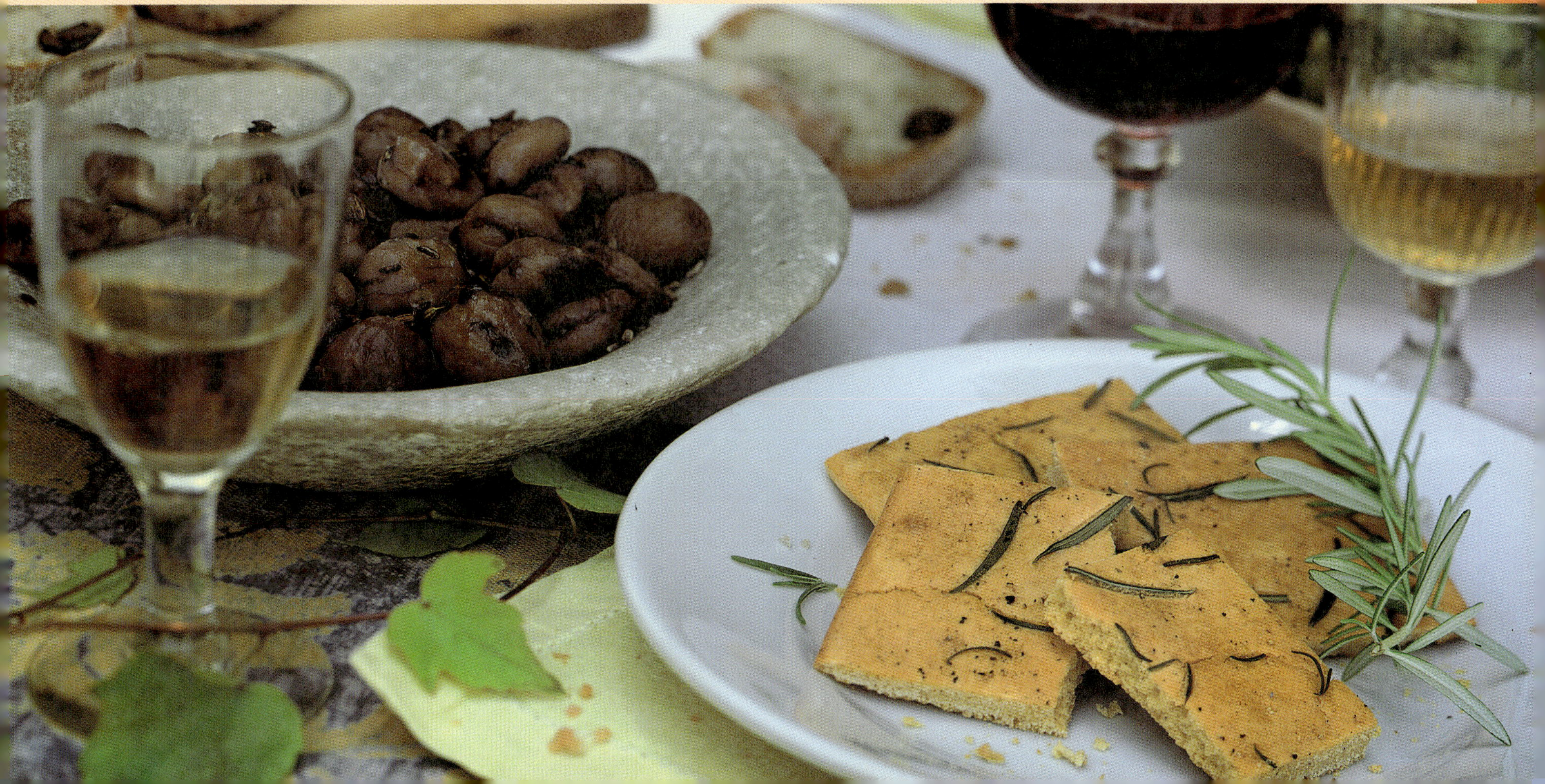

Ribollita

Gemüse-Bohnen-Suppe

Läßt sich gut vorbereiten

Zutaten für 10 Personen:
300 g getrocknete weiße Bohnen
250 g altbackenes Weißbrot
1 Zwiebel • 2 Möhren
4 Stangen Staudensellerie
3 Knoblauchzehen
je 200 g Blattspinat, Wirsing und Mangold
200 g Grünkohl (ersatzweise Rucola oder Spinat)
4-5 Zweige Rosmarin
2 EL Olivenöl
Salz • schwarzer Pfeffer
1 rote Zwiebel
Olivenöl zum Beträufeln

Pro Portion: 920 kJ/220 kcal
Zubereitungszeit: 2 Std.
(+ 12 Std. Quellzeit)

1 Die Bohnen mit Wasser bedecken und 12 Std. quellen lassen. Dann mit frischem Wasser bedeckt zum Kochen bringen. Die Bohnen zugedeckt in 1 Std. weich kochen. Dann etwa ein Drittel der Bohnen herausnehmen, die restlichen mit der Garflüssigkeit pürieren.

2 Weißbrot in kleine Stücke brechen. Zwiebel und Möhren schälen, Sellerie mit dem Grün waschen, Knoblauch schälen. Alles in kleine Würfel schneiden. Spinat, Wirsing, Mangold und Grünkohl putzen und waschen.

Grünkohl von den Stielen befreien. Mangoldstiele und Grünkohlblätter kleinschneiden. Mangoldblätter und Wirsing in grobe Stücke schneiden. Rosmarin grob hacken.

3 Das Öl in einem großen Topf erhitzen. Zwiebel, Möhren, Sellerie, Mangoldstiele und Knoblauch darin unter Rühren glasig dünsten. Spinat, Wirsing, Mangoldblätter, Grünkohl und Rosmarin hinzufügen, salzen, pfeffern und mit 1 l Wasser aufgießen. Gemüse zugedeckt bei mittlerer Hitze in 15-20 Min. weich garen.

4 Den Backofen auf 200° vorheizen. Brot und Bohnen zum Gemüse geben. Un-

ter Rühren noch 10 Min. garen, bis die Suppe dickflüssig ist. Das Brot soll weich werden. Bei Bedarf noch etwas Wasser unterrühren.

5 Die rote Zwiebel schälen und in feine Ringe schneiden. Die Ribollita in eine feuerfeste Form geben, mit den Zwiebelringen belegen. Mit 1-2 EL Öl beträufeln und im Backofen (Mitte, Umluft 180°) 20 Min. backen, bis

Tip

Eventuell die Suppe im Teller noch mit Öl beträufeln. Sie können die Suppe auch ungratiniert servieren. Die Zwiebelringe dann roh dazu reichen.

Fettunta col cavolo nero

Geröstetes Brot mit Kohl

Am besten ganz frisch

Ob Fettunta oder Bruschetta – beides meint ursprünglich ein getoastetes Brot, das mit Knoblauch eingerieben und mit Öl beträufelt wird. Eine einfache, aber köstliche Vorspeise oder Grundlage, um das neue Öl zu testen. Cavolo nero ist eine Kohlart, die wie eine Mischung aus Grünkohl und jungem Wirsing schmeckt. Am besten kann man Cavola nero, der hierzulande Schwarzkohl heißt,

durch Grünkohl oder jungen Wirsing ersetzen.

Zutaten für 10 Personen:
800 g Schwarz-, Grünkohl oder Wirsing
12 Knoblauchzehen
Salz
10 große Scheiben Weißbrot
Olivenöl zum Beträufeln

Pro Portion: 1030 kJ/250 kcal
Zubereitungszeit: 40 Min.

1 Den Schwarz-, Grünkohl oder den Wirsing von den dicken Stielen befreien und gründlich waschen. Dann in einen Topf geben. Etwa 2 cm hoch Wasser angießen. 2 Knoblauchzehen schälen

und mit 1 Prise Salz hinzufügen. Alles zum Kochen bringen und den Kohl zugedeckt bei mittlerer Hitze in 30 Min. weich garen. Gelegentlich umrühren und bei Bedarf noch etwas Wasser angießen.

2 Inzwischen die Brotscheiben jeweils halbieren und auf den Rost des Backofens legen. Den Backofen auf 250° (Umluft 220°) vorheizen. Die übrigen Knoblauchzehen schälen.

3 Die Brotscheiben im heißen Ofen in 4 Min. knusprig rösten. Mit den Knoblauchzehen auf einem

Teller anrichten. Den Kohl abtropfen lassen und in eine Schüssel geben.

4 Bei Tisch nimmt jeder eine Brotscheibe, reibt sie mit der Knoblauchzehe ein und belegt sie dick mit Kohl. Fettunta salzen und nach Belieben mit Öl beträufeln.

Varianten:
Statt mit Kohl schmeckt die Fettunta auch mit geschmortem Radicchio, Rape (das sind die Blätter von Steckrüben, die es auch bei uns auf größeren Märkten zu kaufen gibt) oder geschmorten weißen Bohnen.

Zwei Kuchen, die gut zu Wein passen: Kastanienmehlkuchen, eine typische Spezialität aus der Garfagnana, und Traubenfladen schmecken nicht so süß

Castagnaccio
Kastanienmehlkuchen

Läßt sich gut vorbereiten

Zutaten für eine Springform von 28 cm ø:
50 g Rosinen
50 g Walnußkerne
1-2 Zweige Rosmarin
2-3 EL Olivenöl
500 g Kastanienmehl (Seite 184 und 186)
1 Prise Salz
50 g Pinienkerne

Pro Portion: 830 kJ/200 kcal
Zubereitungszeit: 1 ¼ Std.
(ohne Abkühl- und Ruhezeit)

1 Die Rosinen in einem Schälchen mit lauwarmem Wasser bedecken. Die Walnußkerne grob hacken. Den Rosmarin waschen, trockenschwenken, Nadeln vom Stiel zupfen.

2 Den Backofen auf 180° vorheizen. Die Springform mit wenig Öl ausstreichen. Das Kastanienmehl mit dem Salz in einer Schüssel mischen. 850 ml kaltes Wasser langsam dazufließen lassen und alles mit dem Schneebesen zu einer flüssigen, glatten Masse – etwa wie Pfannkuchenteig – verrühren.

3 Die Rosinen abtropfen lassen und mit den Walnußkernen und zwei Dritteln der Pinienkerne unter die Kastanienmasse mischen.

4 Die Masse in die Springform gießen. Die übrigen Pinienkerne und den Rosmarin darauf verteilen. Mit dem übrigen Öl beträufeln.

5 Den Kastanienkuchen im heißen Ofen (Mitte, Umluft 160°) in 60-70 Min. backen, bis die Masse fest ist. Abkühlen und möglichst einen Tag durchziehen lassen.

Schiacciata con l'uva
Traubenfladen

Am besten ganz frisch

Ein köstliches Hefeteiggebäck, das es im Herbst in der Toskana in den verschiedensten Varianten in Bars und Lebensmittelgeschäften zu kaufen gibt.

Zutaten für 10 Personen:
50 g Rosinen
2 EL Vin santo
100 g Walnußkerne oder Mandeln
2 Zweige Rosmarin
1 TL Anissamen

150 g Zucker
30 g Hefe
$\frac{1}{8}$ l lauwarme Milch
500 g Mehl (+ Mehl für die Arbeitsfläche)
1 EL Olivenöl
600 g blaue Weintrauben
$\frac{1}{2}$ EL Zucker zum Bestreuen
Fett für das Backblech

Pro Portion: 1650 kJ/390 kcal
Zubereitungszeit: 1 Std.
(+ 2 Std. Ruhe- und Backzeit)

1 Die Rosinen in einem Schälchen mit dem Vin santo begießen und ziehen lassen.

2 Die Walnüsse oder Mandeln mit einem großen Messer grob hacken. Den Rosmarin waschen, trockenschwenken, die Nadeln von den Stielen zupfen und grob hacken. Die Anissamen mit der Klinge eines breiten Messers fein zerdrücken.

3 Den Zucker in einem Topf schmelzen und unter Rühren bei mittlerer Hitze leicht braun werden lassen. Dann etwa $\frac{1}{8}$ l lauwarmes Wasser hinzufügen und den karamelisierten Zucker wieder darin auflösen. Die Flüssigkeit beiseite stellen und abkühlen lassen.

4 Die Hefe in der lauwarmen Milch anrühren. Das Mehl in eine Schüssel füllen und in der Mitte eine Mulde formen. Die Hefe hineingießen, mit wenig Mehl bestreuen und zugedeckt an einem warmen Ort 15 Min. gehen lassen.

5 Dann Rosinen, Anis, Rosmarin, Nüsse, Zuckerwasser und Öl dazugeben und alles mit den Händen oder den Knethaken des Handrührgerätes sehr gründlich verkneten.

6 Den Teig wieder in die Schüssel legen, zugedeckt an einem warmen Ort 1 Std. gehen lassen, bis sich sein Volumen fast verdoppelt hat.

7 Inzwischen die Weintrauben waschen und halbieren. Nach Belieben entkernen.

8 Den Teig auf einer bemehlten Arbeitsfläche zu einem runden Fladen ausrollen und auf ein gefettetes Backblech legen. Den Fladen mit einem Tuch bedeckt 30 Min. gehen lassen.

9 Den Backofen auf 180° vorheizen. Den Fladen mit den Trauben und dem Zucker bestreuen und im heißen Ofen (Mitte, Umluft 160°) in 35 Min. backen, bis er aufgegangen und schön gebräunt ist.

Damit auch nicht eine Frucht verlorengeht, wird die Erde bei der Ernte mit feinen Netzen ausgelegt (links oben). Olivenbäume in voller Blüte (links unten). Traditionell lagert Olivenöl in bauchigen Terracottagefäßen im Keller (oben).

Ein Baum mit Charakter

Sie gehören zur Landschaft der Toskana wie Zypressen, Pinien und Weinberge – die knorrigen, eigenwillig wirkenden Olivenbäume mit den silbrig schimmernden Blättern. Sie sorgen auch im Winter für eine immergrüne Landschaft. Weitläufige Olivenhaine prägen das Bild der Toskana ebenso wie ausgedehnte Weinberge.

Und, was der Baum für das Bild der Natur, ist das Öl der Früchte für die Küche der Toskana: nicht daraus wegzudenken. Kaum ein Gericht, bei dem das aromatische Olivenöl keine Rolle spielt. Verständlich, daß Toskaner sehr viel Wert auf die Qualität des Öls legen.

Der Olivenbaum ist eine der ältesten Kulturpflanzen, in Europa bereits seit 3 000 v.Chr. heimisch. Kein Wunder, daß sich um ihn zahlreiche Mythen und Legenden ranken.

Weil man mit dem Öl seiner Früchte die Lampen zum Leuchten brachte, wurde er zum Symbol für geistige Stärke und Erkenntnis.

Da ein Olivenbaum sehr robust ist und jahrhundertealt werden kann, stand er für Fruchtbarkeit und Stärke und auch für Läuterung, da man sein Öl zur Reinigung verwandte.

Im Christentum gilt der Olivenzweig in Verbindung mit der Taube als Sinnbild für Frieden und Versöhnung.

Das Öl der Olivenfrüchte wurde von alters her nicht nur für die Zubereitung der Nahrung, sondern auch als Arznei, als Brennstoff, zur Reinigung, als Konservierungsmittel und zur Herstellung von Kosmetika verwendet. Aus dem harten und ansprechend gemaserten Olivenbaumholz schnitzte man praktische Gefäße für den täglichen Gebrauch ebenso wie echte Kunstwerke.

Olivenbäume finden in der Toskana ideale Bedingungen vor: karge Böden, reichlich Sonne und milde Winter, meist ohne Frost. Ein Olivenbaum verliert seine Blätter auch im Winter nicht, er wird mehrere Meter hoch und trägt nach etwa zehn Jahren die ersten Früchte. Er kann jahrhundertealt werden, die ertragreichste Zeit hat er zwischen dem 25. und 100. Lebensjahr. Kein Wunder also, daß der Rauhfrost 1984, der zahlreiche Bäume erfrieren ließ, für die Bauern eine echte Katastrophe darstellte. Um so besser, daß sich viele Bäume völlig unerwartet wieder erholten.

Die weißen Blüten ähneln kleinen Trauben und sind eher unscheinbar. Man muß schon genauer hinsehen, will man sie während ihrer Blütezeit zwischen April und Juni entdecken. Schon zu diesem Zeitpunkt entscheidet sich, ob es im November eine reiche oder eher magere Olivenernte geben wird. Sind die Frühsommertage und -nächte zu kühl, stirbt ein Teil der Blüten ab. Ist es dagegen schön mild, können die Blüten sich gut entwickeln und die Bauern mit einem reichen Ertrag rechnen.

Von grün bis schwarz: Oliven

Während der Reifezeit verfärben sich die Oliven von grün über violett bis fast schwarz. Grüne Tafeloliven ernten die Bauern bereits im September, zur Ölgewinnung läßt man die Früchte etwas länger am Baum, meist bis November, wenn die Oliven noch nicht ganz ausgereift, also grün bis violett sind. Fast überall holt man die wertvollen Früchte per Hand mit speziellen Kämmen vom Baum, eine zeitaufwendige Arbeit, die den Preis des Öls durchaus rechtfertigt. Und: Die Ausbeute ist gering. Man braucht für 50 kg Öl etwa 330 kg Oliven.

Wie bei den Weintrauben gibt es auch bei Oliven verschiedene Sorten. Besonders verbreitet sind in der Toskana drei Sorten: Muraiolo, Frantoio und die etwas dunklere Leccino. Manche Bauern haben Bäume einer Sorte, andere mischen zur Ölgewinnung unterschiedliche Oliven, um ein besonderes Aroma zu bekommen.

Flüssiges Gold: Olivenöl

Gleich nach der Ernte gehen die Bauern, Winzer oder Privatleute zur Ölmühle, denn die Oliven sollten nicht länger als drei Tage auf die Weiterverarbeitung warten, damit sie noch unversehrt und ohne Druckstellen sind. Die Ölmühlen haben zur Erntezeit Hochbetrieb und arbeiten Tag und Nacht durch. Sie sind so stark frequentiert, daß die Bauern jeden Termin annehmen müssen, selbst wenn es um vier Uhr morgens ist.

In der Mühle wäscht man die Früchte erst einmal gründlich. Danach vermahlen große Steinräder die Oliven mit den Kernen zu einem öligen Brei. Der wird auf Matten gestrichen, die Matten werden zu hohen Türmen gestapelt und eventuell leicht zusammengepreßt. Wer ganz reines, besonders feines Öl will, gibt sich mit dem Druck, der durch die Schwere der Matten entsteht, zufrieden. Öl und Fruchtwasser laufen ab und werden anschließend durch Zentrifugieren voneinander getrennt.

Der Gang zur Ölmühle ist für viele jedoch nicht nur Pflicht, sondern auch Vergnügen. Man trifft dort Nachbarn und Bekannte, probiert gleich vor Ort das vom Pressen noch warme Öl auf geröstetem Brot und diskutiert die Qualität.

Je nach Sorte und Anbaugebiet weist die Zusammensetzung von Olivenöl vor allem bezüglich der Ölsäure beträchtliche Schwankungen auf (55–83%). Kein Wunder also, daß manche Sorten fetter erscheinen als andere.

Ob sich die Oliven überhaupt für kaltgepreßtes Öl eignen, hängt nicht nur von der Sorte und der Qualität der Früchte, sondern vor allem auch vom Zeitpunkt der Ernte ab. Wer möglichst wenig für die Ernte ausgeben will, muß warten, bis die Früchte so reif sind, daß sie von selbst vom Baum fallen oder sich mühelos herunterschütteln lassen. Zu diesem Zeitpunkt haben die Oliven allerdings einen Gehalt von mehr als 2 g freien Fettsäuren pro 100 g. (Der Säuregehalt sollte nicht mehr als 1% betragen, der von besonders hochwertigem Öl liegt sogar deutlich darunter.) Ein Öl aus diesen Früchten ist zwar billig, schmeckt aber nicht mehr. Deshalb wird es raffiniert und verschiedenen Prozessen unterzogen, bis es nahezu geschmacklos ist. Damit dieses neutrale Naß anschließend doch noch den typischen Geschmack von Olivenöl bekommt, wird es nach der Raffination wieder mit hochwertigem kaltgepreßtem Öl gemischt.

Qualitätsmerkmale

Nur das »Olio extra vergine di oliva« ist qualitativ wirklich ausgezeichnet – dickflüssig, kräftig im Geschmack und frisch nach dem Pressen grünlich. Die Farbe ändert sich übrigens im Laufe der Zeit: Das Öl wird gelblich und mit der Zeit auch klarer. Wer noch Monate nach der Ernte grünes Öl angeboten bekommt, kann davon ausgehen, daß es chemisch behandelt wurde, damit es die Farbe, die vielen als Qualitätsmerkmal erscheint, nicht verliert.

Ob das Öl nach dem Pressen gefiltert wird oder nicht, ist Geschmackssache. Das nicht gefilterte Öl schmeckt intensiver, die meisten Toskaner mögen es lieber als das gefilterte, milde.

Als neu – Olio nuovo – bezeichnet man das Öl bis etwa 2–3 Monate nach der Pressung, ungefähr so lange, bis es anfängt, klarer zu werden.

Und in der Toskana besteht auch kein Zweifel darüber, wie lange man Olivenöl aufbewahren kann: höchstens ein Jahr, so lange eben, bis das nächste neue Öl verkostet werden kann.

Olivenernten macht Mühe: Mit einem speziellen Kamm werden die Früchte vom Baum geholt (links). Das beste Öl geben Oliven, die noch nicht ganz ausgereift sind (rechts).

Olivenöl

Einfach gut für unsere Gesundheit

Olivenöl hat im Gegensatz zu den meisten anderen pflanzlichen Ölen mit vorwiegend mehrfach ungesättigten Fettsäuren einen hohen Gehalt an einfach ungesättigten Fettsäuren. Der Vorteil: Beide Fettsäuren senken den LDL-Cholesteringehalt (LDL=low density lipoprotein) im Blut. Mehrfach ungesättigte Fettsäuren senken dabei allerdings ganz offensichtlich nicht nur den unerwünschten Cholesteringehalt, sondern auch den als »gutes Cholesterin« bezeichneten HDL-Wert (HDL = high density lipoprotein). Einfach ungesättigte Fettsäuren senken nur den unerwünschten Cholesteringehalt.

Olivenöl ist allgemein gut verträglich, Ernährungswissenschaftler bestätigen seine verdauungsfördernde Wirkung und vermuten, daß es die Entstehung von Gallensteinen verhindert.

Der hohe Gehalt an einfach ungesättigten Fettsäuren sorgt auch dafür, daß Olivenöl sich beim Erhitzen kaum chemisch verändert und keine gesundheitsschädlichen Substanzen bildet.

Aus der Küchenpraxis

Die günstige Fettzusammensetzung erklärt auch die relativ lange Haltbarkeit von Olivenöl. Denn mehrfach ungesättigte Fettsäuren reagieren stärker auf Licht und Wärme als einfach ungesättigte, die Öle werden also schneller ranzig. Olivenöl kann bis zu 210° erhitzt werden, es sollte aber nicht so heiß werden, daß es raucht. Es eignet sich zum Fritieren, gibt den Speisen – zum Beispiel Zucchiniblüten im Teig – einen wunderbaren Geschmack. Für ein Fondue sollten Sie Olivenöl aber besser nicht verwenden.

Neues Olivenöl ist grünlich, was auf seinen hohen Gehalt an Chlorophyll zurückzuführen ist. Unter Lichteinfluß beschleunigt Chlorophyll die Oxidation – also das Ranzigwerden – des Öls; Olivenöl sollte deshalb immer dunkel aufbewahrt werden – entweder in einer dunklen Flasche oder im Schrank. Am besten lagern Sie es bei Temperaturen zwischen 6° und 16°, jedoch nicht im Kühlschrank, denn da flockt es aus. Es wird zwar in der Wärme wieder flüssig, aber der Geschmack kann durch diese Temperaturschwankungen leiden.

In den 60er Jahren begeisterte der Chianti in den bauchigen Flaschen Toskanareisende (links). Sonnendurchflutete Weinreben vom Weingut Castello di Ama (oben).

*I*n den Sechzigern ging ein »Fiasco« um die Welt: die bauchige, mit Rotwein von mehr oder minder guter Qualität gefüllte, schilfumwobene Flasche, die zum Markenzeichen des Chianti und italienischer Lebensart schlechthin wurde. Wie der Name vermuten läßt, ist sie wahrscheinlich unabsichtlich entstanden, fabriziert von einem Glasbläser mit zuviel Puste – zu dick geraten, ein Fiasko eben. Auch heute noch findet man die bauchigen Flaschen in unterschiedlichen Größen, vermutlich ein Zugeständnis an Toskanareisende, die anscheinend gerne an ihren liebgewonnenen Gewohnheiten festhalten. Mehr und mehr werden die »Fiaschi« jedoch von der schlanken Bordeauxflasche verdrängt.

In den Sechzigern zählte nicht die Qualität, sondern allein die Quantität. Mengen, um nicht zu sagen Massen von Chianti wurden produziert – seit jeher der größte Feind von Güte. In den letzten 20 Jahren hat sich das stetig geändert, immer mehr toskanische Winzer setzen auf Qualität.

Ein Blick in die Vergangenheit

Die Römer mischten noch allerlei Gewürze, Kräuter, Honig, selbst Meerwasser in den Wein, um ihn haltbar und süffig zu machen.

Wie in anderen Regionen waren es auch in Italien die Klöster, die den Weinbau vorantrieben. Die Mönche kelterten das kostbare Getränk hauptsächlich zu medizinischen und religiösen Zwecken. Im späten Mittelalter wurde Wein dann zum Getränk für jedermann und zählte zur täglichen Nahrung – fast wie das Brot.

In den Aufzeichnungen von Francesco Datini (1335–1410), einem erfolgreichen Kaufmann aus Prato, der in der Frührenaissance lebte und einen florierenden Handel mit vielen Ländern der Welt betrieb, taucht Wein häufig auf – als wichtige Handelsware, Medizin und als Luxusgut.

So sollte Wein vorbeugend gegen Pest wirken. Und wer auf sich hielt, nahm schon zum Frühstück – das damals noch unüblich war – etwas Brot und Wein zu sich. Selbst Chianti findet in Datinis Briefen schon Erwähnung, wird als Wein aus dem Val de Greve bezeichnet.

Damals war es mit der Kellerkunst noch nicht weit her, gute Qualität eher Glückssache: Man mischte meist zwei Jahrgänge miteinander und vertraute darauf, daß zumindest einer der Jahrgänge gelungen sei und seine guten Eigenschaften an den anderen abgeben würde.

Im Jahre 1404 findet sich zum ersten Mal in einer offiziellen Akte der Name Chianti. Um diese Zeit hatten Feudalherren, die im 13. Jahrhundert den Chiantibund bildeten, ihre Weinberge in der Gegend um Radda, Gaiole und Castellina. Später breitete sich das Weinbaugebiet bis nach Greve im Norden, Arezzo im Osten, Siena im Süden und fast bis an die Küste bei Pisa aus. Die Chiantizone wurde 1716 offiziell von den Medici begrenzt. Um die Mitte des 19. Jahrhunderts legte Baron Bettino Ricasoli die Zusammensetzung der Trauben für Chianti classico neu fest – es entstand ein sogenannter gemischter Rebsatz aus zwei roten und zwei weißen Sorten, die einen charakteristischen und lagerfähigen Wein erwarten ließen. Das Weingut der Ricasoli, Castello di Brolio, ist noch heute eines der größten in der Toskana.

Die Mischung verschiedener Trauben war jahrhundertelang eine Selbstverständlichkeit, denn verschiedene Rebsorten wuchsen nebeneinander – teilweise auch in Mischkulturen mit Oliven- und Nußbäumen – oder sogar in lockerem Wechsel. Eine Mischung der Trauben ergab sich dabei von selbst.

Rund um die Traube

Wie gut ein Wein wird, hängt neben der Kunst des Kellermeisters auch ab von Klima und Lage, Boden und Traube. Die Toskana bietet vorwiegend gute Bedingungen für den Weinbau. An den vielen Hanglagen können die Reben reichlich Sonnenschein tanken und werden durch Luftströmungen und auch dadurch, daß der Regen stets gut ablaufen kann und sich deshalb keine Staunässe bildet, vor Mehltau und Fäule geschützt. Die relativ großen Temperaturunterschiede zwischen Tag und Nacht intensivieren das Aroma der Trauben.

Großen Einfluß auf die Qualität des Weines nimmt die Beschaffenheit des Bodens. Es mag paradox klingen, aber zu fruchtbar darf er nicht sein, sonst treiben die Reben zu sehr aus, und die »Kraft« kann nicht in den Trauben gebündelt werden. Damit das ganze Aroma in die Trauben gelangen kann, dürfen nicht alle am Rebstock ausreifen. Deshalb werden bis zu zwei Drittel der Trauben abgeschnitten.

Im Chianti findet man kaum Großlagen, sondern viele Kleinlagen, da sich die Beschaffenheit des Bodens teilweise alle fünf Meter ändert. Die meisten Weinberge sind in Reihen angelegt, mit so viel Abstand dazwischen, daß man mit Traktoren durchfahren kann. Die Pflanzen zwischen den Reben werden kaum mit Unkrautvernichtungsmitteln beseitigt, sondern gemäht und untergepflügt – ein guter Dünger.

Bei der Herstellung des toskanischen Rotweins spielt die Sangiovese-Traube die wichtigste Rolle. Fast alle Winzer experimentieren damit, versuchen, besonders gute Reben zu bekommen und diese zu vermehren, zu klonen. Klon ist hier die »genetisch baugleiche« Nachzüchtung eines besonders wertvollen Setzlings. Manche Winzer verwenden auch alte Rebsorten. Der »Solatio Basilica« von Villa Cafaggio (Panzano) beispielsweise wird aus Rebsorten hergestellt, die nur noch wenige Trauben (etwa 2 pro Rebe) hergeben, und gerade deshalb einen ausgesprochen körperreichen Wein hervorbringen.

Übrigens unterscheiden sich die Trauben für den Wein von den Tafeltrauben dadurch, daß sie weniger Fruchtfleisch und eine dickere Schale haben. Und die Schale ist es auch, die über die Farbe des Weines entscheidet, denn im Inneren sehen fast alle Traubensorten gleich aus. Eine Ausnahme macht die »Colorino«, die manche Winzer für die Herstellung des Chianti verwenden, weil sie auch ein rotes Fruchtfleisch hat und dadurch den Wein besonders intensiv färbt.

Von der Lese bis zur Abfüllung

In allen Betrieben, die guten Wein produzieren möchten, findet die Lese per Hand statt. Fachleute pflücken nur die Trauben, die tadellos, sprich gesund und wirklich reif sind.

Sind die Trauben gelesen, müssen sie so schnell wie möglich weiter verarbeitet werden, damit sie nicht schon vor dem Pressen zu gären beginnen.

Nach der Lese werden die Trauben im Weinkeller in guten Weingütern nachverlesen. Danach entfernt man die Stiele (Rappen), denn sie enthalten im Gegensatz zu den Schalen der Trauben minderwertiges Tannin, das sie sonst an den Most abgeben würden. Trauben für Rotwein werden dann gemahlen (nicht gepreßt), bis die Schalen aufplatzen und der Saft auslaufen kann. Zum Gären kommt der Most in Stahltanks oder in die traditionellen Holzbottiche. Viele Winzer setzen auch etwas Zuchthefen zu, da die natürlichen Hefebakterien, die sich auf den Schalen befinden, oft nicht ausreichen. Nun wird dieser Most bei Temperaturen zwischen 28° und 32° vergoren, und zwar so lange, bis die Schalen das Ganze ausreichend rot gefärbt haben und bis genug Tannin abgegeben wurde. Im Weingut La Massa (Panzano) dauert dieser Vorgang z.B. etwa 12 Tage. Die Schalen werden mehrmals täglich untergerührt, so kommt möglichst viel Flüssigkeit mit ihnen in Berührung. Damit die Temperatur während dieser Zeit nicht zu hoch steigt und dadurch das Aroma leiden würde, findet die Maischegärung in den meisten Weingütern unter kontrollierten Bedingungen statt. Die Maische wird also bei Bedarf gekühlt. Hat der Wein genügend Farbe und Tannin aufgenommen, läßt man ihn ablaufen und füllt ihn in ein anderes Faß, wo die sogenannte zweite Gärung stattfindet.

*Die wichtigste Traube der Toskana ist die Sangiovese (links).
Bei der Lese ist Erfahrung gefragt. Denn nur die besten Trauben
ergeben einen guten Tropfen (rechts).*

Wein-Journal

Ausbau in Barriques

Die meisten Rotweine werden in großen Holzfässern ausgebaut. Die Fässer geben, zumindest wenn sie nicht älter als drei Jahre sind, ebenfalls Tannin an den Wein ab. Und durch den Sauerstoff, der durch das Holz an den Wein gelangt, kann er reifen.

Tannin ist Gerbstoff, der sich in jedem Wein befindet, im Rotwein wesentlich mehr als im Weißen. Die Güte des Tannins – minderwertiges steckt z.B. in den Traubenstielen – ist entscheidend für die Qualität des Weines.

Viele toskanische Winzer bauen inzwischen zumindest einen Teil ihres Weines in Barriques aus. Das sind kleine Eichenholzfässer von 225 l Inhalt. Der Wein hat in den kleinen Fässern mehr Kontakt mit dem Holz und nimmt dadurch mehr Tannin und Aroma an. Hier kommt es sehr auf die Kunst des Kellermeisters an, denn durch den Ausbau in Barriques kann man den Wein nicht nur verfeinern, sondern auch ruinieren. Ebenfalls eine wichtige Rolle für die Qualität spielt die Herkunft des Eichenholzes – slowenische Eiche gibt zum Beispiel wesentlich weniger Note als französische.

Manche Winzer im Chiantigebiet experimentierten auch mit amerikanischer Eiche, mußten aber feststellen, daß sie für die meisten Weine der Toskana zu kräftig ist.

Auch der Hersteller der Fässer kann einen großen Einfluß auf die Qualität des Weines nehmen. Denn die Hölzer werden gebrannt – sind sie zu wenig gebrannt, lassen sie zuviel Luft durch, sind sie zu stark gebrannt, bekommt der Wein unter Umständen zuwenig Sauerstoff. Zudem sind Fässer aus gespaltenem Holz hochwertiger als solche aus gesägtem.

Zeit zum Reifen

Rotwein braucht Zeit zum Reifen. Auch hier spielt Tannin wieder eine Rolle, es macht junge Rotweine rauh, sie schmecken noch verschlossen. Mit der Zeit der Reife ändert sich das. Und: Je mehr Tannin ein Wein enthält, desto länger läßt er sich lagern. Die meisten Weine lagern mindestens 12 Monate im Faß, bevor sie auf Flaschen gezogen werden und dort noch zum Verfeinern ruhen, ehe sie in den Handel gelangen.

Chianti classico

Denkt man an toskanischen Wein, fällt fast jedem zuerst vor allem einer ein: Chianti, der köstliche Wein aus dem gleichnamigen Gebiet im Herzen der Toskana. Chianti classico wird in einer genau begrenzten Zone zwischen Florenz und Siena produziert. Sie umfaßt die Gemeinden Castellina, Gaiole, Greve und Radda in Chianti, zum Teil auch die Gebiete von Barberino Val d'Elsa, Castelnuovo Berardenga, Poggibonsi, San Casciano, Val di Pesa und Tavarnelle Val di Pesa.

Bis vor kurzer Zeit mußte der Chianti classico aus einer genau definierten Traubenmischung gekeltert werden, wollte er seinen Flaschenhals mit dem Schwarzen Hahn, dem Markenzeichen des Konsortiums für Chianti classico, schmücken. Das Markenzeichen geht übrigens auf einen früheren Verteidigungsbund zurück. Die Bewohner des waldreichen Chianti schufen den Bund, um sich vor Banditen zu schützen. Er umfaßte drei Zonen: Radda, Castellina und Gaiole. Der Bund wählte als Wappen den Schwarzen Hahn im goldenen Feld mit rotem Rand.

Da diese Gegend noch immer als das Zentrum der Chianti-Produktion gilt, übernahm das »Consorzio del Marchio Storico Chianti Classico« dieses Symbol.

Chianti mußte eine relativ festgelegte Menge an vier unterschiedlichen Trauben, nämlich zwei roten – in der Hauptsache Sangiovese und wesentlich weniger Canaiolo – sowie zwei weißen – Trebbiano und Malvasia – enthalten. Nur bis zu 10% durften die Winzer auch andere rote Trauben nach ihrer persönlichen Wahl zugeben. Die weißen Sorten sorgten dafür, daß der Chianti ein frischer Wein wurde, den man sehr gut jung trinken konnte.

1995 haben sich die Richtlinien bezüglich der vier Traubensorten geändert, inzwischen kann ein Chianti classico auch zu 100% aus Sangiovese gekeltert werden. Es gibt also im Chianti wie überall in der Toskana zunehmend körperreiche Weine, die lagerfähig sind und durchaus nach Reifezeit verlangen.

Den DOCG-Status bekam der Chianti classico 1984.

Außer dem »normalen« Chianti classico bekommt man von guten Jahrgängen auch »Chianti classico riserva«, einen Wein, der erst nach drei Jahren Reifezeit (Chianti classico: acht Monate) in den Handel kommen darf und die 12% Alkohol »des kleinen Bruders« um mindestens ein halbes Prozent übersteigen muß. Der schwarze Hahn der »Riserva« steht ebenfalls auf goldenem Grund, das Symbol wird von einem goldenen Rand begrenzt (Foto rechts).

Die übrigen Chianti-Gebiete

Außer der Chianti-Classico-Zone gibt es sechs weitere Chiantigebiete: Chianti Colli Aretini, Chianti Colline Pisane, Chianti Colli Senesi, Chianti Montalbano, Chianti Colli Fiorentini und Chianti Rufina, das kleinste aller Anbaugebiete, aber auch dasjenige, das Weine hervorbringt, die es in der Qualität mit gutem Chianti classico aufnehmen können. Viele Erzeuger des Chianti Rufina haben sich in einem eigenen Konsortium zusammengeschlossen.

»DOC« und andere Bezeichnungen

DOC ist die Abkürzung für »Denominazione di Origine Controllata« und garantiert eine kontrollierte Herkunftsbezeichnung. Der Chianti bekam diesen Status 1967.

Weine mit dem Zeichen DOCG stammen nicht nur aus einem genau festgelegten Gebiet, sondern werden auch überwacht, das heißt gelegentlich verkostet. Das »G« steht für »Garantita«.

VdT heißt Vino da Tavola, eine Bezeichnung, die vor allem hochwertige Weine mit Herkunftsbezeichnung trugen (siehe auch Seite 100). In Zukunft wird diese Bezeichnung von IGT abgelöst – Indicazione Geografica Tipica, was einfach einen Wein mit genauer Bezeichnung der Lage meint.

Brunello di Montalcino

Der Brunello di Montalcino wird zu 100% aus einer speziellen Sangiovese-Rebe (Sangiovese grosso, die im Anbaugebiet aber ganz selbstverständlich Brunello di Montalcino genannt wird) hergestellt und zwar in der Gemeinde Montalcino in der Provinz Siena. Seine Qualität verdankt er dem günstigen Mikroklima in dem vor der Maremma gelegenen Gebiet sowie der geeigneten Bodenbeschaffenheit der hügeligen Landschaft.

Die Weinberge dürfen nicht höher als 600 m über dem Meeresspiegel liegen, und der Wein muß mindestens vier Jahre (Riserva fünf Jahre) lagern, bevor er in den Handel kommt, drei davon im Eichen- oder Kastanienfaß, ein halbes Jahr in der Flasche.

Den DOCG-Status bekam der Brunello 1980 als erster italienischer Wein.

Brunello ist ein intensiv rubinroter Wein, dessen Farbe sich bei längerer Lagerung zum Granatrot ändert. Er paßt zu edlen Fleischgerichten und zu Wild besonders gut. Voll ausgereifte Tropfen bezeichnet man in der Toskana auch als »Vino da meditazione«, einen Wein also, der zum Philosophieren und Meditieren anregt.

Außer den Weinen von so bekannten Weingütern wie Barbi und Biondi Santi, findet man auch in anderen Weingütern, zum Beispiel Tenuta Caparzo bei Montalcino, hervorragende Weine, angefangen vom einfachen Rosso bis zum Brunello La Casa.

Rosso di Montalcino

Der Rosso verschafft meist einen preiswerteren Vorgeschmack auf den Brunello desselben Weingutes. Er wird aus den gleichen Reben gekeltert wie der Brunello (Sangiovese grosso). Die Winzer können entweder schon während der Lese entscheiden, ob die Trauben zu Rosso di Montalcino oder zu Brunello werden sollen. Oder sie halten während der Reifung die vorgeschriebene Lagerzeit für den Brunello nicht ein und verkaufen den Tropfen schon eher, nämlich nach einem Jahr, als einfachen Rosso.

Vino nobile di Montepulciano

Ebenfalls aus den gleichen Trauben, nämlich Sangiovese grosso, wie der Brunello und der Rosso di Montalcino, wird der Vino nobile bereitet. Die spezielle Lage an den Hängen des Chiana-Tals verleiht den Trauben jedoch eine eigene Note. Den DOCG-Status hat der Vino nobile di Montepulciano seit 1981.

Weine der Maremma

Die Maremma, das trockengelegte Schwemmland im Süden der Toskana, bringt Weine mit besonderer Eigenart hervor. Der Morellino di Scansano wurde wie der Brunello schon immer aus Sangiovese bereitet. Durch die unterschiedlichen Bodenverhältnisse schmeckt er allerdings wesentlich herber als der Brunello. In der Regel ist der Morellino nach etwa fünf Jahren trinkbar.

Grundsätzlich prophezeien Fachleute den Weinen der Maremma eine große Zukunft, da dort noch viel entwickelt, ausprobiert und verbessert wird. Ein Beispiel für modernen Weinbau ist das Weingut von Fabrizio Niccolaini und Patrizia Bartolini (Massa Vecchia, Pod. Fornace, Loc. Rocche, 11, 58024 Massa Marittima, Tel. 0566/915522). Dort reifen – nach biologischen Richtlinien produziert – charaktervolle, kräftige Weine.

Der bekannteste Weißwein der Gegend ist der Bianco di Pitigliano, ein leichter und süffiger Wein aus Trebbiano, Malvasia und Greco.

Schon am Flaschenhals erkennt man den Unterschied zwischen Chianti classico und Riserva (links). Cornelia Schinharl zu Besuch bei Stefano Farkas, Besitzer der Villa Cafaggio (rechts).

Wein-Journal

Vini da tavola

Was anderswo einen einfachen und preiswerten Tafelwein bezeichnet, ist in der Toskana inzwischen geradezu zum Markenzeichen avanciert. Winzer, die etwas experimentierfreudiger waren und nicht mehr nur die traditionellen und im Mengenverhältnis vorgeschriebenen Traubensorten nehmen wollten, wichen den strengen Richtlinien mit der einfachen Bezeichnung »vino da tavola« aus. Den Anfang machte der Sassicaia, ein rein in Barriques ausgebauter Cabernet, gefolgt vom Tignanello aus Sangiovese und Cabernet, einer Mischung, aus der viele rote Tafelweine der Toskana bereitet werden.

Durch die Änderung der Gesetze haben die Winzer inzwischen eigentlich so viel Freiheit, daß die Bezeichnung »vino da tavola« gar nicht mehr nötig wäre. In der Toskana ist die Bezeichnung aber bei Kennern zum Markenzeichen geworden.

Die Weißen

Die einheimischen weißen Rebsorten sind schnell genannt: Trebbiano, Malvasia und Greco. Aus ihnen kann man leichte, aber nicht sehr aromatische Weine herstellen, wie zum Beispiel den Val d'Arbia, einen beliebten Aperitif-Wein. Allerdings lassen sich durch Zusätze von wenigen Edelsorten wie Chardonnay, Sauvignon oder Pinot bianco sehr gute Weiße produzieren.

Der bekannteste von allen Weißweinen der Toskana ist der Vernaccia di San Gimignano, der aus der alten Vernaccia-Rebe in der Gegend des pittoresken Ortes mit den bekannten Geschlechtertürmen produziert wird. Er wurde schon 1966 zum ersten DOC-Wein Italiens ernannt und seither in immer größeren Mengen produziert. Durch die Massenproduktion ist er zum Modegetränk vieler Touristen geworden, man muß also kritisch auswählen, will man nicht Massenware erstehen. Auf gute Qualität achtet nahe bei San Gimignano zum Beispiel das Weingut Teruzzi & Puthod, das den vielgerühmten Terre di Tufi produziert.

Viele große Weingüter bieten neben den roten »Vini da tavola« auch weiße Tafelweine an, zum Beispiel aus Chardonnay oder Sauvignon gekeltert. Gehaltvolle und geschmacksintensive Weine sind zum Beispiel »I Sistri« von Felsina (Castelnuovo Berardenga), »Vigna al Poggio« und der Sauvignon von Castello di Ama (Lecchi), »Le Grance« von Tenuta Caparzo (Montalcino) und »Torniello« von Castello di Volpaia (Radda).

Keine großen, aber frische, fruchtige Weißweine zu vertretbaren Preisen gibt es in der Nähe von Lucca, in dem Bergdörfchen Montecarlo. Empfehlenswert ist außerdem der »Pomino bianco« aus Chardonnay und Pinot bianco, der aus der Nähe von Florenz stammt.

Vin santo – eine Besonderheit mit Tradition

Vielleicht handelt es sich bei ihm um Wein, der in der Heiligen Messe verwendet wurde – sein Name läßt es vermuten. Vielleicht hat er seinen Namen aber auch folgender Geschichte zu verdanken: Anläßlich der Verlegung eines Konzils nach Florenz im Jahre 1439 kredenzte man dem Kardinal Bessarione, Erzbischof von Nizäa, einen Becher Vin santo. Er schien ihm nicht nur wunderbar zu schmecken, sondern ihn auch an den von ihm hochgeschätzten Wein aus der Stadt Xanthos zu erinnern. »Ma questo è Xanthos!«, – »Aber, das ist Xanthos!« -, soll er ausgerufen haben und gab damit dem Wein einen Namen, der alsbald auf italienisch zu Vin santo wurde.

Aber egal, warum er so heißt, in jedem Fall ist er eine typische Spezialität der Toskana. Als Digestif serviert man ihn gerne mit den typischen Mandelplätzchen »Cantuccini«. Viele halten ihn für einen süßen Dessertwein – worüber sich Toskaner aufregen können. Trocken muß er sein, werden die Einheimischen nicht müde zu betonen, was allerdings wohl hauptsächlich heißen soll, daß er eben nicht zuckersüß, sondern geschmackvoll mit einer angenehm süßlichen Note ist.

Die Trauben für Vin santo, in der Hauptsache Trebbiano und Malvasia, gelegentlich auch Sangiovese, werden im September geerntet und auf Schilfmatten bis November oder Dezember zum Trocknen ausgelegt.

Danach wird der Most abgepreßt, die Ausbeute beträgt im Vergleich zu frisch gelesenen Trauben nur mehr etwa 40%.

Als nächstes füllt man ihn in kleine caratelli, in Fässer, die üblicherweise aus Kastanienholz gemacht werden und die 50-100 l fassen. Sie werden traditionell mit Zement verschlossen und unter den Dachboden, in die sogenannte »Vinsantaia«, gelegt. Dort muß der zukünftige Wein mindestens 3 Jahre reifen. Direkt unter das Dach kommt er, weil dort die Temperaturunterschiede besonders hoch sind. Und diese Schwankungen braucht Vin santo, um optimal reifen zu können.

Traditionell wird das Faß Vin santo, das fast jeder Bauer für den Eigengebrauch zu Hause hat, an Allerheiligen angestochen.

Vin santo bekommen Sie secco (trocken), abboccato (halbtrocken) und dolce (süß).

Und obwohl es sich bei Vin santo um einen hellen Wein handelt, wird er ungekühlt serviert. Lagern Sie ihn nicht im Kühlschrank.

Weinverkauf und Weinkeller der Fattoria dei Barbi in Montalcino (links und rechts): Das Weingut erzeugt berühmten Brunello.

Wein kaufen und lagern

Überall in der Toskana findet man Enotheken, die nicht nur Weine der speziellen Gegend, sondern der ganzen Toskana anbieten. Selbstverständlich sind nicht alle gleich gut sortiert, und die Preise schwanken oft nicht unerheblich.

Die meisten Enotheken haben jedoch annähernd die gleichen Preise wie die Weingüter. Wer sich also nicht für ein spezielles Weingut interessiert, findet in der Enoteca eine gute Mischung verschiedener Weine.

Falls Sie Weingüter direkt besuchen möchten, empfiehlt es sich in jedem Fall, vorher anzurufen. Dann können Sie nämlich nicht nur ein paar Flaschen kaufen, sondern auch Weingut oder Keller besichtigen und Fragen stellen.

Bei einem Besuch in Florenz sollten Sie es nicht versäumen, die kleine Enoteca »Le volpi e l'uva« (Piazza De' Rossi) zu besuchen. Dort können Sie besonders feine Tropfen kosten, und zwar nur von kleinen Weingütern, deren Erzeugnisse man nicht überall findet.

Auch auf Weinfesten können Sie Wein probieren. Zum Beispiel bei »Il Baccanale«, einem Weinfest in Montepulcia-no mit Vino Nobile, das immer am vorletzten Samstag im August stattfindet. In Greve, im Herzen des Chianti-Gebietes, feiert man in der zweiten Septemberwoche die »Rassegna del Chianti Classico«, in Panzano »Vino al vino«, ebenfalls im September.

Wenn Sie Wein aus Italien mitbringen, sollten Sie ihm nach der Erschütterung auf der Fahrt erst einmal ausreichend Ruhe gönnen.

Wein muß immer liegend lagern, damit der Korken nicht austrocknet und sich zusammenzieht. Es würde dadurch zuviel Luft an den Wein gelangen.

Und wie viele Jahre kann man den Wein zu Hause im Keller lagern? Ein einfacher Chianti ist oft schon nach einem Jahr trinkbar, ein Chianti classico und ein Rosso di Montalcino nach zwei bis fünf Jahren. Chianti riserva und Vino Nobile di Montepulciano schmecken nach vier bis acht Jahren, können aber meist wesentlich länger gelagert werden. Brunello braucht mindestens sechs Jahre, gute Jahrgänge lassen sich aber jahrzehntelang lagern. Wenn Sie zu Hause eine Weinprobe professionell gestalten wollen, finden Sie dafür ab Seite 79 zahlreiche Tips und Hinweise.

Die ambitionierte Generation

Wie in allen Bereichen findet man in der Toskana auch im Weinbau eine Reihe echter Enthusiasten in der jungen Generation. Zwei davon, mit der gleichen Liebe zum Wein, aber mit unterschiedlichen Ansatzpunkten, habe ich besucht.

Weinfachfrau mit Sinn für Tradition

Giovanna Morganti, Tochter des bekannten Önologen Enzo Morganti und selbst studierte Weinfachfrau, setzt sich dafür ein, vergessene Traubensorten der Toskana wieder in Erinnerung zu bringen und so die Weinbautradition lebendig zu halten. Ihr Vater, der viele Jahre lang die Geschicke des Weingutes San Felice in der Gemeinde Castelnuovo Berardenga lenkte und auch maßgeblich am Aufbau des Konsortiums des Chianti classico beteiligt war, weckte ihr Interesse am Wein und war während und nach ihrem Studium ein versierter Gesprächspartner.

Ihr eigener Wein, Le Trame, wurde vom »Gambero Rosso«, einem der bekanntesten italienischen Weinführer, bereits lobend erwähnt und mit zwei Gläsern ausgezeichnet. Die Weinberge von Le Trame (Loc. Le Bonce, 53010 Castelnuovo Berardenga, Tel. 0577/359116) liegen in unmittelbarer Nachbarschaft von San Felice, wo die Universität Florenz umfangreiche Versuchsflächen angelegt hat. Im sogenannten Vitiarium kultiviert man fast vergessene Reben neu und erweckt damit alte Sorten zu neuem Leben.

Weinbauern früherer Zeiten gaben den Reben treffende Namen. So wird z.B. eine Sorte »Fogliatonda« genannt. Der Name stammt von Foglia rotonda, was so viel heißt wie rundes Blatt. Tatsächlich sind die Blätter der Reben runder als etwa die der Sangiovese. Die »Ciliegiolo« ist die Kirschige, weil sie im Aroma entfernt an Kirschen erinnert. Die »Pugnitello« erhielt ihren Namen von Pugno (= Faust), weil die Rebe einer geschlossenen Faust ähnelt.

Giovanna Morganti produziert ihren Wein zu 90 % aus Sangiovese und zu 10% aus drei verschiedenen alten Rebsorten. Sie kann auf eine Temperaturkontrolle bei der Gärung verzichten, denn sie benutzt die traditionellen, kleinen und nach oben hin offenen Holzbottiche. Sie stehen in einem gut belüfteten Gebäude mit so vielen Luken nach außen, daß es nachts genügend abkühlen kann. Zu hohe Temperaturen würden die Gärung zu schnell in Gang setzen und damit zuviel Aroma aus den Trauben ziehen.

Ausgebaut wird ihr Wein in neuen Fässern aus französischer Eiche, allerdings nicht in den kleinen Barriques-Fässern. So bekommt ihr Wein das reiche Aroma des französischen Holzes, sie riskiert aber nicht, den Wein durch zuviel Holzkontakt zu ruinieren.

Die begeisterte Önologin ist davon überzeugt, daß man mit etwas Erfahrung schmecken kann, auf welchem Boden und in welcher Höhe ein Wein gewachsen ist und auch, ob er rauhem oder eher mildem Klima ausgesetzt war. Und selbst die Persönlichkeit des Menschen, der den Wein macht, könne man oft »herauslesen«.

Winzer mit französischer Inspiration

Giampaolo Motta setzt weniger auf italienische Winzertradition, sondern holt sich seine Anregungen in hohem Maße aus dem Bordeauxgebiet, wo die Tradition großer Weine wesentlich älter ist.

Er kam eher zufällig zum Weinbau. Ursprünglich studierte er Chemie in seiner Heimatstadt Neapel, wollte er doch später die Lederwarenfabriken der Eltern übernehmen. Während einer Urlaubsreise durch die Toskana entdeckte er seine Liebe zu dieser zauberhaften Gegend und zu ihren Produkten.

Das professionelle und nicht nur kulinarische Interesse am Weinbau weckten in ihm Palmina Abbagnano und John Dunkley vom Weingut Riecine (Gaiole). Nachdem er einmal Feuer gefangen hatte, informierte er sich über Wein, las viel und sammelte praktische Erfahrung auf verschiedenen Weingütern. Zuletzt lernte er bei Castello dei Rampolla (Panzano). Seit 1992 ist er stolzer Besitzer des Weinguts La Massa in Panzano (Via Case Sparse, 9, Tel. 055/852701) – übrigens in unmittelbarer Nähe und mit Blick auf den ehemaligen Arbeitgeber.

Seine Familie, alteingesessene und traditionsbewußte Neapolitaner, hatte für seinen Werdegang wenig Verständnis und drohte, jede finanzielle Hilfe einzustellen. Einzig sein Großvater verstand und unterstützte ihn. Giampaolo dankte es ihm, indem er einen seiner beiden Weine, natürlich den größeren, nach seinem Großvater benannte: Giorgio Primo.

Ganz nach französischem Vorbild produziert Giampaolo Motta, beraten vom Önologen Carlo Ferrini, einen großen Wein, einen »Cru«, und einen zweiten, nicht ganz so exzellenten, aber immer noch hervorragenden »La Massa«.

Für den »Giorgio Primo« nimmt Giampaolo Motta ausschließlich Trauben, die nicht zu dicht gewachsen sind, aus der ersten Lese. Für diesen Wein bekam er vom »Gambero Rosso« sowohl für den 93er als auch für den 94er drei Gläser, und auch dem »La Massa« bescheinigte man ein fast ebenso hohes Qualitätsniveau.

Sein Rezept für Qualität: Etwa einen Monat vor der eigentlichen Lese, sobald die Trauben Farbe bekommen, werden von jedem Stock etwa zwei Drittel abgeschnitten, damit der Rest die ganze Kraft tanken kann.

Giovanna Morganti vertraut ihrer Nase beim Qualitätstest (oben links). Giampaolo Motta wird von Hund Marvin begleitet (oben rechts). Weinberge bestimmen die Landschaft im Chianti (unten).

Wein-Journal

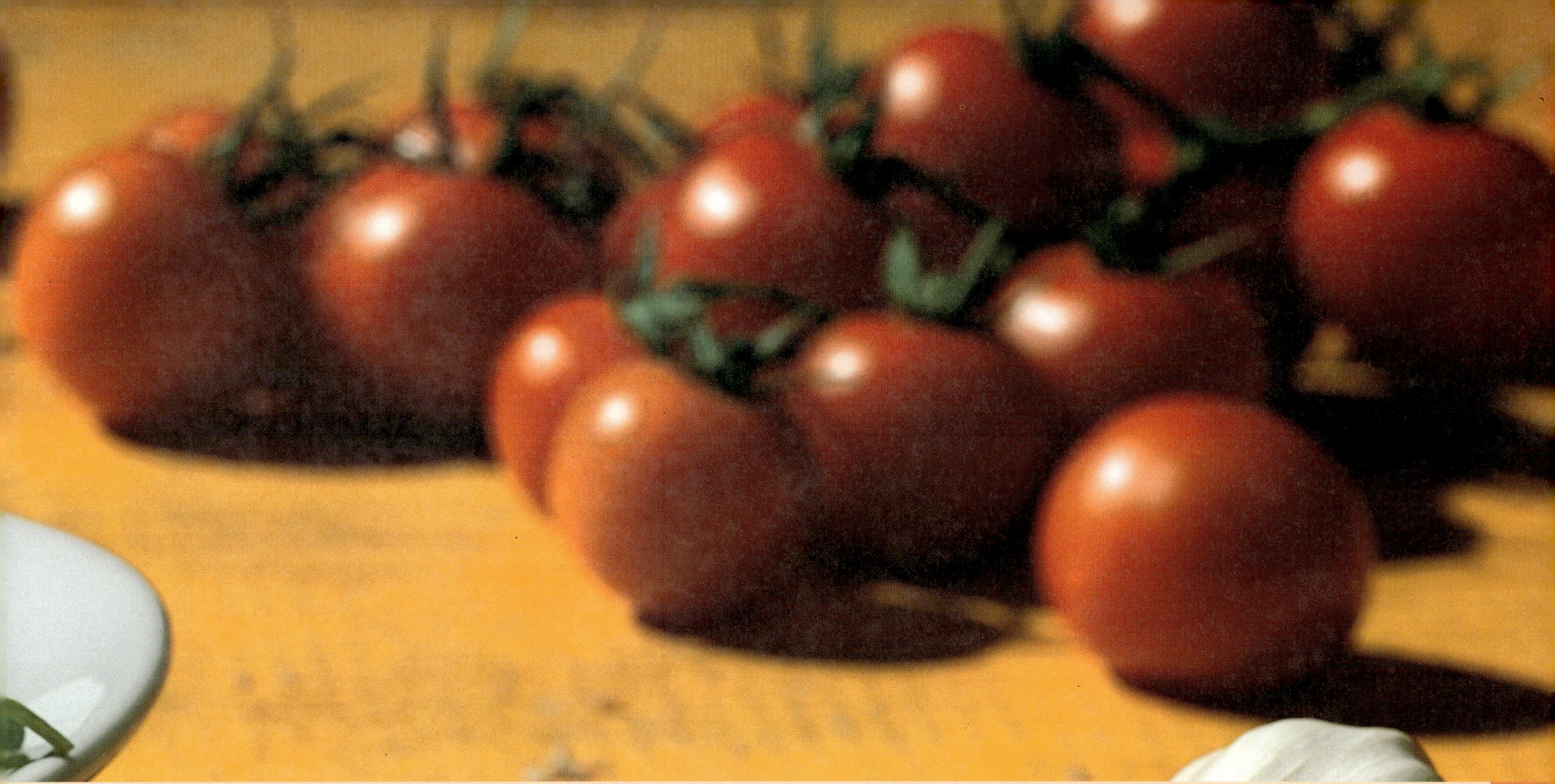

Antipasti

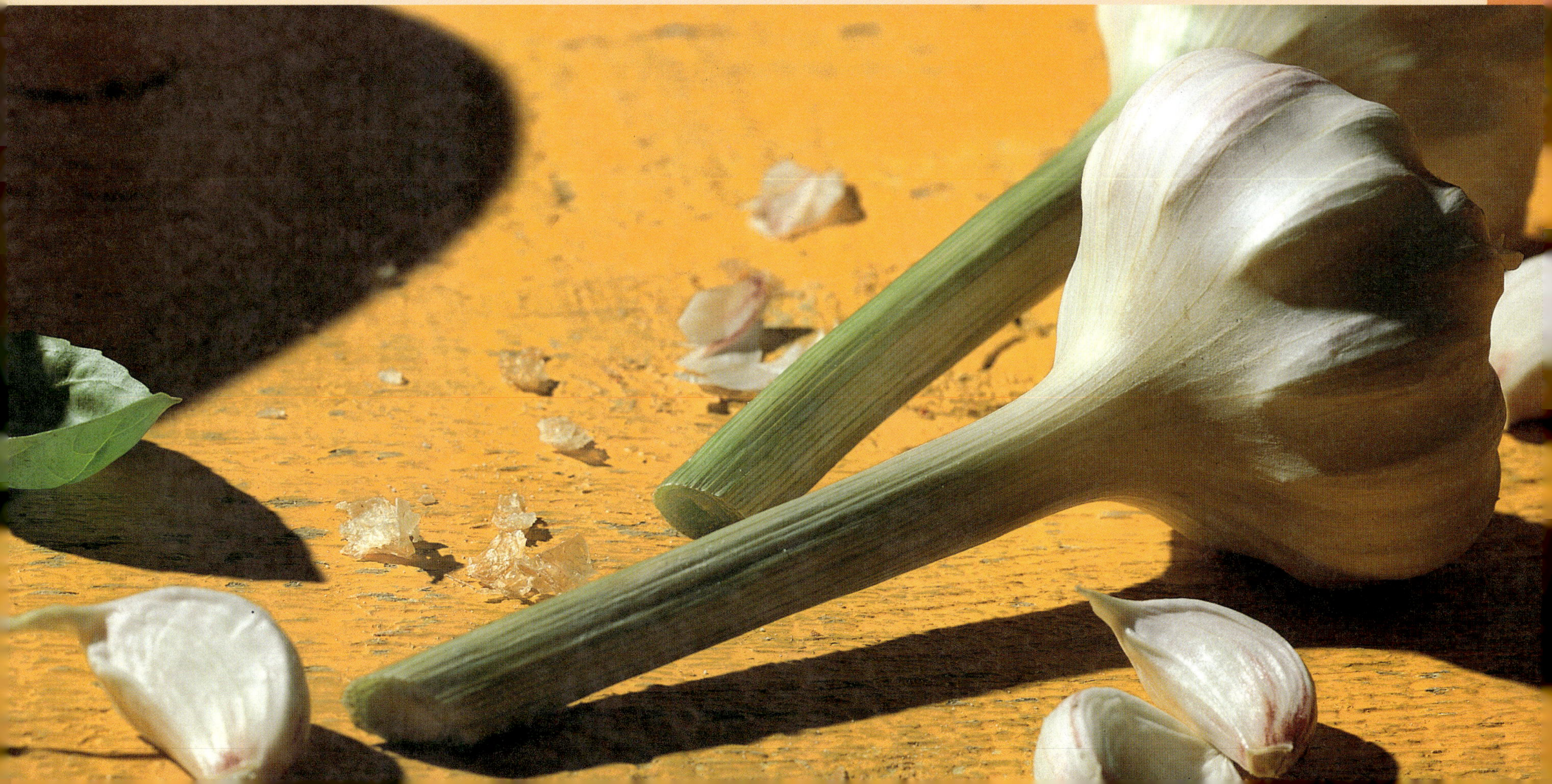

Crostini alla toscana

Crostini mit Hühnerlebercreme

Klassiker

Zutaten für 4 Personen:
150 g Hühnerlebern
1 kleine Zwiebel
1 ½ Stangen Staudensellerie
1 Bund Petersilie
2 EL Olivenöl
1 EL Butter
50 ml Vin santo
1 EL Kapern
Salz • schwarzer Pfeffer
1 TL unbehandelte abgeriebene Zitronenschale
12 dünne Scheiben Weißbrot

Pro Portion: 1360 kJ/330 kcal
Zubereitungszeit: 30 Min.

1 Hühnerlebern würfeln. Zwiebel schälen und hacken. Sellerie waschen, putzen, in Scheiben schneiden. Petersilie waschen, hacken.

2 Zwiebel, Sellerie und Petersilie in Öl und Butter andünsten. Lebern braten. Vin santo und Kapern dazugeben, salzen, pfeffern und zugedeckt bei mittlerer Hitze 10 Min. schmoren. Etwas abkühlen lassen, dann fein pürieren. Mit Zitronenschale abschmecken.

3 Brotscheiben im Toaster oder vorgeheizten Backofen bei 250° (Umluft 220°) in 4 Min. goldbraun rösten. Die heißen Brotscheiben mit der Leberpaste bestreichen.

Crostini con fagioli

Crostini mit Bohnencreme

Schnell

Zutaten für 4 Personen:
200 g gegarte weiße Bohnen (aus der Dose oder dem Glas)
1-2 getrocknete Peperoncini
1 EL Vin santo
3 EL Olivenöl
1 EL Zitronensaft
1 Bund Petersilie
Salz • schwarzer Pfeffer
12 dünne Scheiben Weißbrot

Pro Portion: 1340 kJ/320 kcal
Zubereitungszeit: 10 Min.

1 Bohnen abtropfen lassen, mit Peperoncini, Vin santo, Olivenöl und Zitronensaft im Mixer fein pürieren. Petersilie waschen, trockenschwenken und ohne die groben Stiele hacken. Einige Petersilienblättchen beiseite legen.

2 Die gehackte Petersilie unter die Paste mischen, diese mit Salz und Pfeffer pikant würzen.

3 Brotscheiben im Toaster oder im vorgeheizten Backofen bei 250° (Umluft 220°) in 4 Min. goldbraun rösten. Mit der Bohnencreme bestreichen, mit Petersilienblättchen garnieren und servieren.

Crostini con tonno

Crostini mit Thunfisch

Preiswert · Schnell

Zutaten für 4 Personen:
1 Dose Thunfisch im eigenen Saft (Einwaage 150 g)
2 EL Mayonnaise oder Mascarpone
1 EL Zitronensaft
1 EL Kapern (+ Kapern zum Garnieren)
Salz • schwarzer Pfeffer
12 dünne Scheiben Weißbrot

Pro Portion: 1230 kJ/290 kcal
Zubereitungszeit: 10 Min.

1 Thunfisch abtropfen lassen und grob zerpflücken. Dann mit der Mayonnaise oder dem Mascarpone und dem Zitronensaft im Mixer oder mit dem Pürierstab fein zerkleinern.

2 Kapern abtropfen lassen und fein hacken. Unter die Thunfischcreme mischen, mit Salz und Pfeffer würzen.

3 Brotscheiben im Toaster oder im Backofen bei 250° (Umluft 220°) in 4 Min. goldbraun rösten. Mit der Thunfischcreme bestreichen, nach Belieben mit Kapern garnieren und servieren.

Crostini con olive

Crostini mit Olivencreme

Würzig

Zutaten für 4 Personen:
200 g schwarze Oliven
4 Sardellenfilets
1 EL Kapern (+ Kapern zum Garnieren)
1-2 getrocknete Peperoncini
1/2 TL Fenchelsamen
5 EL Olivenöl
1 EL Zitronensaft
Salz • schwarzer Pfeffer
12 dünne Scheiben Weißbrot

Pro Portion: 1500 kJ/360 kcal
Zubereitungszeit: 30 Min.

1 Oliven entsteinen. Sardellenfilets abtropfen lassen und grob schneiden. Beides mit den Kapern, Peperoncini, den Fenchelsamen und dem Olivenöl im Mixer oder mit dem Pürierstab fein zerkleinern.

2 Paste mit dem Zitronensaft, Salz und Pfeffer pikant würzen.

3 Brotscheiben im Toaster oder im vorgeheizten Backofen bei 250° (Umluft 220°) in 4 Min. goldbraun rösten. Mit der Olivencreme bestreichen, nach Belieben mit Kapern garnieren und servieren.

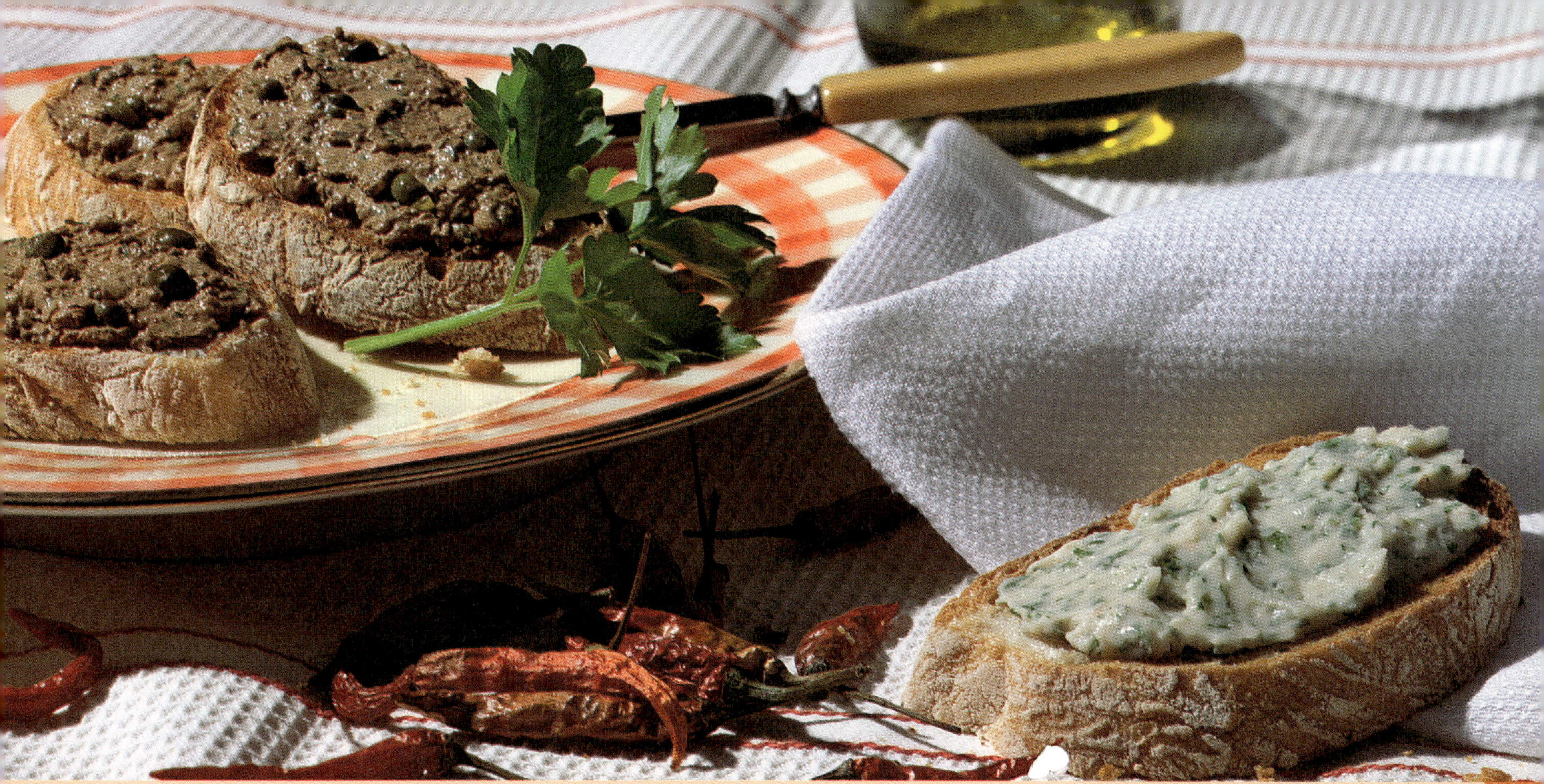

Antipasti

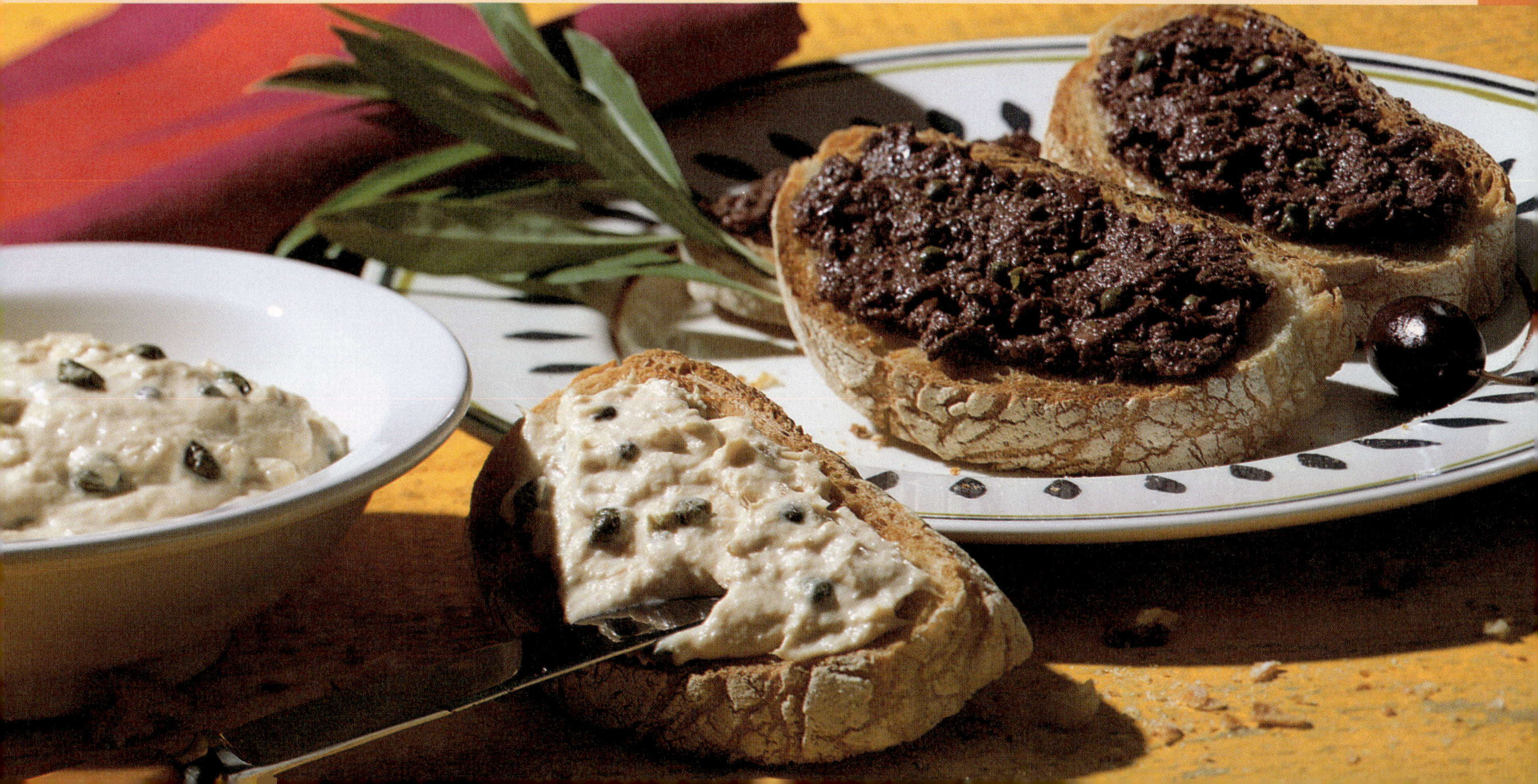

Sarde ripiene
Gefüllte Sardinen

Preiswert

Diese einfache und preiswerte Spezialität bekommt man an der Küste, aber auch im Landesinneren, etwa im Ristorante La Pievina, als Vorspeise serviert. In der Toskana sind nicht nur die Fische an sich preiswert, der Händler nimmt die Sardinen auch gegen einen geringen Obolus sauber aus und entfernt die Gräten.

Zutaten für 4 Personen:
400 g frische Sardinen
2 Scheiben altbackenes
Weißbrot (etwa 50 g)
1/2 Bund Petersilie
1 Knoblauchzehe
1 EL Kapern
1 Ei
Salz • schwarzer Pfeffer
1 EL Olivenöl
1 Zitrone
Fett für die Form

Pro Portion: 840 kJ/200 kcal
Zubereitungszeit: 45 Min.

1 Die Sardinen kalt waschen und abtropfen lassen. Die Fische an den Bäuchen aufschneiden und auseinanderklappen. Die Mittelgräte mit einem Löffelstiel herauslösen.

2 Das Brot in kaltem Wasser einweichen, dann gut ausdrücken und fein zerpflücken.

3 Die Petersilie waschen, trockenschwenken und von den groben Stielen befreien, den Knoblauch schälen. Beides mit den Kapern sehr fein hacken und mit dem Ei unter das Brot mischen. Mit Salz und Pfeffer kräftig abschmecken.

4 Den Backofen auf 250° (Umluft 220°) vorheizen.

5 Die Fische mit Salz und Pfeffer würzen, mit der Brotmasse füllen und nebeneinander in eine gefettete feuerfeste Form legen. Mit dem Öl beträufeln.

6 Die Fische im heißen Ofen (Mitte) 10 Min. garen. Inzwischen Zitrone waschen, abtrocknen und in Schnitze schneiden. Die Fische heiß servieren. Dazu die Zitronenschnitze reichen.

Tip
Außer zu Sardinen paßt die Füllung auch zu Miesmuscheln gut, und sie eignet sich auch zum Gratinieren von dünnen Zucchinischeiben, Pilzen oder Tomatenhälften.

Sarde sott'olio
Marinierte Sardinen

Läßt sich gut vorbereiten

Zutaten für 4 Personen:
500 g frische Sardinen
1 Möhre
1 Zwiebel
einige Salbeiblätter
1 TL schwarze Pfefferkörner
200 ml trockener Weißwein
1 unbehandelte Zitrone
Salz
1 frischer roter Peperoncino
1 Bund Petersilie
1 Knoblauchzehe
100 ml Olivenöl

Pro Portion: 970 kJ/230 kcal
Zubereitungszeit: 45 Min.
(+ 4 Std. Marinierzeit)

1 Die Sardinen kalt waschen und abtropfen lassen. Die Fische am Bauch aufschneiden und auseinanderklappen, die Mittelgräte mit einem Löffelstiel herauslösen. Die Fische in zwei Filets teilen, Kopf und Schwanz abschneiden.

2 Für den Sud die Möhre und die Zwiebel schälen und grob zerkleinern. Salbei waschen, mit dem Gemüse, Pfeffer, ¼ l Wasser und Wein in einen Topf geben. Zitrone heiß waschen, in Scheiben schneiden und hinzufügen. Den Sud salzen und zum Kochen bringen. Die Mischung 10 Min. köcheln lassen, dann Gemüse und Gewürze herausheben.

3 Fische in den leise siedenden, nicht kochenden Sud geben und in 1 Min. gar ziehen lassen. Mit einem Schaumlöffel herausheben, gut abtropfen und abkühlen lassen.

4 Peperoncino halbieren, putzen, entkernen, waschen und sehr fein hacken. Petersilie waschen, trockenschwenken und ohne die groben Stiele fein hacken. Knoblauch schälen und ebenfalls sehr fein hacken. Alles mit dem Öl mischen, salzen und über die Sardinen gießen. Zugedeckt bei Zimmertemperatur mindestens 4 Std. ziehen lassen. Dabei ein- bis zweimal vorsichtig wenden.

Tip
Schneller und einfacher: Sardellenfilets aus dem Glas (in Öl eingelegt) sehr gut abtropfen lassen und mit dem gewürzten Öl bedecken.

Leichte Vorspeisen, die wenig Arbeit machen und garantiert gelingen. Pecorino, der typische Käse der Toskana, verfeinert Rucolasalat und gratinierte Miesmuscheln.

Rucola con pecorino

Rucolasalat mit Pecorinospänen

Schnell

Zutaten für 4 Personen:
2 große Bund Rucola
$^1/_2$ Bund Petersilie
1 unbehandelte Zitrone
$^1/_2$ TL Fenchelsamen
3 EL Olivenöl
Salz • schwarzer Pfeffer
75 g Pecorino am Stück

Pro Portion: 700 kJ/170 kcal
Zubereitungszeit: 15 Min.

1 Den Rucola in stehendem kaltem Wasser gründlich waschen. Dann trockentupfen und grob zerpflücken.

2 Petersilie waschen, Blätter von den Stielen zupfen. Zitrone heiß waschen und abtrocknen, die Schale fein abreiben. Zitrone auspressen.

3 Petersilie, 1$^1/_2$ – 2 EL Zitronensaft, Fenchelsamen und Olivenöl im Mixer fein zerkleinern. Mit Salz und Pfeffer würzen. Zitronenschale untermischen.

4 Rucola mit dieser Sauce mischen und auf Tellern anrichten. Käse mit dem Gurken- oder Trüffelhobel darüber hobeln.

Cozze gratinate

Gratinierte Miesmuscheln

Berühmtes Rezept

Zutaten für 4 Personen:
1 kg frische Miesmuscheln
$^1/_4$ l trockener Weißwein
40 g altbackenes italienisches Weißbrot
2 Knoblauchzehen
1 Bund Petersilie
4 Tomaten • 1 Ei
3 EL geriebener Pecorino
1 getrockneter Peperoncino
Salz • schwarzer Pfeffer
1 EL Olivenöl (+ Öl für die Form)

Pro Portion: 1060 jK/250 kcal
Zubereitungszeit: 1 Std.

1 Miesmuscheln unter fließendem kaltem Wasser gründlich waschen. Muscheln, die sich dabei nicht schließen, wegwerfen.

2 Weißwein in einem großen Topf zum Kochen bringen. Muscheln darin zugedeckt bei starker Hitze 3 Min. garen, bis sie sich geöffnet haben. Ungeöffnete wegwerfen. Muscheln etwas abkühlen lassen, die leere Schale ablösen. Muscheln nebeneinander in eine feuerfeste, eingeölte Form legen.

3 Backofen auf 220° (Umluft 200°) vorheizen. Brot fein zerkleinern, z.B. im Mi-

xer. Knoblauch schälen. Petersilie waschen und sehr fein hacken. Die Tomaten häuten und fein würfeln. Etwa ein Drittel davon beiseite stellen.

4 Restliche Tomaten mit Brot, Petersilie, Ei und Käse mischen. Peperoncino zerkrümeln, Knoblauch pressen, mit Salz und Pfeffer zu der Masse geben.

5 Brotmasse jeweils auf die Muscheln geben, mit Öl beträufeln und im heißen Ofen (Mitte) 5 Min. backen. Beiseite gestellte Tomaten darüber streuen, weitere 5 Min. gratinieren.

Panzanella
Brotsalat mit Gemüse

Am besten im Sommer

Ein sehr altes Rezept, das schon im 16. Jahrhundert in einem Kochbuch auftauchte. Panzanella – auch unter dem Namen Panmolle bekannt – kam immer dann auf den Tisch, wenn Brot übrig war. Vorwiegend pflegte man diese Art der Resteverwertung in ärmeren Haushalten. Daß es zahlreiche Varianten gibt, liegt auf der Hand. Denn der Brotsalat wurde immer mit dem zubereitet, was gerade da war oder im Garten wuchs.

Zutaten für 4 Personen:
150 g altbackenes italienisches Weißbrot
1 Bund Frühlingszwiebeln
1 Knoblauchzehe
200 g Tomaten
200 g Salatgurke
1 großes Bund Basilikum
1/2 Bund Petersilie
2 EL Rotweinessig
Salz • schwarzer Pfeffer
4 EL Olivenöl
1/2 EL kleine Kapern

*Pro Portion: 820 kJ/200 kcal
Zubereitungszeit: 30 Min.
(+ 1 Std. Kühlzeit)*

1 Brot in mundgerechte Stücke schneiden und in einer Schüssel mit 1/8 l Wasser begießen. In 15 Min. weich werden lassen.

2 Frühlingszwiebeln waschen, putzen und in sehr feine Ringe schneiden. Knoblauch schälen und fein hacken. Tomaten und Gurke gründlich waschen und sehr klein würfeln. Kräuter waschen, Basilikum in Streifen schneiden, Petersilie hacken.

3 Essig mit Salz und Pfeffer verrühren. Öl unterschlagen. Mit dem Brot, dem Gemüse und den Kräutern mischen und 1 Std. kühl stellen.

4 Brotsalat abschmecken, mit Kapern bestreuen.

Frittata di carciofi

Omelett mit Artischocken

Fürs Buffet

Zutaten für 6 Personen:
1 Zitrone
6 kleine Artischocken
2 Knoblauchzehen
1 Bund Petersilie
4 EL Olivenöl
6 Eier
2 EL Milch
Salz • schwarzer Pfeffer

Pro Portion: 840 kJ/200 kcal
Zubereitungszeit: 30 Min.

1 Die Zitrone auspressen. Die äußeren, harten Blätter der Artischocken großzügig abzupfen. Den oberen Teil der Artischocken spitz zuschneiden. Den Stiel ebenfalls spitz zuschneiden. Die Artischocken der Länge nach achteln. Mit dem Zitronensaft beträufeln. Knoblauch schälen und fein hacken. Die Petersilie waschen und ohne die groben Stiele sehr fein hacken.

2 Die Hälfte des Öls in einer großen Pfanne erhitzen. Artischocken und Petersilie dazugeben und 5 Min. darin unter Rühren bei mittlerer Hitze braten. Knoblauch mit dem übrigen Öl untermischen und nur kurz mitdünsten, aber nicht braun werden lassen.

3 Eier mit der Milch gründlich verrühren und mit Salz und Pfeffer abschmecken. Vorsichtig in die Pfanne zum Gemüse gießen. Bei schwacher Hitze in 15 Min. stocken lassen.

4 Frittata auf einen Teller gleiten lassen und gewendet wieder in die Pfanne geben. In 3 Min. fertigbacken.

5 Auf einen Teller stürzen und lauwarm oder ganz abkühlen lassen. Zum Servieren in schmale Tortenstücke schneiden.

Tip

Frittate gibt es in zahlreichen Varianten. Wichtig ist bei der Zubereitung: Die Eier dürfen nicht zu stark geschlagen werden. Am besten mischen Sie mit einer Gabel Eiweiß und Eigelb.
Das einfachste Rezept für eine Frittata: Nur gehackte Petersilie und geriebenen Pecorino oder Parmesan unter die Eiermasse mischen. Ebenfalls köstlich: Frittata mit Erbsen, grünem Spargel, Zwiebeln, Zucchini oder Kürbis.

Crostini di polenta

Polenta-Crostini mit Pilzsugo

Läßt sich gut vorbereiten

Zutaten für 4 Personen:
20 g getrocknete Steinpilze
Salz
125 g Polenta (Maisgrieß)
3-4 EL Olivenöl
150 g Champignons
2 Knoblauchzehen
1 Bund Petersilie
einige Salbeiblätter
1 getrockneter Peperoncino
100 ml trockener Weißwein

Pro Portion: 790 kJ/190 kcal
Zubereitungszeit: 1 Std.

1 Steinpilze in ¼ l lauwarmem Wasser 30 Min. quellen lassen. Dann kleinschneiden. Das Einweichwasser durch eine Filtertüte gießen.

2 Inzwischen ⅜ l Wasser mit Salz zum Kochen bringen. Die Polenta gründlich einrühren, einmal aufkochen und zugedeckt bei schwächster Hitze 10 Min. ziehen lassen. Gelegentlich vorsichtig umrühren.

3 Eine höhere eckige Form, z.B. eine Terrinenform, mit 1 EL Olivenöl ausstreichen. Die Polenta glattstreichen darin erkalten lassen. Champignons putzen und in Scheiben schneiden.

4 Knoblauch schälen. Kräuter waschen und mit dem Knoblauch und dem Peperoncino möglichst fein hacken.

5 Die frischen Pilze in 1 EL Öl unter Rühren andünsten. Die getrockneten Pilze und die Petersilienmischung mitdünsten. Mit ⅛ l Pilzwasser und Wein aufgießen und zugedeckt bei mittlerer Hitze 20 Min. dünsten.

6 Den Grill vorheizen. Die Polenta stürzen und in knapp 1 cm dicke Scheiben schneiden. Auf ein Backblech legen, mit wenig Öl bestreichen. 10 Min. grillen. Die Polentascheiben jeweils mit etwas heißem Pilzsugo bedeckt servieren.

Tip

Polentascheiben lassen sich auch gut fritieren, allerdings wird die Vorspeise dann auch kalorien- und fettreicher. Fritierte Polentascheiben sind in der Toskana eine beliebte Beilage zu Fleischgerichten.

Das Instandhalten der Netze kostet Zeit und Mühe (links oben). Junge Aale werden mit speziellen Netzen gefangen (links unten). Silbrig glänzen Sardinen (oben links). Seit Jahrzehnten fahren manche Fischer schon zur See (oben rechts).

Lange Sandstrände wechseln ab mit gebirgigen Abschnitten und Schwemmland – die toskanische Küste zieht sich vom nördlichsten Teil, den apuanischen Alpen mit den bekannten Marmorsteinbrüchen von Carrara bis in den südlichsten Teil der Toskana, in die Maremma. Viareggio gehört ebenso zu den bekannten Küstenorten wie Pisa, Livorno, Piombino und Orbetello, manche rechnen sogar die Insel Elba mit ein.

Viele der Städte, die in früheren Zeiten direkt am Meer lagen, findet man heute ins Landesinnere verschoben. So war Pisa direkt am Meer gelegen und deshalb im Mittelalter und in der Frührenaissance eine der größten Seemächte. Kein Wunder, daß dort in den Restaurants auch heute noch Fisch die Speisekarten bestimmt.

Die Küstenstädte und ihre Köstlichkeiten

Bei einem Spaziergang durch die Gassen der küstennahen Orte entdeckt man auf den Speisekarten einen Namen, den man sonst nicht häufig antrifft: Bottarga. Bei dieser besonderen Spezialität der toskanischen Küste handelt es sich um getrockneten und gepreßten Rogen von Thunfisch (bottarga di tonno) oder Meeräsche (bottarga di muggine), den man wie Trüffel mit dem Hobel über die frisch gekochte Pasta – meist nur mit Butter oder Öl gemischt – hobelt. Falls Sie dieses Gericht einmal in einem Restaurant finden, sollten Sie es unbedingt probieren. Bottarga von der Meeräsche schmeckt übrigens feiner.

Eine weitere Spezialität dieser Gegend sind »Cecche« oder »Cée«, ganz junge, nur 6-8 cm lange und noch durchscheinende Aale, die man im April und Mai fischt. Der Aal wird im Gegensatz zum Lachs im Salzwasser geboren und wandert dann zurück in die Flüsse. Dort an den Mündungen, zum Beispiel des Arno, fängt man auch die jungen schlangenähnlichen Fische. »Cecche« werden in jedem Hafengebiet ein bißchen anders zubereitet. Aus Pisa stammt das einfachste Rezept: »Cecche« mit Knoblauch und Salbei in Olivenöl gebraten, und zwar zugedeckt, sonst »springen« die Aale, deren Muskeln noch lange nach dem Fang zucken, aus der Pfanne. In Viareggio gibt man noch Tomaten hinzu, in Livorno würzt man pikant mit Peperoncino und gießt mit etwas Wein auf.

Die größte Hafenstadt der Toskana und somit auch das Zentrum der Fischerei ist Livorno. Hier wurde der Cacciucco, ein einfacher, aber köstlicher Fischeintopf, erfunden, in den alles kommt, was der Tagesfang gerade hergibt. Er soll älter sein als die französische Bouillabaisse, schmeckt in jedem Fall mindestens ebenso gut und wurde schon immer aus verschiedenen Früchten des Meeres mit Tomaten, Peperoncino und Brot gekocht. Die Menge des Brotes richtete sich dabei früher übrigens ganz danach, wie viele Fische ins Netz gegangen waren. Cacciucco ist ganz einfach zuzubereiten (Rezept Seite 145) und durch die Vielfalt der Fische trotzdem eine echte Delikatesse.

Livorno wurde im Zweiten Weltkrieg stark zerstört, so daß die Stadt nicht viele Altbauten aufweisen kann und so nicht unbedingt zu einem Besuch einlädt. Ganz anders dagegen Viareggio. Ein Spaziergang an der Strandpromenade mit ihren teils prachtvollen Jugendstil-Badehäusern und ein Besuch der vielen, teils eleganten, teils einfachen Bars, in denen man zum Aperitif die feinsten Kleinigkeiten serviert bekommt, ist ein echtes Vergnügen. Noch heute kann man sich vorstellen, daß der Badeort schon um die Jahrhundertwende ein beliebtes Reiseziel war, und daß sich hier auch so bekannte Größen wie Rainer Maria Rilke nicht nur in der wärmsten Zeit des Jahres gerne aufhielten. Wer die Stadt gemächlich und ruhig erleben möchte, sollte ohnehin in der kälteren Jahreszeit dorthin reisen und den Strand fast allein genießen.

Den Hafen dieser hübschen Stadt, die im Sommer auch von vielen Italienern – in der Hauptsache Toskanern aus dem Inneren des Landes – besucht wird, gibt es seit dem 16. Jahrhundert. Bei einem Spaziergang an der Hafenpromenade findet man täglich zumindest einige Stände mit dem frischen Fang des Tages.

Auch hier bereitet man eine Variante des Cacciucco zu. Einheimische behaupten, daß er sein besonderes Aroma der Tatsache verdankt, daß man einen Stein vom tiefen Meeresgrund mit in den Topf gibt.

»Baccalà« und »Stoccafisso«

Eine Spezialität, die man nicht nur an der Küste, sondern vor allem im Inneren des Landes findet, sind Klipp- und Stockfisch, »baccalà« oder »stoccafisso«.

Das Trocknen und Einsalzen ist sicher eine der ältesten Methoden, um Lebensmittel haltbar zu machen. Früher war es für Städter und Landbewohner die einzige Möglichkeit, Seefisch auf den Tisch zu bringen. Der getrocknete Fisch wird vor allem aus Kabeljau, aber auch aus Seelachs, Schellfisch und Leng hergestellt. Die Fische werden gründlich ausgenommen, von den Köpfen befreit und in Filets geteilt. Für Stockfisch, »stoccafisso«, läßt man die Hälften einfach komplett trocknen, Klippfisch, »baccalà«, wird vor dem Trocknen zusätzlich eingesalzen. Ab und zu findet man auch eine geräucherte Variante des Stockfisches.

Klipp- und Stockfisch müssen vor der Zubereitung in Wasser eingeweicht werden, beim Klippfisch wird dabei das Wasser mehrmals ausgetauscht, um das Salz so gut wie möglich zu entfernen.

Toskanische Hausfrauen bereiten die zahlreichen Spezialitäten aus getrocknetem Fisch auf vielerlei Arten zu: in einer würzigen Tomatensauce, fritiert, mit Kartoffeln geschmort, mit Kichererbsen gekocht, zu Klößchen verarbeitet und fritiert oder auch mit Nudeln vermischt – wobei man den Sugo ebenfalls aus Tomaten, Knoblauch, Zwiebeln und Kräutern schmort.

Bei uns bekommen Sie den getrockneten Fisch in guten Fischgeschäften (eventuell vorbestellen), in Asienläden und auch in Spezialitätengeschäften vieler anderer Länder. Oder Sie bringen ihn von einer Italienreise mit, denn er ist sehr lange haltbar.

Auf dem Fischmarkt

Jeder Ort direkt am Meer, wie Viareggio, oder aber in unmittelbarer Nähe, wie Pisa, hat seinen Fischmarkt – mal kleiner, mal größer, aber täglich mit dem frischen Fang im Angebot. Dort sieht man so manches, was man bei uns kaum findet: Die unterschiedlichsten, quer oder längs geriffelten Muschelarten liegen neben länglichen, Scheidenmuscheln oder Messerscheiden genannten, »cannolicchi«, Garnelen neben verschiedenen Krebstieren, Tintenfische neben unzähligen großen und kleinen Meeresfischen. Nutzen Sie die Gelegenheit, fangfrische Fische zu kaufen – immer vorausgesetzt, Sie haben die Möglichkeit, sie auch bald zuzubereiten. Denn frisch gefischter Fisch schmeckt einfach unvergleichlich gut. Frischen Fisch erkennen Sie an den hervorstehenden klaren Augen und der feuchtglänzenden, straffen Haut – übrigens auch hierzulande im Fischgeschäft ein Kriterium, auf das Sie beim Fischkauf achten sollten.

Wenn Sie zugreifen möchten, achten Sie bei den Meeresfrüchten auf die Schalen: Sie müssen wie die Haut von Fischen eine frische, lebendige Farbe haben, ein gräulicher Ton sollte Sie mißtrauisch stimmen: Dann sind die Meeresfrüchte nicht mehr frisch. Muscheln sollten möglichst komplett geschlossen sein. Denn sie öffnen sich, wenn sie das Meerwasser im Inneren, von dem sie sich ernähren, austauschen müssen, also ohne neue Nahrung nicht mehr lange lebensfähig sind.

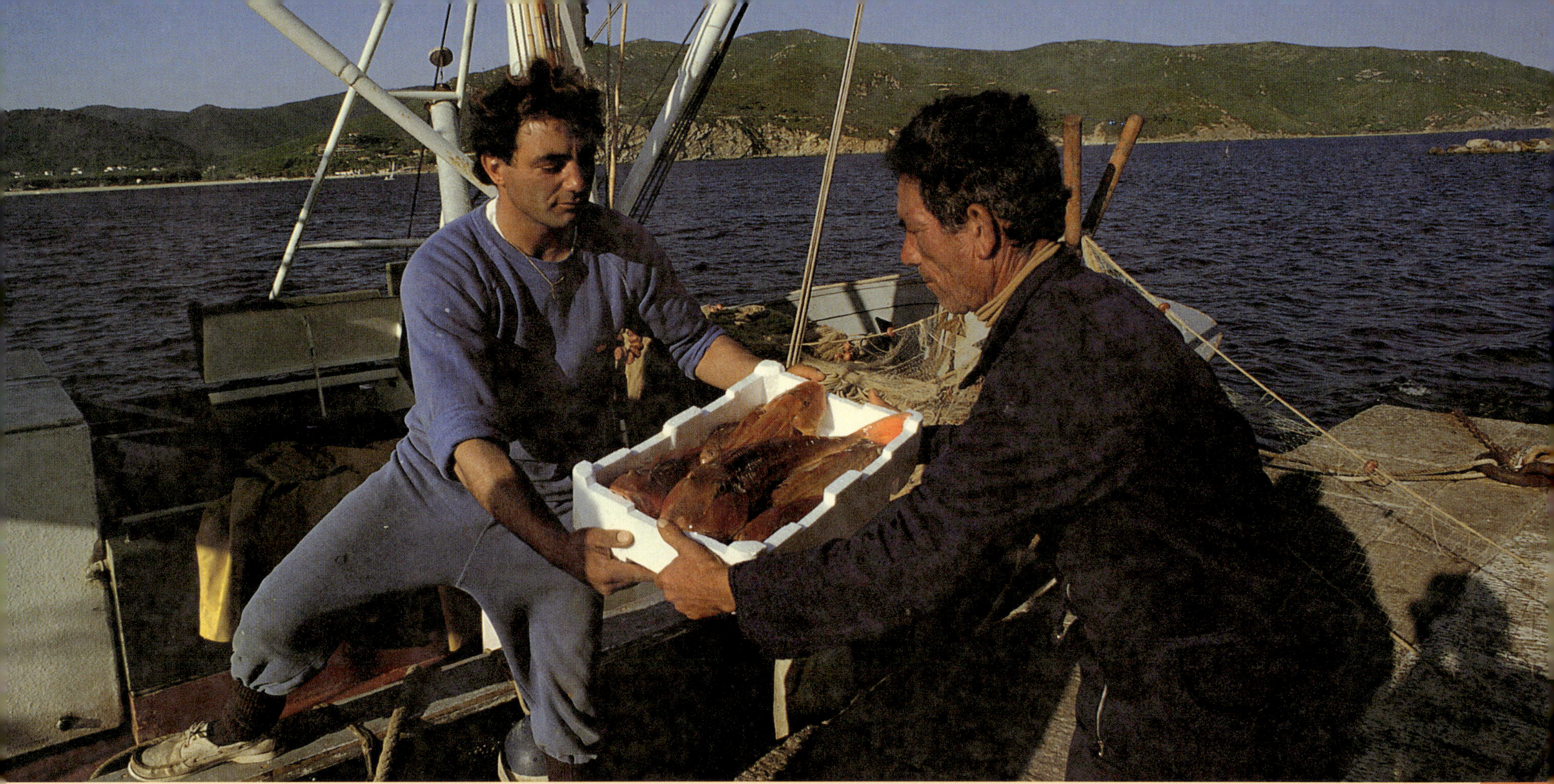

An jedem Tag werden andere Köstlichkeiten an Land gebracht (oben) und fangfrisch an winzigen Ständen, zum Beispiel in Viareggio (unten links), oder in großen Fischgeschäften (unten rechts) feilgeboten.

An der Küste

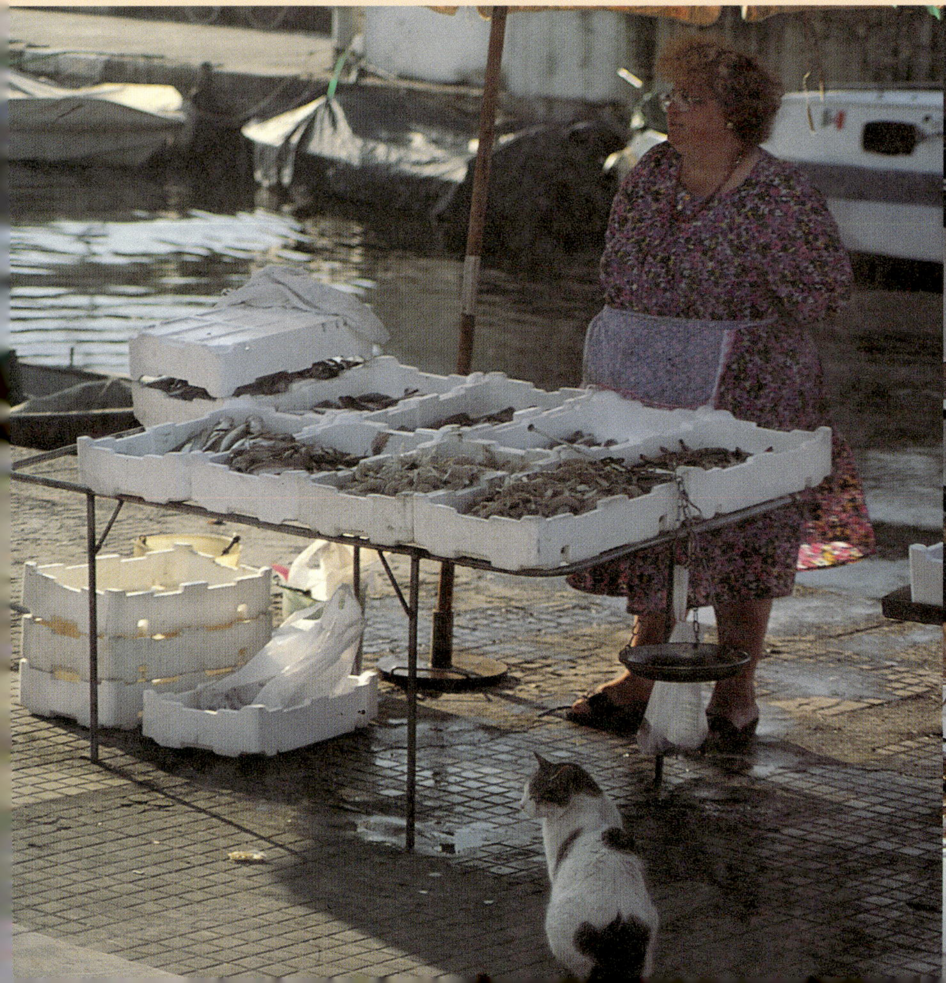

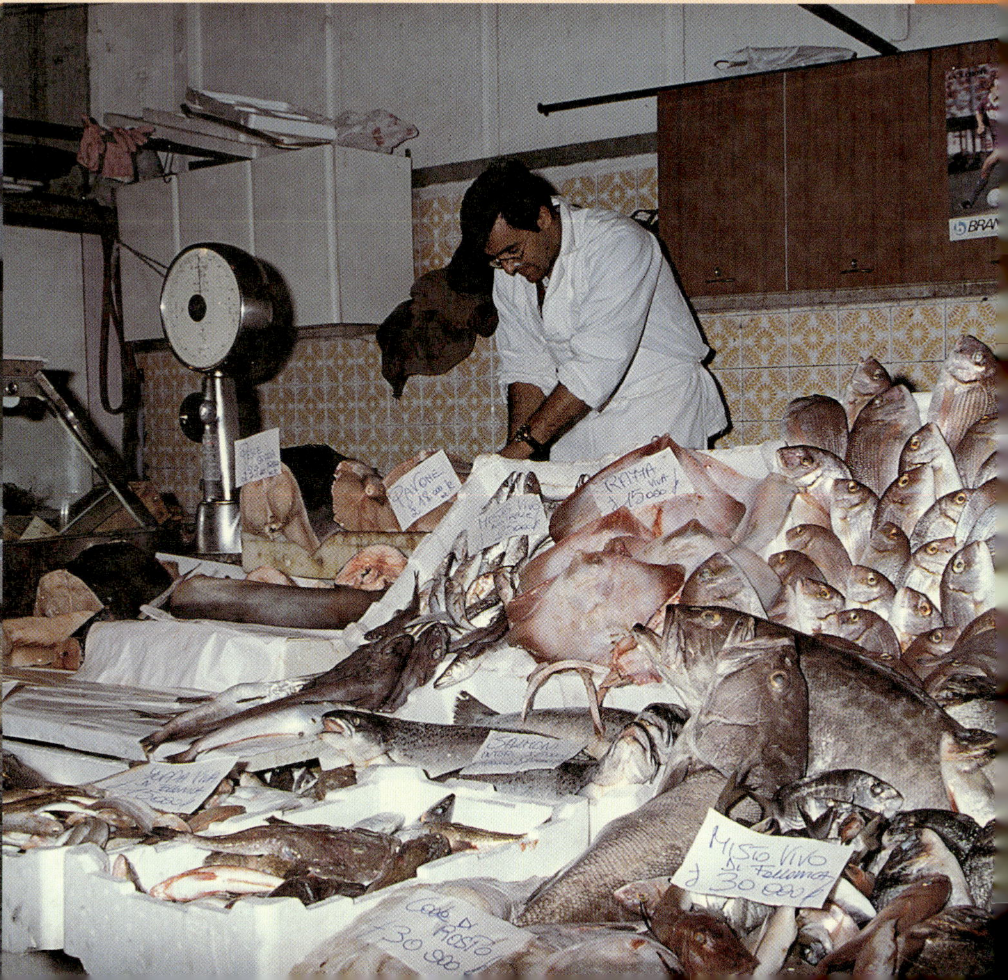

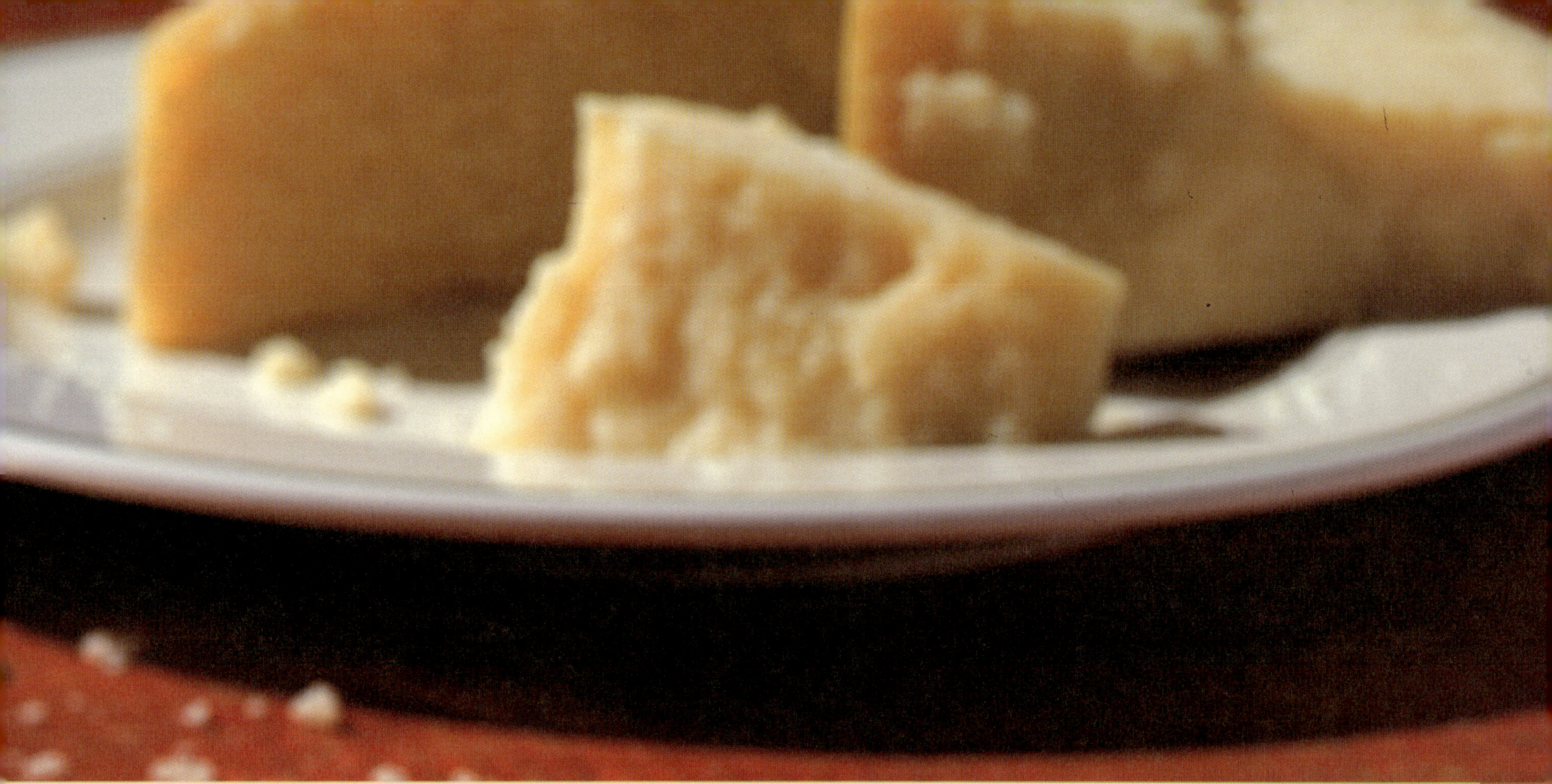

Primi piatti

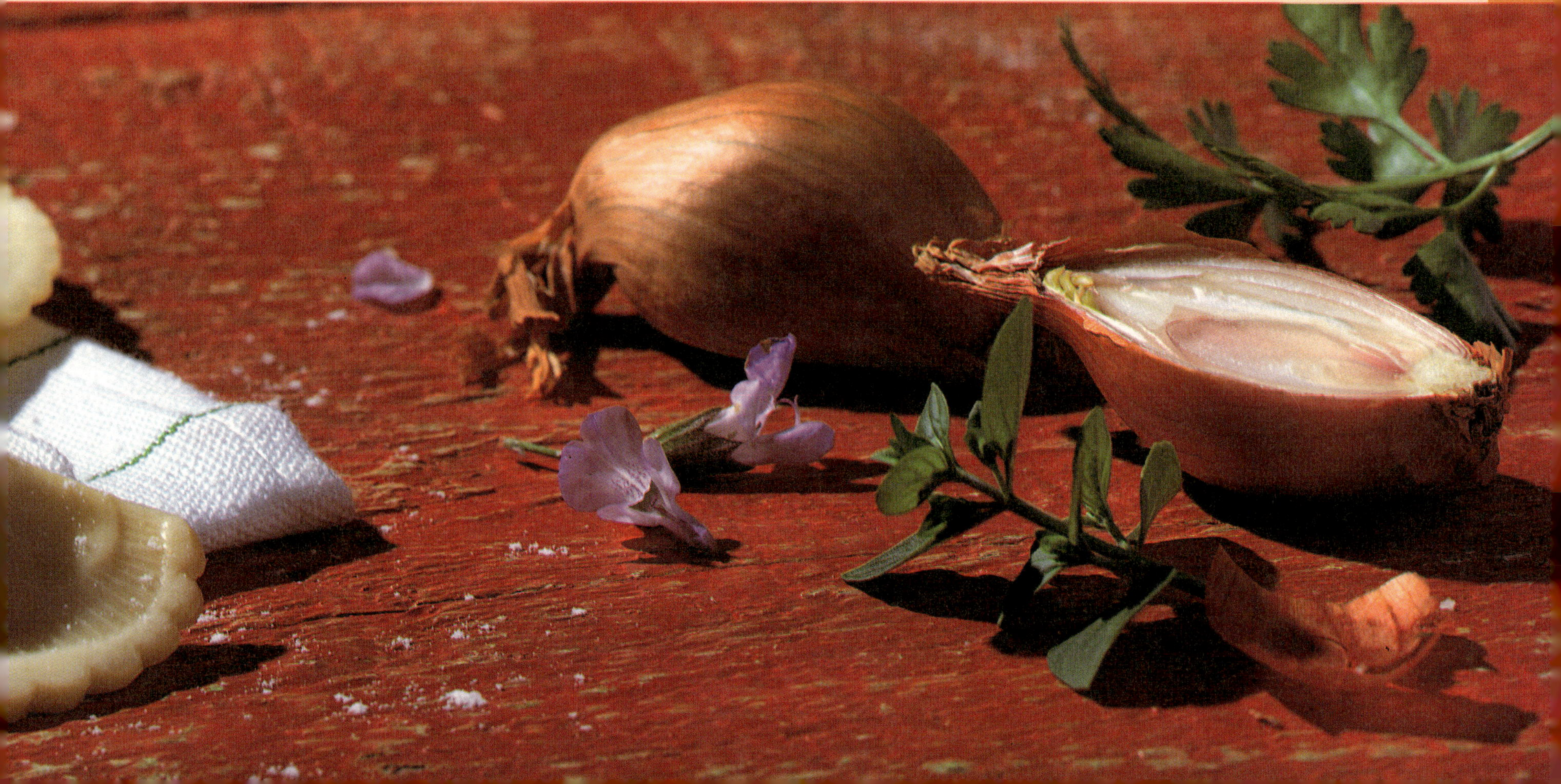

Kein Menü ohne! Dickflüssige Suppen spielen bei den toskanischen Primi piatti eine Hauptrolle – ob mit Linsen, Brot oder Dinkel zubereitet. Ein Strahl Olivenöl gibt ihnen das gewisse Etwas.

Zuppa di lenticchie

Linsensuppe mit Kastanien

Besonders gut im Herbst

Zutaten für 4 Personen:
300 g Maronen (Eßkastanien)
Salz
1 ¼ l Fleisch- oder Gemüse-brühe
10 Zweige Thymian
1 Zweig Rosmarin
1 Zwiebel
1 Knoblauchzehe
1 EL Olivenöl
150 g braune Linsen
1 TL Fenchelsamen
1-2 EL Tomatenmark
schwarzer Pfeffer

Pro Portion: 1670 kJ/400 kcal
Zubereitungszeit: 1 ¼ Std.

1 Die Maronen kreuzweise einschneiden und in sprudelnd kochendem Salzwasser 10 Min. garen, bis die Schalen aufplatzen.

2 Die Maronen kalt abschrecken und schälen. Mit etwa ¼ l Brühe im Mixer fein pürieren.

3 Kräuter waschen und trockenschwenken. Thymian von den Stielen streifen, Rosmarinnadeln grob hacken. Zwiebel und Knoblauch schälen und fein hacken.

4 Öl in einem Suppentopf erhitzen. Zwiebel und Knoblauch darin andünsten. Die Linsen mit dem Thymian, dem Rosmarin und den Fenchelsamen unter Rühren kurz mitdünsten. Die übrige Brühe dazugießen. Das Maronenpüree und das Tomatenmark einrühren. Alles zugedeckt bei mittlerer Hitze 40 Min. schmoren, bis die Linsen gar sind. Dabei immer wieder umrühren.

5 Die Linsensuppe salzen und pfef-fern. Wer möchte, gibt noch einen Strahl Olivenöl auf die Suppe.

Pappa al pomodoro

Dicke Tomaten-Brot-Suppe

Besonders gut im Sommer

Zutaten für 4 Personen:
250 g altbackenes Weißbrot
1 kg Tomaten
2 rote Zwiebeln
2 Knoblauchzehen
2 Bund Basilikum
5 EL Olivenöl
¼ – ½ l Gemüse- oder Fleischbrühe
Salz
schwarzer Pfeffer

Pro Portion 1750 kJ/420 kcal
Zubereitungszeit: 1 Std.

1 Weißbrot toasten oder im Backofen bei 250° (Umluft 220°) rösten und in Stücke brechen. Tomaten häuten und kleinschneiden. Zwiebeln und Knoblauch schälen und fein hacken. Basilikum in Streifen schneiden.

2 Zwiebeln und Knoblauch in 3 EL Öl glasig dünsten. Tomaten bei mittlerer Hitze 10 Min. mitköcheln lassen. Brot, Basilikum und Brühe hinzufügen, salzen, pfeffern. Unter Rühren weitere 20 Min. garen, bis die Masse dickflüssig und das Brot weich ist. Die dicke Brotsuppe mit etwas Öl beträufeln.

Zuppa di farro
Dinkelsuppe

Besonders gut im Winter

Zutaten für 4 Personen:
20 g getrocknete Steinpilze
1 Zwiebel
2 Knoblauchzehen
1 Zweig Rosmarin
1 getrockneter Peperoncino
200 g reife Tomaten
(oder geschälte Tomaten aus der Dose)
1-2 Möhren
1 Stange Staudensellerie
2 EL Olivenöl
180 g Dinkelkörner
Salz
½ EL Tomatenmark

Pro Portion: 1000 kJ/240 kcal
Zubereitungszeit: 2 Std.

1 Die Steinpilze in ¼ l lauwarmem Wasser 30 Min. quellen lassen. Dann herausnehmen und kleinschneiden, das Einweichwasser durch eine Filtertüte gießen.

2 Inzwischen Zwiebel und Knoblauch schälen, Rosmarin waschen und vom Stiel zupfen. Zwiebel, Knoblauch und Rosmarin mit dem Peperoncino fein hacken. Die frischen Tomaten mit kochendem Wasser überbrühen, häuten und kleinschneiden, die Stielansätze herausschneiden. Dosentomaten abtropfen lassen. Möhren und Sellerie schälen bzw. waschen und klein würfeln.

3 Die Zwiebelmischung, die Möhren und den Sellerie im Öl andünsten. Die Pilze dazugeben und kurz mitdünsten. Dinkel und Tomaten untermischen, mit dem Pilzeinweichwasser und etwa ¾ l Wasser aufgießen.

4 Alles mit Salz und Tomatenmark würzen und zugedeckt bei mittlerer Hitze 1 ½ Std. köcheln lassen, bis der Dinkel weich ist. Dabei eventuell noch etwas Wasser zugeben. Die Suppe soll eher dickflüssig sein.

Zuppa dei ceci e spinaci

Kichererbsensuppe mit Spinat

Braucht etwas Zeit

Zutaten für 4 Personen:
300 g Kichererbsen
10 g getrocknete Steinpilze
⅛ l trockener Weißwein
200 g Spinat • 200 g Tomaten
4 Sardellenfilets • 1 Zwiebel
einige Zweige Thymian
2 EL Olivenöl
1 EL Pinienkerne
Salz • schwarzer Pfeffer
Zum Servieren:
4 geröstete Brotscheiben

Pro Portion: 1860 kJ/440 kcal
Zubereitungszeit: 1 Std.
(+ 12 Std. Quellzeit)

1 Die Kichererbsen in einer Schüssel mit Wasser bedecken und 12 Std., z.B. über Nacht, quellen lassen.

2 Steinpilze mit dem Wein begießen und 1 Std. quellen lassen. Dann herausnehmen und kleinschneiden. Wein durch eine Filtertüte gießen.

3 Kichererbsen abgießen, mit ¾ l frischem Wasser bedeckt zum Kochen bringen. Die Kichererbsen zugedeckt bei mittlerer Hitze 1 Std. weich garen.

4 Inzwischen den Spinat verlesen, gründlich waschen, abtropfen lassen und in feine Streifen schneiden.

Die Tomaten mit kochendem Wasser überbrühen, kurz darin ziehen lassen, kalt abschrecken und häuten. Die Tomaten würfeln. Die Sardellenfilets hacken. Die Zwiebel schälen und ebenfalls hacken. Den Thymian waschen und die Blättchen von den Stielen streifen.

5 Das Öl in einem großen Topf erhitzen. Die Zwiebel, die Sardellen, die Pilze, die Pinienkerne und den Thymian darin unter Rühren andünsten. Spinat dazurühren und unter Rühren mitdünsten. Tomaten dazugeben, alles mit Salz und Pfeffer würzen, mit dem Wein aufgießen und zugedeckt bei schwacher Hitze 10 Min. garen.

6 Einige Kichererbsen aus dem Topf nehmen, die übrigen mit der Garflüssigkeit pürieren. Ganze und pürierte Kichererbsen zum Gemüse in den Topf geben, mit Salz und Pfeffer abschmecken und mit dem gerösteten Brot servieren. Sie können das Brot auch in die Suppenteller legen und die Suppe darüber gießen.

Tip

Statt Spinat schmeckt auch Mangold, Rape oder – ganz original – Cardy, das sind mit Artischocken verwandte Gemüsestangen, die man in Scheiben schneidet.

Acqua cotta alla senese

»Gekochtes Wasser«

Klassiker

Ursprünglich stammt diese Suppe aus der Maremma und bestand dort aus nicht viel mehr als Speck, Zwiebeln, Wasser und Brot. Die folgende Variante aus der Gegend um Siena ist reichhaltiger.

Zutaten für 4 Personen:
400 g frische Steinpilze (ersatzweise 40 g getrocknete)
200 g Tomaten
1 Zwiebel
2 Knoblauchzehen
einige Zweige Thymian
3 EL Olivenöl
800 ml Wasser oder Fleischbrühe
Salz • schwarzer Pfeffer
8 Scheiben Weißbrot
4 kleine frische Eier

Pro Portion: 1210 kJ/290 kcal
Zubereitungszeit: 35 Min.

1 Falls Sie getrocknete Steinpilze nehmen, diese 30 Min. in Wasser quellen lassen. Dann abtropfen lassen. Frische Steinpilze putzen und in feine Scheiben schneiden. Tomaten häuten. Dann in kleine Würfel schneiden. Zwiebel und Knoblauch fein hacken. Thymian waschen, Blättchen von den Stielen streifen.

2 Öl in einem großen Topf erhitzen. Pilze darin bei starker Hitze unter Rühren einige Minuten braten. Zwiebel, Knoblauch und Thymian untermischen und kurz andünsten. Mit dem Wasser oder der Brühe aufgießen. Wenn Sie getrocknete Pilze nehmen, das Einweichwasser mitverwenden. Tomaten untermischen, Suppe mit Salz und Pfeffer würzen und offen bei mittlerer Hitze 15 Min. köcheln lassen.

3 Brotscheiben im Toaster oder im Backofen bei 250° (Umluft 220°) in 4 Min. goldbraun rösten, in gut vorgewärmte Suppenteller geben, jeweils 1 Ei darauf oder daneben aufschlagen.

4 Die Suppe sehr heiß über Brot und Ei gießen.

Tip

Das Ei stockt in der heißen Brühe. Wer es länger garen möchte, kann es vorher in kochendem Wasser mit etwas Essig 3 Min. pochieren und erst dann zur Suppe geben.

*Pappardelle mit Hasensugo sind ein echter Klassiker der toskanischen Küche.
Im Original wird meist ein ganzer Wildhase einschließlich der Leber verwendet.
Ebenfalls köstlich: Pappardelle mit Entensugo.*

Pappardelle sulla lepre

Breite Nudeln mit Hasensugo

Braucht etwas Zeit

Zutaten für 4 Personen:
Für den Sugo:
600 g Wildhasenstücke mit
Knochen (z.B. Keulen)
1 Wildhasenleber (ersatzweise
Kaninchen- oder Hühnerleber)
1/4 l trockener Rotwein
3 EL Rotweinessig
4-5 Zweige Rosmarin
4 Lorbeerblätter
4 Wacholderbeeren
3 Stangen Staudensellerie
1 große Zwiebel
2 Knoblauchzehen

1 TL Fenchelsamen
3 Tomaten
4 EL Olivenöl
Salz • schwarzer Pfeffer
Für den Teig:
300 g Mehl (+ Mehl für die
Arbeitsfläche)
3 Eier
1 EL Olivenöl
1/2 TL Salz

*Pro Portion: 2540 kJ/610 kcal
Zubereitungszeit: 3 Std.
(+ 24 Std. Marinierzeit)*

1 Hasenstücke abspülen und mit der Leber in eine Porzellanschüssel geben. Rotwein mit Essig und 1/8 l Wasser mischen und über die Hasenstücke gießen.

2 Rosmarinzweige waschen, mit der Küchenschere grob zerschneiden und mit 2 Lorbeerblättern und 2 Wacholderbeeren zum Fleisch geben. Die Hasenstücke mindestens 24 Std. an einem kühlen Ort marinieren lassen, dabei gelegentlich wenden.

2 Am nächsten Tag für die Nudeln das Mehl mit den Eiern, dem Öl und dem Salz zu einem glatten Nudelteig verkneten. Bei Bedarf noch etwas Wasser oder Mehl dazugeben. Den Teig zu einer Kugel formen, in Pergamentpapier wickeln und bei Zimmertemperatur 30 Min. ruhen lassen.

3 Dann den Teig portionsweise in der Nudelmaschine oder auf der Arbeitsfläche auf wenig Mehl so dünn wie möglich ausrollen.

4 Den Nudelteig in 2 cm breite Streifen schneiden. Nudeln auf bemehlten Küchentüchern ausbreiten und antrocknen lassen. Dabei einige Male wenden.

5 Inzwischen für den Sugo die Hasenstücke und die Leber aus der Marinade fischen und trockentupfen. Die Marinade durchsieben.

6 Sellerie waschen und klein würfeln. Zwiebel

und Knoblauch schälen und hacken. Fenchelsamen im Mörser oder mit einem breiten Messer zerstoßen. Die Tomaten mit kochendem Wasser überbrühen und häuten. Dann klein würfeln. Restlichen Rosmarin waschen, ohne die groben Stiele hacken.

7 Öl in einem Schmortopf erhitzen. Hasenstücke darin portionsweise anbraten und wieder herausnehmen. Sellerie, Zwiebel, Fenchelsamen, Knoblauch und Rosmarin im verbliebenen Öl glasig dünsten. Leber mit anbraten. Fleisch wieder dazugeben. Tomaten, restliche Lorbeer-

blätter und Wacholderbeeren mit $^1/_8$ l Marinade dazurühren.

8 Alles mit Salz und Pfeffer würzen und bei schwacher Hitze 1 Std. schmoren lassen. Dabei immer wieder durchrühren und nach und nach die restliche Marinade dazugeben.

9 Reichlich Salzwasser für die Nudeln zum Kochen bringen. Das Hasenfleisch von den Knochen lösen und zerpflücken. Die Leber in kleine Würfel schneiden. Fleisch und Leberwürfel wieder in den Sugo geben und gut verrühren.

10 Nudeln im sprudelnd kochenden Salzwasser in 2-3 Min. al dente kochen. Abtropfen lassen und in einer vorgewärmten Schüssel mit dem Sugo mischen. Sofort servieren.

Variante:
Pappardelle sull'anatra
Breite Nudeln mit Entensugo
1 Entenbrust (etwa 370 g, es können auch Entenstücke oder Reste von Entenbraten sein) von der Haut befreien, in kleine Stücke schneiden. 1 Möhre und 2 Selleriestangen waschen und mit 1 gehäuteten Tomate würfeln. 2 Knoblauchzehen hacken, je einige Zweige Rosmarin,

Thymian und Salbei waschen und hacken. Entenhaut ausbraten. Fleisch darin anbraten, Gemüse und Kräuter hinzufügen, mit 50 ml Rotwein und 100 ml Geflügelfond aufgießen, mit Salz, Pfeffer und Peperoncino würzen, 1 Std. schmoren lassen.
1-2 EL Pinienkerne ohne Fett goldgelb rösten, Sugo mit Nudeln mischen, mit Pinienkernen bestreut servieren.

Linguine alla fornaia

Nudeln mit Walnußsauce

Läßt sich gut vorbereiten

Zutaten für 4 Personen:
2 Bund Basilikum
2 Knoblauchzehen
100 g Walnußkerne
100 g geriebener Pecorino
Salz • schwarzer Pfeffer
4-6 EL Olivenöl
400 g Linguine

Pro Portion: 2550 kJ/610 kcal
Zubereitungszeit: 35 Min.

1 Das Basilikum waschen und trockenschwenken. Die Blättchen abzupfen. Den Knoblauch schälen. Beides mit den Walnußkernen so fein wie möglich hacken. In einer Schüssel mit 4 EL Käse, Salz und Pfeffer gründlich mischen. So viel Öl untermischen, daß eine homogene Masse entsteht.

2 Die Nudeln in kochendem Salzwasser al dente kochen. Die Sauce mit 4-6 EL heißem Nudelkochwasser verrühren. Nudeln abtropfen lassen und in einer vorgewärmten Schüssel sofort mit der Walnußsauce mischen. Mit dem restlichen Pecorino servieren.

Fettuccine con verdure

Nudeln mit Gemüsesauce

Besonders gut im Frühling

Zutaten für 4 Personen:
50 g Pancetta
1 Bund Frühlingszwiebeln
8 Stangen grüner Spargel
200 g Mangold
2 EL Olivenöl
150 g ausgepalte Erbsen
50 ml Fleischbrühe
Salz
schwarzer Pfeffer
Muskatnuß, frisch gerieben
400 g Fettuccine
50 g geriebener Parmesan

Pro Portion: 2250 kJ/540 kcal
Zubereitungszeit: 50 Min.

1 Pancetta würfeln. Frühlingszwiebeln waschen und in Ringe schneiden. Spargel waschen und in Stücke von 2 cm Größe schneiden. Mangold waschen. Blätter grob, Stiele fein hacken.

2 Pancetta im Öl glasig braten. Zwiebelringe und Mangoldstiele mitdünsten. Das übrige Gemüse kurz mitbraten. Mit Brühe ablöschen, würzen und zugedeckt bei mittlerer Hitze 10 Min. dünsten.

3 Nudeln in Salzwasser al dente kochen, abgießen und mit dem Gemüse mischen. Den Parmesan dazu reichen.

Tagliatelle con baccelli e patate

Bandnudeln mit dicken Bohnen

Preiswert

Zutaten für 4 Personen:
800 g dicke Bohnen in den Hülsen (etwa 250 g enthülst)
2 mittelgroße festkochende Kartoffeln
350 g Tagliatelle
Salz
½ Bund Petersilie
6-8 EL bestes Olivenöl
schwarzer Pfeffer
50 g geriebener Pecorino

Pro Portion: 2320 kJ /550 kcal
Zubereitungszeit: 20 Min.

1 Die Bohnen aus den Schoten lösen. Große Bohnen 1 Min. blanchieren, abschrecken und aus den weißen Häuten drücken. Kartoffeln schälen, 1 cm groß würfeln.

2 Nudeln mit Kartoffeln und Bohnen in reichlich kochendem Salzwasser in 6-8 Min. al dente kochen.

3 Inzwischen die Petersilie waschen und sehr fein hacken. Nudeln mit Gemüse abgießen, in einer vorgewärmten Schüssel mit Petersilie, Öl, Salz und Pfeffer mischen und mit dem Käse servieren.

Penne con peperoni gialli

Penne mit Paprikaschoten

Besonders gut im Sommer

Zutaten für 4 Personen:
3 gelbe Paprikaschoten
1 Zwiebel • 1 Möhre
1 Stange Staudensellerie
1 getrockneter Peperoncino
50 g Pancetta • 1 EL Olivenöl
100 ml Gemüse- oder Fleischbrühe
Salz • schwarzer Pfeffer
400 g Penne • 1 Bund Petersilie
50 g geriebener Pecorino

Pro Portion: 2480 kJ/590 kcal
Zubereitungszeit: 40 Min.

1 Backofen auf 250° (Umluft 220°) vorheizen. Paprika waschen, halbieren. Auf einem Backblech im Ofen (Mitte) in 10-15 Min. backen. Kurz ruhen lassen, häuten und in Streifen schneiden. Zwiebel und Gemüse fein würfeln. Peperoncino zerkrümeln. Pancetta würfeln.

2 Pancetta, Zwiebel, Möhre und Sellerie im Öl andünsten. Paprika, Peperoncino und Brühe zugeben, salzen, pfeffern, 5 Min. schmoren lassen. Penne in Salzwasser al dente kochen. Petersilie hacken. Nudeln abgießen, mit Sauce und Petersilie mischen. Mit Käse servieren.

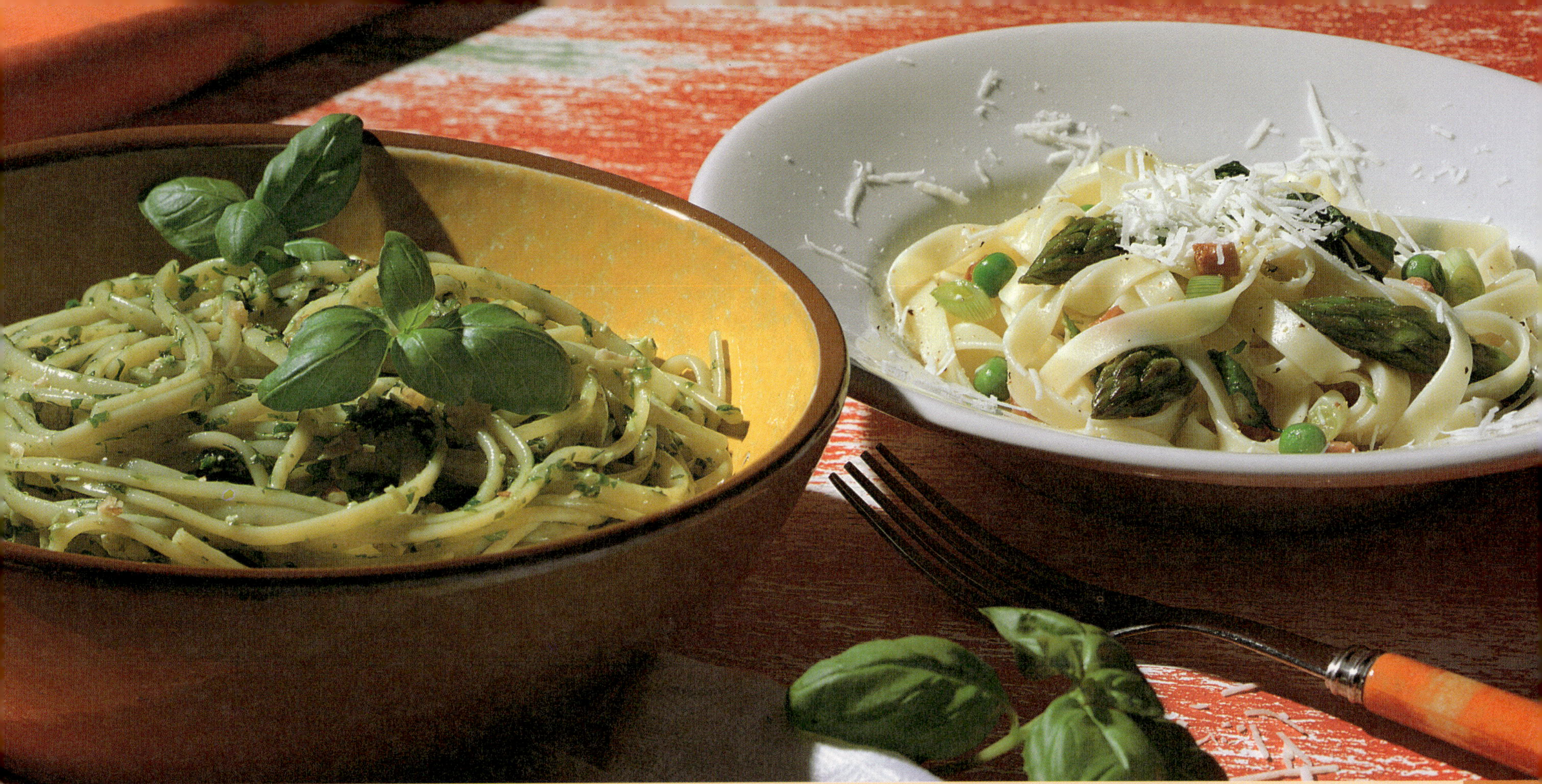

Primi piatti

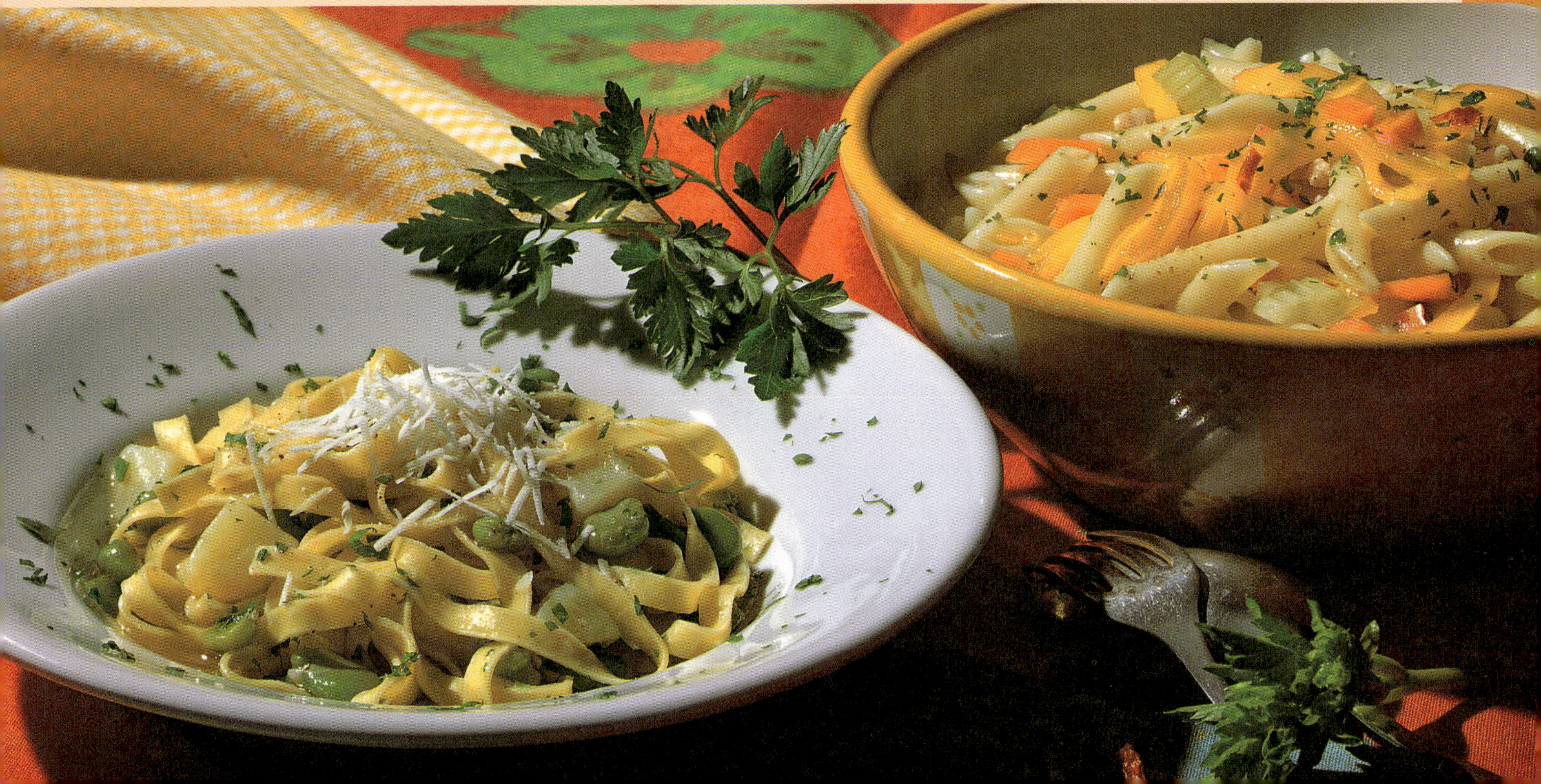

Spaghetti alle vongole

Spaghetti mit Herzmuscheln

Klassiker

Zutaten für 4 Personen:
750 g Vongole (Herzmuscheln)
2 Knoblauchzehen
3 sehr reife Fleischtomaten
1 Bund Petersilie
3 EL Olivenöl
Salz
schwarzer Pfeffer
1 Prise getrockneter Peperoncino
400 g Spaghetti

Pro Portion: 2280 kJ/545 kcal
Zubereitungszeit: 40 Min.

1 Die Muscheln unter fließendem kaltem Wasser gründlich waschen. Muscheln, die sich dabei nicht schließen, wegwerfen.

2 In einen weiten Topf etwa 1 cm hoch Wasser füllen und aufkochen. Die Muscheln darin zugedeckt 2 Min. kochen, bis sie sich öffnen. In einem Sieb abtropfen lassen. Muscheln, die jetzt noch geschlossen sind, ebenfalls wegwerfen.

3 Knoblauch schälen und fein hacken. Tomaten häuten und in Würfel schneiden, dabei die Stielansätze herausschneiden. Die Petersilie waschen, trockenschwenken und fein hacken.

1 EL Petersilie zum Bestreuen beiseite legen.

4 Öl in einem Topf erhitzen. Knoblauch und restliche Petersilie darin glasig dünsten. Tomaten hinzufügen, mit Salz, Pfeffer und Peperoncino abschmecken, offen bei mittlerer Hitze in 15 Min. leicht einkochen lassen.

5 Inzwischen einige Muscheln beiseite legen, die restlichen aus den Schalen lösen. Für die Nudeln reichlich Salzwasser zum Kochen bringen. Die Nudeln darin nach Packungsanleitung al dente kochen.

6 Herausgelöste Muscheln in der Tomatensauce erwärmen. Nudeln abgießen und sofort mit der Sauce und der übrigen Petersilie mischen, mit den Muscheln in der Schale dekorieren und servieren.

Variante:
Pasta con triglie
Nudeln mit Rotbarbensugo
400 g Rotbarbenfilets kleinschneiden, mit Knoblauch und Petersilie in Olivenöl anbraten, mit ⅛ l trockenem Weißwein aufgießen. Mit Salz und Peperoncino würzen. Zu Linguine servieren.

Pici al sugo di funghi

Dicke Spaghetti mit Pilzsauce

Läßt sich gut vorbereiten

Die dicken Spaghetti nennt man in Montalcino Pinci, in der übrigen Toskana Pici.

Zutaten für 4 Personen:
350 g Mehl (+ Mehl für die Arbeitsfläche) • Salz
250 g frische oder 25 g getrocknete Steinpilze
250 g vollreife Tomaten
2 Knoblauchzehen
2 Zweige Thymian
4 Salbeiblätter
2 EL Olivenöl • weißer Pfeffer

Pro Portion: 1600 kJ/380 kcal
Zubereitungszeit: 1 ½ Std.

1 Für die Pici das Mehl in einer Schüssel mit 1 TL Salz mischen. So viel Wasser (200-275 ml) unterkneten, daß ein fester, aber formbarer Teig entsteht. Bei Bedarf noch etwas Wasser oder Mehl zugeben. Den Teig zugedeckt 30 Min. ruhen lassen.

2 Falls Sie getrocknete Steinpilze nehmen, diese in ¼ l lauwarmem Wasser 1 Std. quellen lassen.

3 Den Nudelteig noch einmal durchkneten, dann in kleinen Portionen mit den Händen auf wenig Mehl zu »Schnüren« rollen.

4 Die Pilze putzen oder abtropfen lassen und fein schneiden. Die Tomaten häuten und klein würfeln. Knoblauch schälen und fein hacken. Thymian waschen und von den Stielen streifen. Salbei waschen, in Streifen schneiden.

5 Knoblauch im Öl glasig dünsten. Pilze unter Rühren bei starker Hitze mitbraten. Tomaten, Salbei und Thymian dazugeben, alles salzen, pfeffern und zugedeckt bei schwacher Hitze 20 Min. köcheln lassen.

6 Salzwasser zum Kochen bringen. Die Nudeln darin in 3 Min. al dente garen. Abtropfen lassen und mit dem Sugo mischen.

Tip

Meist werden Pici einfach mit Tomatensugo serviert, dies ist jedoch eine äußerst köstliche Mischung.
Um diese toskanische Spezialität zuzubereiten, brauchen Sie ein wenig Geduld und Fingerspitzengefühl. Sie können allerdings die Pici gut vorbereiten und trocknen lassen. Nach 2 Tagen brauchen die Pici etwa 12 Min., um gar zu werden.

Wie überall in Italien sind auch in der Toskana Polentagerichte überaus beliebt. Hier werden Gnocchi und Infarinata mit dem italienischen Maisgrieß zubereitet.

Gnocchi di polenta

Maisgrießnockerl

Preiswert

Zutaten für 4 Personen:
10 g getrocknete Steinpilze
200 ml trockener Weißwein
3 Salsicce (ersatzweise Roh-
polnische oder rheinische
Mettwürste; etwa 300 g)
2 Knoblauchzehen
1 Peperoncino
3-4 Zweige Thymian
600 g Tomaten
Salz
schwarzer Pfeffer
300 g Polenta (Maisgrieß)
50 g geriebener Pecorino

Pro Portion: 2700 kJ/650 kcal
Zubereitungszeit: 1 Std.

1 Pilze im Wein 30 Min. quellen lassen. Dann kleinschneiden. Wein durch eine Filtertüte gießen.

2 Würste aus den Häuten lösen und zerkrümeln. Knoblauch schälen und hacken. Peperoncino zerkrümeln. Thymian waschen, von den Stielen streifen. Tomaten häuten und würfeln.

3 Würste in einer Pfanne unter Rühren anbraten. Peperoncino, Thymian, Knoblauch, Tomaten und Pilze dazugeben. Wein an-

gießen, alles salzen, pfeffern und bei schwacher Hitze 30 Min. offen köcheln lassen.

4 Für die Gnocchi knapp 1 ⅛ l Wasser mit 2 TL Salz zum Kochen bringen. Polenta langsam einrieseln lassen. Bei sehr schwacher Hitze unter gelegentlichem Rühren 20 Min. garen. Die Polenta soll formbar, aber nicht zu fest sein. Backofen auf 50° anheizen.

5 Aus der Polenta mit zwei feuchten Löffeln Gnocchi abstechen, nebeneinander in eine Form legen, im Ofen warm halten. Mit dem Sugo und dem Käse servieren.

Variante:
Gnocchi con ricotta
Nockerl mit Frischkäse
50 g gemischte gehackte Kräuter in 50 g Butter andünsten. 500 g Ricotta und 1 gewürfelte Tomate untermischen. Salzen, pfeffern, zu den Gnocchi reichen.

Gnocchi con sugo di carne
Nockerl mit Fleischsugo
50 g Pancettawürfel in 2 EL Olivenöl ausbraten. 100 g fein gewürfeltes Huhn und 250 g gemischtes Hackfleisch dazugeben. Steinpilze, Knoblauch, 1 gehackte Zwiebel, Tomaten und Wein dazugeben, würzen und 1 Std. offen schmoren.

Infarinata
Polentaschnitten mit Gemüse

Preiswert

Zutaten für 4 Personen:
1 Kartoffel • 2 Möhren
200 g enthülste dicke Bohnen
1 Stange Staudensellerie
200 g Mangoldblätter (Stiele
vorher abschneiden) oder
Löwenzahn
1 Zwiebel • 3 Knoblauchzehen
je 1 Bund Basilikum und
Petersilie
einige Zweige Rosmarin
2 EL Olivenöl (+ Olivenöl für
die Form und zum Beträufeln)
300 g Polenta (Maisgrieß)
Salz • schwarzer Pfeffer
30 g Pecorino am Stück

Pro Portion: 1790 kJ/430 kcal
Zubereitungszeit: 1 ½ Std.

1 Kartoffel und Möhren
schälen und in Würfel
schneiden. Dicke Bohnen
waschen. Sellerie waschen,
von den harten Fasern be-
freien und in dünne Scheiben
schneiden. Zartes Grün
hacken. Mangold oder Lö-
wenzahn waschen und kleinschneiden. Zwiebel und
Knoblauch schälen und fein
würfeln. Kräuter waschen,
trockenschwenken und
ohne die groben Stiele
hacken.

2 Öl in einem großen Topf
erhitzen. Zwiebel, Knob-
lauch und Kräuter darin andünsten. Gemüse hinzufügen
und unter Rühren einige Minuten braten.

3 1 l Wasser angießen. Polenta unter ständigem
Rühren langsam einrieseln
lassen. Salzen, pfeffern und
zugedeckt bei schwacher Hitze 30-40 Min. garen, bis das
Gemüse gar und ein dicker
Brei entstanden ist.

4 Eine längliche Form, z. B.
eine Terrinenform, mit Öl
ausstreichen. Die Polenta-
masse hineingeben und
glattstreichen. Die Polenta
20 Min. stehenlassen, stürzen und in Scheiben schneiden. Mit Olivenöl beträufelt
servieren. Pecorino mit dem
Trüffel- oder Gurkenhobel
darüber hobeln.

Tip

Wenn etwas übrigbleibt,
können Sie die Schnitten am
nächsten oder übernächsten
Tag in Olivenöl braten und
als Beilage zu einem Fleisch-
gericht servieren. Wenn Sie
die Mangoldstiele mitver-
wenden möchten, schneiden
Sie sie klein und dünsten Sie
sie mit Zwiebeln, Knoblauch
und Kräutern an.

Crespelle alla fiorentina

Gefüllte Pfannkuchenröllchen

Braucht etwas Zeit

Zutaten für 4 Personen:
Für den Teig:
2 Eier
50 g zerlassene Butter
150 ml Milch
100 g Mehl • Salz
Für die Füllung:
500 g Blattspinat • Salz
250 g Ricotta • 1 Ei
50 g geriebener Parmesan
schwarzer Pfeffer
Muskatnuß, frisch gerieben
Für die Sauce:
1 EL Butter • 1 EL Mehl
½ l Milch
50 g geriebener Parmesan
Salz • schwarzer Pfeffer
1 EL Tomatenmark
1 EL trockener Weißwein

Pro Portion: 2560 kJ/610 kcal
Zubereitungszeit: 1 ½ Std.

1 Für den Teig die Eier mit 25 g zerlassener Butter und der Milch verquirlen. Mehl unterschlagen. Teig salzen, 30 Min. quellen lassen.

2 Inzwischen Spinat verlesen und gründlich waschen. Salzwasser zum Kochen bringen. Spinat darin in 3 Min. zugedeckt zusammenfallen lassen. Kalt abschrecken, gut ausdrücken und fein hacken. Spinat mit Ricotta, Ei und Parmesan mischen, mit Salz, Pfeffer und Muskat abschmecken.

3 Für die Sauce die Butter in einem Topf schmelzen. Das Mehl darin unter Rühren hellbraun werden lassen. Nach und nach die Milch dazugießen und jeweils sehr gut unterrühren. Die Sauce offen bei mittlerer Hitze 10 Min. köcheln lassen, bis sie dickflüssig wird. Parmesan untermischen, Sauce salzen und pfeffern.

4 Für die Pfannkuchen eine mittelgroße Pfanne erhitzen und mit etwas zerlassener Butter auspinseln. 1 kleine Schöpfkelle Teig hineingeben, bei mittlerer Hitze 1 Min. braten, den Pfannkuchen wenden und 1 weitere Min. braten. Auf diese Weise 8 Pfannkuchen backen.

5 Dann den Backofen auf 220° vorheizen. Eine feuerfeste Form mit der restlichen Butter auspinseln.

6 Die Pfannkuchen auf der Arbeitsfläche ausbreiten, mit der Spinat-Ricottamasse bestreichen, aufrollen und nebeneinander in die Form legen. Sauce darüber gießen. Tomatenmark mit Wein verrühren und mit einem kleinen Löffel als Farbtupfer auf der Sauce verteilen.

7 Die Crespelle im heißen Ofen (Mitte; Umluft 200°) 30 Min. backen.

Ravioli con ricotta e radicchio

Ravioli mit Ricotta und Radicchio

Läßt sich gut vorbereiten

Zutaten für 4-6 Personen:
Für den Teig:
400 g Mehl (+ Mehl für die Arbeitsfläche)
4 Eier • 1 TL Olivenöl • Salz
Für die Füllung:
200 g Radicchio
1 Zwiebel • 1 EL Olivenöl
250 g weiche Ricotta
50 g geriebener Pecorino
Salz • schwarzer Pfeffer
Muskatnuß, frisch gerieben
Außerdem:
50 g Butter
50 g geriebener Pecorino
Petersilie zum Bestreuen

Bei 6 Personen pro Portion:
2030 kJ/490 kcal
Zubereitungszeit: 1 ½ Std.

1 Für den Teig Mehl, Eier und Öl mit 1 TL Salz zu einem glatten, geschmeidigen Teig verkneten. Bei Bedarf etwas Wasser oder Mehl dazugeben. Den Teig zu einer Kugel formen und in Papier gewickelt bei Zimmertemperatur 30 Min. ruhen lassen.

2 Radicchio in einzelne Blätter teilen, waschen und abtropfen lassen, fein hacken. Zwiebel schälen und fein hacken. Öl in einer Pfanne erhitzen. Zwiebel darin glasig dünsten. Radicchio unter ständigem Rühren bei mittlerer Hitze so lange dünsten, bis die Flüssigkeit verdampft ist.

3 Den Radicchio lauwarm abkühlen lassen, mit Ricotta und Pecorino mischen und mit Salz, Pfeffer und Muskat abschmecken.

4 Teig nochmals durchkneten und mit der Nudelmaschine oder auf einer leicht bemehlten Arbeitsfläche messerrückendick ausrollen.

5 Die Hälfte des Teiges in Abständen von etwa 3 cm mit je 1 TL Füllung belegen und mit dem restlichen Teig bedecken. Teig um die Füllung herum andrücken und mit einem Teigrädchen Teigtaschen ausschneiden. Teigränder mit einer Gabel zusammendrücken.

6 Die Ravioli in kochendem Salzwasser 3 Min. garen. Inzwischen die Butter zerlassen. Die Ravioli abtropfen lassen und auf vorgewärmten Tellern mit der Butter beträufelt servieren. Nach Belieben mit etwas Petersilie bestreuen. Pecorino extra dazu reichen.

Heimat der Risotti ist Mailand. Doch auch Toskaner essen die herrlich sämigen Reisgerichte leidenschaftlich gern – ob mit Kräutern, Tintenfisch oder Pilzen.

Risotto ai funghi
Pilz-Risotto

Gelingt leicht

Zutaten für 4 Personen:
50 g getrocknete Steinpilze
1 Bund Petersilie
1 Zwiebel
1-2 Knoblauchzehen
3 EL Butter • 400 g Risottoreis
¼ l trockener Weißwein
Salz • schwarzer Pfeffer
50 g geriebener Parmesan

Pro Portion: 2410 kJ/580 kcal
Zubereitungszeit: 45 Min.
(+ 30 Min. Quellzeit)

1 Pilze in 1 l lauwarmem Wasser 30 Min. quellen lassen. Dann herausnehmen und kleinschneiden. Einweichwasser durch eine Filtertüte gießen. Petersilie waschen, ohne die groben Stiele fein hacken. Zwiebel und Knoblauch schälen und fein würfeln.

2 Die Hälfte der Butter in einem Topf erhitzen. Pilze, Zwiebel und Knoblauch darin glasig dünsten. Den ungewaschenen Reis dazugeben und unter Rühren kurz andünsten. 1 EL Petersilie beiseite stellen, die restliche Petersilie mit andünsten.

3 Wein mit Pilzeinweichwasser mischen. Etwa ein Viertel davon zum Reis geben. Reis salzen und pfeffern, dann offen köcheln lassen, bis die Flüssigkeit verdampft ist. Gelegentlich umrühren.

4 Das zweite Viertel der Flüssigkeit dazugießen und ebenfalls einkochen lassen. Die übrige Brühe dazugießen. Den Reis zugedeckt bei mittlerer Hitze noch 25 Min. garen. Dabei häufig durchrühren und bei Bedarf Wasser dazugeben.

5 Die übrige Butter, die restliche Petersilie und den Parmesan unter den Risotto mischen, alles mit Salz und Pfeffer abschmecken und servieren. Nach Belieben noch zusätzlichen Parmesan extra dazu reichen.

Variante:
Risotto aromatico
Kräuter-Risotto
200 g Löwenzahn und je 1 Bund Petersilie, Borretsch, Majoran und Basilikum, 1 Stück Zitronenschale, 1 Zwiebel und 2 Knoblauchzehen kleinschneiden und in Butter andünsten. Mit 400 g Reis, ¼ l trockenem Weißwein und ¾ l Brühe einen Risotto garen. Mit Salz, Pfeffer und 2 TL Tomatenmark würzen. Butter und Parmesan unterziehen.

Risotto al nero di seppia

Schwarzer Tintenfisch-Risotto

Braucht etwas Zeit

Zutaten für 4 Personen:
500 g Tintenfische mit Tinten-
beutel (ersatzweise 2 Beutel
Tinte à 4 g aus dem Fischge-
schäft)
2 Knoblauchzehen
1 kleine Zwiebel
400 g Mangold
1 Stück getrockneter
Peperoncino • 2 EL Olivenöl
Salz • schwarzer Pfeffer
½ l Fischfond (aus dem Glas)
1 unbehandelte Zitrone
350 g Risottoreis

⅛ l trockener Weißwein
Zitronenschnitze

Pro Portion: 2360 kJ/560 kcal
Zubereitungszeit: 1 Std. 20 Min.

1 Die Tintenbeutel vorsichtig aus den Tintenfischen
nehmen und in eine Schüssel
legen. Die Tintenfischkörper
und -arme waschen, von allen harten Stellen befreien
und in Streifen schneiden.

2 Knoblauch und Zwiebel
schälen und fein hacken.
Mangold waschen und put-
zen. Mangoldblätter und
-stiele hacken. Peperoncino
zerkrümeln.

3 Öl in einem Topf erhitzen.
Zwiebel, Mangoldstiele,
Knoblauch und Peperoncino
darin unter Rühren glasig
dünsten. Tintenfischstreifen
dazugeben und unter Rühren
leicht andünsten. Alles mit
Salz und Pfeffer würzen und
zugedeckt bei schwacher Hitze 20 Min. schmoren. Gegebenenfalls etwas Fischfond
dazugeben.

4 Inzwischen die Zitrone
heiß abwaschen, ein
Stück Schale abschneiden
und fein hacken. Zitrone auspressen.

5 Dann den Reis, die Mangoldblätter, die Zitronen-

schale, den Saft und den
Wein dazugeben. Tintenbeutel vorsichtig öffnen, die Tinte zum Reis geben und un-
termischen.

6 Den Reis offen bei mittlerer Hitze in 30 Min. aus-
quellen lassen. Dabei häufig
umrühren, nach und nach
den restlichen Fischfond dazugießen. Risotto mit Zitronenschnitzen garniert servieren.

In den Crete (links oben) finden die Schafe besonders aromatische Kräuter (links unten). Die Käselaibe im Reiferaum (oben links), und ausgereift im Geschäft (oben rechts).

Pecorino & Ricotta

as Mozzarella für Süditalien und Parmesan für die Emilia-Romagna, das sind Pecorino und Ricotta für die Toskana. In den verschiedensten Geschmacksrichtungen und Reifegraden wird Pecorino überall angeboten, und das nicht nur beim »alimentari«. Wer ein bißchen darauf achtet, findet am Straßenrand, vor allem auf abgelegenen Wegen ein Schild oder selbstgemaltes Plakat, das auf einen kleinen Hof mit eigener Käseproduktion und direktem Verkauf hinweist.

Ein Käse mit Tradition

Pecorino ist einer der ältesten Käse Italiens und wurde schon in der Antike aus Schafmilch hergestellt. Die Kunst, besonders wohlschmeckenden Pecorino herzustellen, schreibt man allgemein den Sarden zu. Aber auch in der Toskana wird seit Jahrhunderten Pecorino gemacht. Toskanische Bauern ließen die Schafmilch traditionell mit Hilfe von Artischocken gerinnen: Sie nahmen Fruchtblätter von wilden Artischocken, weichten sie in Essig mit Salz ein oder verwendeten sie getrocknet. Seit 1960 sind verstärkt sardische Schafbauern mit ihren Herden in die Toskana gekommen und haben mehr und mehr die toskanischen Schafarten verdrängt, die keine so gute Milch gaben. Außer den Tieren brachten die Sarden auch eine effizientere Produktionsmethode für den würzigen Käse mit. Sie verwenden Labmagen zum Gerinnen der Milch, meist vom Kalb, seltener vom Schaf. Heute wenden deshalb nur noch wenige Bauern die traditionelle toskanische Methode an. Im Chiantigebiet stellte man den würzigen Käse früher auch nicht in runden, sondern in kegelförmigen, ovalen Formen her – ebenfalls inzwischen nur noch ganz selten anzutreffen. Wie für die Weine gibt es auch für Pecorino ein Konsortium, das besondere Richtlinien für die Produktion aufstellt. Hier wird festgelegt, in welchen Monaten der Käse hergestellt werden darf und auch, wie er verarbeitet und gelagert werden muß. Das Konsortium gilt jedoch nicht nur für die Toskana, sondern auch für Umbrien und Lazio.

Berühmt: Pecorino aus Pienza

Feinschmecker lieben den »Pecorino delle crete senesi«, der aus dem Gebiet im Südwesten von Siena stammt, aus Pienza, Montepulciano und Montalcino.

Pienza, entstanden nach den künstlerischen Idealen der Renaissance, ist besonders berühmt für guten Pecorino, Pecorino di Pienza genannt. Für einen so kleinen Ort gibt es in Pienza erstaunlich viele Geschäfte, die den würzigen Käse in verschiedenen Reifegraden anbieten. Und nicht nur deshalb ist Pienza einen Umweg wert: Bis zur Mitte des 15. Jahrhunderts hieß der kleine mittelalterliche Ort noch Corsignano und wurde schließlich von Papst Pius II. umgebaut. Er stammte aus der verarmten Familie der Piccolomini, war selbst Schafhirte und wurde erst spät zum Papst ernannt. In Pienza ließ er statt dunkler Gassen und enger Plätze imposante Paläste, Straßen und offene Plätze bauen. Auch seinen Papstnamen hat er hier verewigt, denn Pienza bedeutet Pius-Stadt.

Pecorino aus den Crete schmeckt deshalb so besonders gut, weil dort auf dem lehmigen Boden ganz spezielle Kräuter wachsen, die der Schafmilch ein außergewöhnliches Aroma verleihen: Wermut, wilder Radicchio, wildes Bohnen- oder Pfefferkraut, Wacholder und Wasserminze.

Die meisten Hersteller aus den Crete haben sich dem Pecorino-Konsortium nicht angeschlossen. Sie sind der Meinung, daß das Gebiet viel zu groß ist, um einen Käse nach denselben Richtlinien herstellen zu können. Außerdem schreibt das Konsortium vor, daß Pecorino vom Herbst bis zum Frühjahr produziert werden darf, in den Crete geben die Schafe aber im Herbst kaum Milch, im Frühsommer dagegen reichlich.

Die Herstellung

Zweimal am Tag werden die Schafe gemolken. Noch lauwarm mischt man die Milch mit Lab und läßt sie einen halben Tag stehen. Die feste Masse, die sich dann gebildet hat, den Käsebruch, knetet man gut durch und füllt ihn in Pecorino-Formen. Dann wird er noch nachgeformt, danach eingesalzen. Nun läßt man das Ganze einige Tage ruhen, bis sich eine Rinde bildet. Die Laibe reifen auf Holzregalen, werden immer wieder mit Salzlösung »geschmiert« und häufig gedreht, damit sie gleichmäßig reif werden.

Fein und mild: Junger Pecorino

Junger Pecorino hat eine helle und goldgelbe Farbe, eine weiche Rinde und einen noch nicht ganz intensiven Duft. Für Pecorino, der jung verkauft werden soll, wird die Milch beim Gerinnungsvorgang auf 30-35° erhitzt, bei dem, der reifen soll, auf etwa 42°.

Im Frühjahr, genauer im März, wird der sogenannte Marzolino hergestellt. Marzolino bezeichnet ursprünglich einen Pecorino, der aus der Märzmilch gemacht ist, einer ganz besonderen Milch, die durch die ersten Frühlingskräuter besonders aromatisch schmeckt. Außerdem ist Märzmilch nur in kleinen Mengen verfügbar, denn der größte Teil der Milch wird für die neugeborenen Lämmer gebraucht. Gegessen wird dieser Käse dann im Oktober. Heutzutage nimmt man es mit dem Ursprung der Traditionen auch in Italien nicht mehr so genau. Man nennt kurzerhand den jungen Pecorino, der im März in den Handel kommt, Marzolino.

Toskaner essen den jungen Pecorino um Ostern herum besonders gerne mit »baccelli« oder »fave fresche«, jungen dicken Bohnen. Einfach köstlich: Bohnen aus den Hülsen brechen, mit etwas Salz bestreuen, eventuell auch mit etwas Olivenöl beträufeln und roh mit dem zarten Pecorino genießen.

Der junge Käse schmeckt auch sehr gut mit einem kleinen Salat aus würzigen Salatsorten, wie zum Beispiel Rucola oder auch gemischten Salaten mit einigen Kräutern darin, die ebenfalls im Frühjahr in der Toskana auf allen Märkten in einer bunten Mischung verkauft werden.

Jungen Pecorino sollte man möglichst bald genießen, am besten mit einem leichten frischen Weißwein.

Intensiv: Reifer Pecorino

Er hat eine braune, schwarze oder rötliche Rinde und riecht sehr intensiv. Auch hier gibt es je nach Gegend große Geschmacksunterschiede, von sehr würzig bis eher mild.

Gereifter Pecorino hält sich auch nach dem Anschneiden noch viele Monate, Sie können sich also problemlos einen ganzen Laib von Ihrer Urlaubsreise mit nach Hause bringen. Am besten schlagen Sie ihn in Papier ein und lagern ihn im Käse- oder Gemüsefach des Kühlschranks oder in einer kühlen Speisekammer.

Reifer Pecorino schmeckt herrlich zu kräftigem Rotwein oder als Abschluß eines Menüs. Probieren Sie ihn aber auch einmal in dünne Scheiben geschnitten und mit Öl und Pfeffer gewürzt als Vorspeise oder auch frisch gerieben auf der Pasta.

Weiß und frisch: Ricotta

Was bei der Pecorinoherstellung übrigbleibt - die Molke - wird in den meisten kleinen und großen Betrieben zu Ricot-

Die gestockte Masse für den Ricotta wird in spezielle Plastiksiebe gefüllt (oben). Für experimentierfreudige Genießer: Pecorini mit Nüssen, Peperoncino, Trüffeln oder Rucola (unten).

ta verarbeitet. Die Molke wird aufgekocht und mit Säure versetzt, das restliche Milcheiweiß flockt durch Hitze und Säure - gesäuerte Molke oder andere Säurearten - aus. Diese festen Bestandteile fischt man aus der Molke. Sie werden nicht gesalzen, man gibt sie pur in spezielle, kegelförmige Plastiksiebe zum Abtropfen.

Im Gegensatz zu anderen Regionen Italiens, wo man Ricotta auch reifen läßt, wird er in der Toskana nur frisch angeboten und für zahlreiche Gerichte, zum Beispiel als Füllung für Ravioli oder Desserts, verwendet.

Wer die Möglichkeit hat, unpasteurisierte Milch zu bekommen, kann Ricotta zu Hause auch selbst machen: Die frische Vollmilch zum Kochen bringen, dann so viel Zitronensaft oder Molke hinzufügen, bis die Milch ausflockt. Die festen Bestandteile mit einem Schöpflöffel herausnehmen und in einem sehr feinen Sieb oder einem mit einem Tuch ausgelegten Sieb abtropfen lassen. Weitere Möglichkeiten, die Milch zum Stocken zu bringen, sind unreife Feigen, die man in der Milch gart. Im Original wird Ricotta natürlich mit Schafmilch zubereitet.

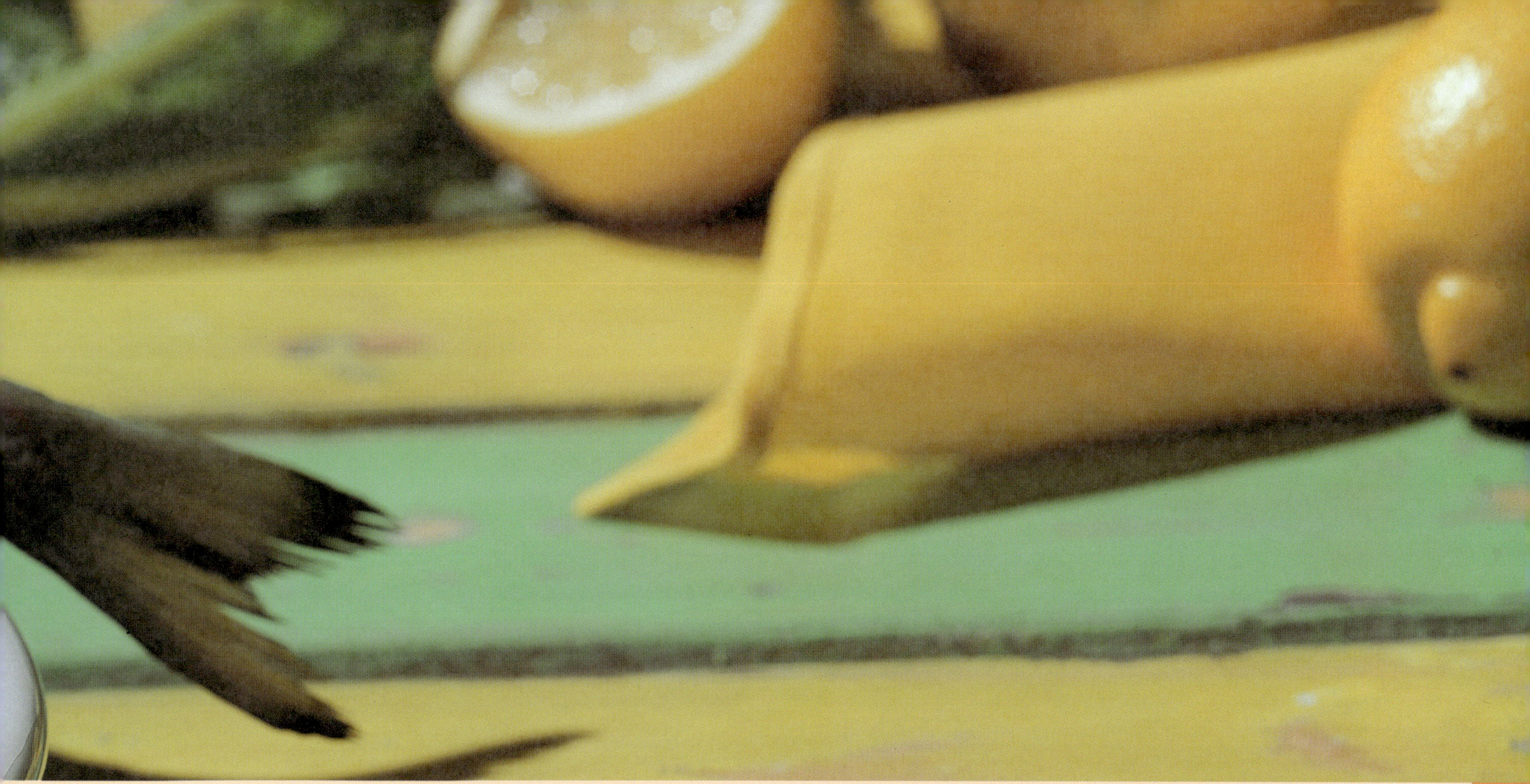

Secondi piatti

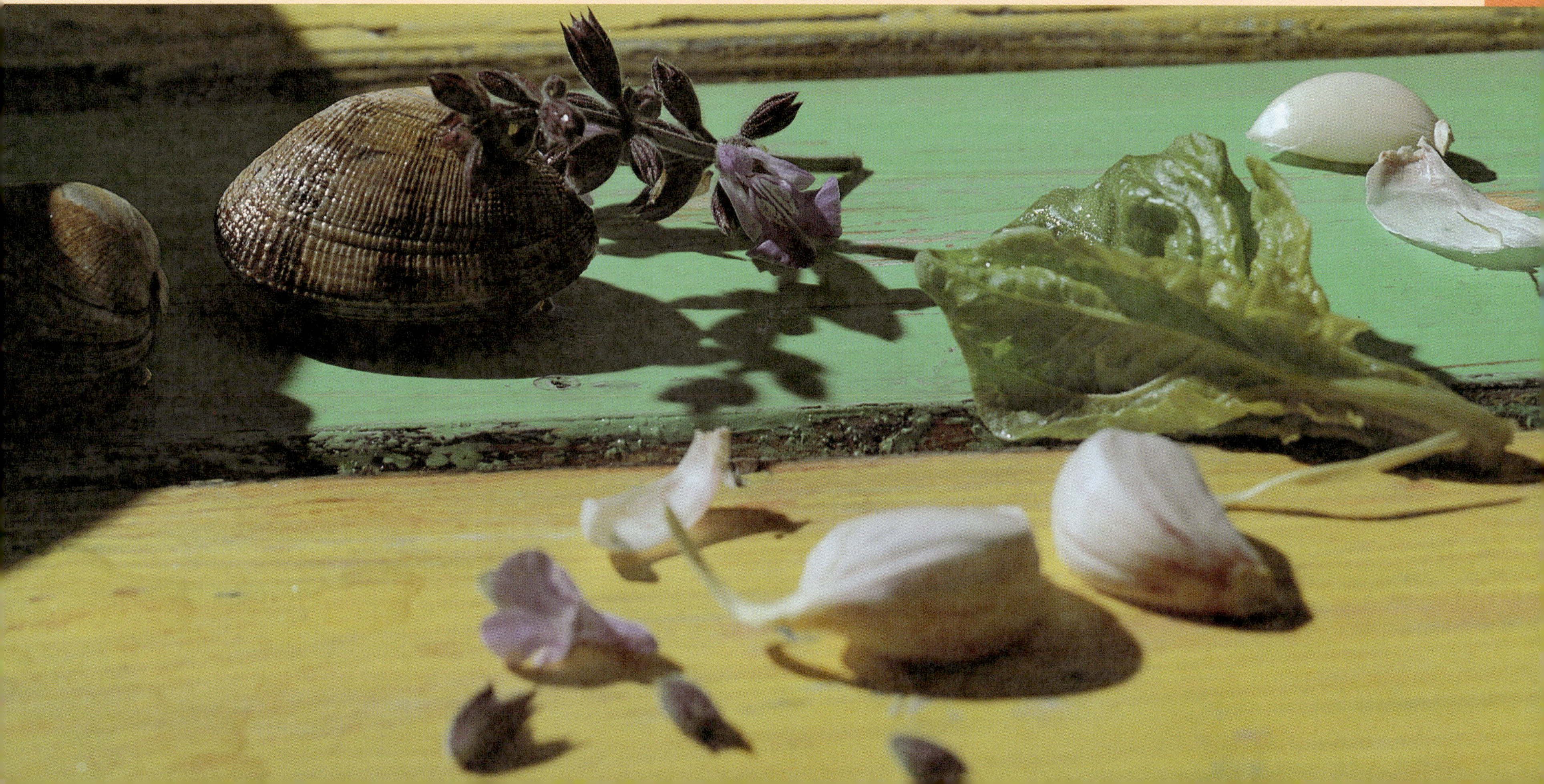

Als Hauptgang steht Fisch vor allem an der Küste auf der Speisekarte. Im Landesinneren schätzt man feine Forellen und andere Süßwasserfische.

Pesce spada con pinoli
Schwertfisch mit Pinienkernen

Schnell

Zutaten für 4 Personen:
4 EL Pinienkerne
3 EL Olivenöl
4 Scheiben Schwertfisch
(je etwa 180 g)
Salz
schwarzer Pfeffer
1 Knoblauchzehe
½ unbehandelte Zitrone
1 Bund Petersilie
100 ml trockener Weißwein

Pro Portion: 1350 kJ/320 kcal
Zubereitungszeit: 20 Min.

1 Die Pinienkerne in einer Pfanne mit 1 EL Olivenöl goldgelb rösten. Sehr fein hacken.

2 Schwertfisch salzen und pfeffern. Knoblauch schälen und fein hacken. Zitronenschale abschneiden, sehr fein hacken. Petersilie waschen und fein hacken.

3 Restliches Öl erhitzen. Knoblauch, Zitronenschale und Petersilie darin unter Rühren andünsten. Schwertfischscheiben von beiden Seiten mit anbraten. Mit dem Weißwein aufgießen und offen pro Seite 2 Min. garen. Pinienkerne darüber streuen.

Seppie in zimino
Tintenfisch mit Gemüse

Preiswert

Zutaten für 4 Personen:
700 g küchenfertige Tintenfische
200 g Tomaten
1 Zwiebel • 2 Knoblauchzehen
1 Möhre
2 Stangen Staudensellerie
1 Bund Petersilie
4 EL Olivenöl
⅛ l trockener Weißwein
Salz • schwarzer Pfeffer
Peperoncino nach Belieben
800 g Blattspinat

Pro Portion: 1290 kJ/310 kcal
Zubereitungszeit: 1 ¼ Std.

1 Die Tintenfische waschen und in mundgerechte Stücke schneiden. Die Tomaten häuten. Dann klein würfeln.

2 Zwiebel, Knoblauch und Möhre schälen und fein hacken. Sellerie waschen und klein würfeln. Petersilie waschen, trockenschwenken und ohne die groben Stiele fein hacken. 1 EL Petersilie beiseite stellen.

3 Öl erhitzen. Zwiebel, Knoblauch, Möhre, Sellerie und Petersilie darin andünsten. Tintenfische dazugeben und leicht braun werden lassen. Wein angießen,

alles mit Salz, Pfeffer und nach Belieben mit zerkrümeltem Peperoncino würzen und offen 10 Min. leicht köcheln lassen. Tomaten untermischen und alles zugedeckt bei schwacher Hitze 40 Min. schmoren.

4 Inzwischen Spinat verlesen, gründlich waschen und in kochendem Salzwasser 2-3 Min. blanchieren. In einem Sieb kalt abschrecken und abtropfen lassen.

5 Spinat und restliche Petersilie unter das Tintenfischragout mischen, heiß werden lassen, abschmecken und servieren.

Trote stufate
Geschmorte Forellen

Schnell

Zutaten für 4 Personen:
4 küchenfertige Forellen
½ Bund Oregano
2 getrocknete Peperoncini
Salz • schwarzer Pfeffer
2 Knoblauchzehen
2 Bund Petersilie
2 Tomaten • 3 EL Olivenöl
⅛ l trockener Weißwein
1 Zitrone

Pro Portion: 1420 kJ/340 kcal
Zubereitungszeit: 30 Min.

1 Forellen innen und außen kalt abspülen und trockentupfen. Oregano waschen, trockenschwenken und ohne die groben Stiele fein hacken. Peperoncini fein zerkrümeln. Forellen mit Salz, Pfeffer, Oregano und Peperoncini würzen.

2 Knoblauch schälen und fein hacken. Petersilie waschen, trockenschwenken und ohne die groben Stiele fein hacken. Einen Teil davon beiseite stellen. Tomaten mit kochendem Wasser überbrühen, kurz darin ziehen lassen, kalt abschrecken und häuten. Tomaten so fein wie möglich hacken, dabei die Kerne und die Stielansätze entfernen.

3 Öl in einer großen Pfanne erhitzen. Knoblauch und Petersilie darin andünsten. Forellen hinzufügen und in 1-2 Min. leicht braun werden lassen. Dann wenden.

4 Wein angießen, Zitrone auspressen, Saft ebenfalls dazugeben. Forellen zugedeckt bei mittlerer Hitze 10 Min. dünsten. Dann die Tomaten hinzufügen, die Sauce abschmecken und die Forellen mit der restlichen Petersilie bestreut servieren. Dazu schmeckt Weißbrot.

Cacciucco alla livornese

Gemischter Fischtopf

Klassiker

Zutaten für 4-6 Personen:
1 kg gemischte Fische und
Meeresfrüchte, z. B. See-
teufel, Knurrhahn, Seehecht,
Tintenfisch und Garnelen
1 Zwiebel • 3 Knoblauchzehen
1-2 frische Peperoncini
1 großes Bund Petersilie
500 g Tomaten • 2 EL Olivenöl
⅛ l trockener Rotwein
Salz • schwarzer Pfeffer
400 ml Fischfond
Zum Servieren:
4-6 große Scheiben Weißbrot
1 Knoblauchzehe
1-2 EL Olivenöl

Bei 6 Portionen pro Portion:
1350 kJ/320 kcal
Zubereitungszeit: 50 Min.

1 Die Fische gründlich waschen, trockentupfen und in etwa 5 cm große Stücke schneiden. Die Tintenfische in Ringe schneiden, die Garnelen ganz lassen.

2 Zwiebel und Knoblauch schälen und fein hacken. Peperoncini waschen, vom Stielansatz und den Kernen befreien und ebenfalls sehr fein hacken. Die Petersilie waschen und ohne die groben Stiele fein hacken. Die Tomaten mit kochendem Wasser überbrühen, kurz darin ziehen lassen und kalt abschrecken. Tomaten würfeln, dabei die Stielansätze herausschneiden.

3 Öl in einem Topf erhitzen. Zwiebel, Knoblauch, Peperoncini und Petersilie darin unter Rühren andünsten. Die Tintenfische hinzufügen und kurz anbraten. Mit dem Rotwein ablöschen, die Tomaten untermischen. Alles mit Salz und Pfeffer würzen und zugedeckt bei mittlerer Hitze 15 Min. schmoren lassen.

4 Dann den Fischfond dazugeben und erhitzen. Die übrigen Fische und Meeresfrüchte untermischen, mit Salz und Pfeffer abschmecken und zugedeckt weitere 8 Min. bei schwacher Hitze garen.

5 Inzwischen die Brotscheiben im Toaster oder vorgeheizten Backofen bei 250° (Umluft 220°) in 4 Min. goldbraun rösten. Den Knoblauch schälen, durch die Presse drücken und mit dem Öl mischen. Die heißen Brotscheiben mit dem Knoblauchöl bestreichen und in tiefe Teller legen. Die Fischsuppe darüber verteilen.

Tip

Wer keinen Tintenfisch mag, nimmt entsprechend mehr andere Fische.

Baccalà alla fiorentina

Klippfisch Florentiner Art

Braucht etwas Zeit

Zutaten für 4 Personen:
600 g Klippfisch o. Stockfisch
750 g Tomaten • 1 Zwiebel
2 Knoblauchzehen
1 Möhre
1 Stange Staudensellerie
1 Bund Petersilie
je ½ Bund Salbei und
Rosmarin
Mehl zum Wenden
4 EL Olivenöl
⅛ l trockener Rotwein
1 EL Rotweinessig
schwarzer Pfeffer • Salz

Pro Portion: 1110 kJ/260 kcal
Zubereitungszeit: 1 Std. 20 Min.
(+ 24 Std. Zeit zum Wässern)

1 Den Klippfisch in einer Schüssel mit kaltem Wasser bedecken und etwa 24 Std. an einem kühlen Ort wässern. Das Wasser dabei häufig, mindestens fünfmal, wechseln (nur bei Klippfisch).

2 Die Tomaten häuten und fein würfeln. Zwiebel und Knoblauch schälen und fein hacken. Möhre und Sellerie schälen bzw. putzen und ebenfalls kleinschneiden. Kräuter waschen, trockenschwenken und fein hacken.

3 Die Haut des Fisches abziehen, alle Gräten entfernen und den Fisch in etwa 5 cm große Stücke schneiden. Die Stücke in Mehl wenden, überschüssiges Mehl gut abklopfen.

4 In einer Pfanne 3 EL Öl erhitzen. Den Fisch darin rundherum schön braun braten und wieder herausnehmen. Restliches Öl in die Pfanne geben. Knoblauch und Zwiebel darin glasig dünsten. Möhre, Sellerie und Kräuter unter ständigem Rühren kurz mitdünsten. Tomaten und Wein hinzufügen, bei mittlerer Hitze offen 20 Min. köcheln lassen.

5 Fischstücke untermischen, alles nochmals 10 Min. schmoren. Mit Essig, Pfeffer und vorsichtig mit Salz abschmecken (Klippfisch ist oft noch salzig!) und servieren.

Tip

Wer möchte, nimmt nur Basilikum und gibt außerdem Knoblauch und Peperoncino dazu.

Ob als Braten, Ragout oder Schnitzel, ob vom Schwein oder vom Kalb:
Toskaner lieben Fleischgerichte. Aromatische Kräuter und Gemüse geben
dem Fleisch die typische Note.

Arista
Schweinebraten

Preiswert

Zutaten für 6 Personen:
4 Zweige Rosmarin
3 Knoblauchzehen
½ unbehandelte Zitrone
Muskatnuß, frisch gemahlen
schwarzer Pfeffer
Salz
1,2 kg Schweinebraten ohne
Schwarte (vom Metzger zum
Rollbraten binden lassen)
2 EL Olivenöl
200 ml trockener Weißwein

Pro Portion: 2870 kJ/690 kcal
Zubereitungszeit: 30 Min.
(+ 2 Std. Garzeit)

1 Die Hälfte der Rosmarinnadeln fein hacken, restliche Zweige teilen. Knoblauch
hacken. Zitronenschale abreiben. Mit Muskat, Pfeffer
und Salz mischen. Fleisch
damit einreiben.

2 Backofen auf 180° vorheizen. Rosmarinzweige un-
ter das Küchengarn stecken.
Braten ölen, in eine feuerfeste Form legen.

3 Braten im heißen Ofen
(unten, Umluft 160°)
2 Std. braten, gelegentlich
wenden. Nach 45 Min. ein
Drittel des Weins angießen,
den restlichen Wein nach
und nach hinzufügen.

Spezzatino di vitello
Kalbfleischragout

Würzig

Zutaten für 4 Personen:
700 g Kalbfleisch (Schulter
oder Nacken)
1 Zwiebel
1 Knoblauchzehe • 1 Möhre
je 1 Bund Basilikum und
Petersilie • 3 EL Olivenöl
⅛ l Fleischbrühe
Salz • schwarzer Pfeffer
1 getrockneter Peperoncino
200 g Tomaten

Pro Portion: 1120 kJ/270 kcal
Zubereitungszeit: 1 Std.

1 Kalbfleisch in Würfel
schneiden. Zwiebel, Knob-
lauch und Möhre schälen,
fein würfeln. Kräuter wa-
schen, trockenschwenken
und kleinschneiden. Einen
Teil davon beiseite stellen.

2 Öl in einem Topf erhitzen.
Fleisch darin in 3 Portionen jeweils kräftig anbraten
und wieder herausnehmen.
Zwiebel, Knoblauch und
Möhre im verbliebenen Fett
andünsten. Fleisch und
Kräuter wieder dazugeben,
mit der Brühe ablöschen.
Das Ragout salzen und pfeffern, Peperoncino zerkrü-
meln und untermischen.
Ragout zugedeckt bei

schwacher Hitze 40 Min.
schmoren. Dabei gelegent-
lich durchrühren.

3 Inzwischen Tomaten häuten und in kleine Würfel
schneiden, dabei die Kerne
und Stielansätze entfernen.

4 Tomaten und restliche
Kräuter unter das Ragout
mischen und erhitzen. Ab-
schmecken und servieren.

Tip

Wer möchte, schmort Oliven
oder Kapern mit.

Rovelline lucchesi

Kalbsschnitzel mit Tomaten

Läßt sich gut vorbereiten

Zutaten für 4 Personen:
400 g Tomaten
4 Knoblauchzehen
**je 4 Zweige Salbei und Ros-
marin**
5 EL Olivenöl
**4 dünne Kalbsschnitzel
(je etwa 160 g)**
Salz • schwarzer Pfeffer
1 Ei • 50 g Semmelbrösel
1-2 EL Kapern

Pro Portion: 1430 kJ/340 kcal
Zubereitungszeit: 50 Min.

1 Die Tomaten häuten und
in kleine Würfel schnei-
den. Knoblauch schälen und
halbieren. Kräuter waschen,
trockenschwenken und von
den Stielen zupfen.

2 1 EL Öl in einem Topf erhitzen. Knoblauch und
Kräuter darin andünsten.
Tomaten hinzufügen, mit
Salz und Pfeffer würzen und
bei schwacher Hitze 20 Min.
köcheln lassen.

3 Inzwischen Kalbsschnitzel mit dem Handballen
flach drücken. Mit Salz und
Pfeffer würzen. Ei in einem
tiefen Teller verquirlen. Die
Schnitzel erst im Ei, dann in

den Semmelbröseln wälzen.
Panade etwas andrücken.

4 Restliches Öl in einer
Pfanne erhitzen. Je
2 Schnitzel darin pro Seite
2-3 Min. braten, bei 50° im
Backofen warm halten.

5 Kapern grob hacken.
Schnitzel auf einer vorgewärmten Platte anrichten,
mit der Tomatensauce be-
decken und mit den Kapern
bestreut servieren.

Scottiglia
Gemischter Fleischtopf

Läßt sich gut vorbereiten

Zutaten für 6-8 Personen:
je 300 g Kalbs-, Schweine-
und Rinderschulter
300 g Lammkeule ohne
Knochen
2 (Perl-)Hühnerkeulen
1 ausgelöste Entenbrust
2 Kaninchenkeulen (vom
Händler auslösen lassen)
1 Zwiebel • 1 Knoblauchzehe
1 frischer Peperoncino
1 Möhre
4 Stangen Staudensellerie
1 Bund Petersilie
1 Bund Basilikum
1 unbehandelte Zitrone
10 EL Olivenöl
Salz • schwarzer Pfeffer

¼ l trockener Rotwein
⅛ l Fleischbrühe
700 g Tomaten
Zum Servieren:
6-8 Scheiben Weißbrot
Olivenöl zum Beträufeln

Bei 8 Personen pro Portion:
2280 kJ/540 kcal
Zubereitungszeit: 2 ¾ Std.

1 Die Fleischstücke in 3 cm große Stücke schneiden. Hühnerkeulen an den Gelenken teilen.

2 Zwiebel und Knoblauch schälen und fein hacken. Peperoncino waschen und mit den Kernen fein hacken. Möhre schälen und würfeln. Sellerie waschen, in Scheiben schneiden. Die Kräuter waschen und fein hacken. Zitronenschale abschneiden und fein hacken. Zitrone auspressen.

3 In einem Topf 2 EL Öl erhitzen. Fleischstücke darin portionsweise rundherum kräftig anbraten, in eine Schüssel geben.

4 Dann das restliche Öl in den Topf geben. Zwiebel, Knoblauch, Zitronenschale, Peperoncino und Kräuter darin andünsten. Gemüse unterrühren. Fleischstücke außer den Hühnerkeulen wieder dazugeben, vorsichtig mischen. Mit dem Zitronensaft, Salz und Pfeffer würzen und bei mittlerer Hitze zugedeckt 15 Min. schmoren lassen. Wein und Fleischbrühe angießen und alles zugedeckt 20 Min. schmoren.

5 Tomaten häuten und würfeln, dabei von den Kernen befreien. Die Tomaten im Mixer pürieren. Mit den Hühnerkeulen zum Fleisch geben und alles weitere 45 Min. schmoren.

6 15 Min. vor Ende der Garzeit den Backofen auf 250° (Umluft 220°) vorheizen. Die Brotscheiben mit dem Öl beträufeln und im heißen Ofen (Mitte) in 4 Min. goldbraun rösten. Brot in eine große Servierschüssel legen. Den Eintopf darüber füllen, alles 10 Min. stehenlassen, servieren.

Stracotto alla paesana
Rinderbraten

Läßt sich gut vorbereiten

Zutaten für 4 Personen:
1 kg Rinderbraten
4 Zweige Rosmarin
3 Knoblauchzehen
Salz
schwarzer Pfeffer
1 Zwiebel
1 Möhre
3 Stangen Staudensellerie
3 Tomaten
je 1 Bund Petersilie und
Basilikum
3 EL Olivenöl
½ l trockener Rotwein

Pro Portion: 2590 kJ/620 kcal
Zubereitungszeit: 30 Min.
(+ 2 ½ Std. Garzeit)

1 Den Rinderbraten trockentupfen. Den Rosmarin waschen, trockenschwenken, die Nadeln fein hacken. 1 Knoblauchzehe schälen und durch die Presse drücken. Den Braten mit dem Knoblauch, Rosmarin, Salz und Pfeffer rundherum einreiben.

2 Die Zwiebel, die Möhre und den restlichen Knoblauch schälen und fein hacken. Den Sellerie waschen, putzen und in Streifen schneiden. Die Tomaten häuten und würfeln, dabei von den Stielansätzen und den Kernen befreien. Kräuter waschen, trockenschwenken und fein hacken.

3 Öl in einem Schmortopf erhitzen. Braten darin rundherum kräftig anbraten. Wieder herausheben.

4 Gemüse und Kräuter im verbliebenen Öl andünsten. Fleisch wieder hinzufügen, mit dem Wein aufgießen und zum Kochen bringen. Tomaten untermischen, alles mit Salz und Pfeffer würzen und zugedeckt bei schwacher Hitze 2 ½ Std. schmoren.

5 Braten herausnehmen und bei 50° im vorgeheizten Backofen warm stellen. Sauce einkochen lassen. Braten in Scheiben schneiden, in der Sauce servieren.

Variante:
Lesso rifatto
Rindfleisch mit Sauce
700 g gekochtes Rindfleisch in Scheiben schneiden. 2-3 Knoblauchzehen und 20 Salbeiblätter hacken, in Olivenöl andünsten. 500 g gehäutete, gewürfelte Tomaten untermischen, salzen, pfeffern, 20 Min. schmoren. Fleisch darin erwärmen, mit frisch gehackter Minze und Kapern bestreuen.

Kaninchen und Geflügel gehören in der Toskana zur Alltagsküche. Mit wenigen würzigen Zutaten geschmort oder gebraten wird ohne großen Aufwand ein feines Essen daraus.

Coniglio alle olive

Kaninchen mit Oliven

Würzig

Zutaten für 4 Personen:
1 Kaninchen (etwa 1,4 kg)
Salz
schwarzer Pfeffer
50 g Pancetta
1 Zwiebel
2 Knoblauchzehen
1 Möhre
2 Stangen Staudensellerie
je ½ Bund Rosmarin u. Salbei
3 EL Olivenöl
150 g schwarze Oliven
200 ml trockener Weißwein

Pro Portion: 2280 kJ/540 kcal
Zubereitungszeit: 1 1/2 Std.

1 Kaninchen in acht Stücke schneiden, mit Salz und Pfeffer würzen.

2 Pancetta würfeln. Zwiebel und Knoblauch schälen und hacken. Möhre und Sellerie putzen und waschen, dann klein würfeln. Kräuter waschen, trockenschwenken und von den Stielen zupfen.

3 Öl in einem Schmortopf erhitzen. Kaninchenteile darin rundherum anbraten, wieder herausnehmen. Zwiebel, Knoblauch, Gemüse und Kräuter mit Pancetta im verbliebenen Bratfett andünsten.

4 Kaninchen mit den Oliven wieder dazugeben, Wein angießen. Kaninchen zugedeckt bei schwacher Hitze 45 Min. schmoren.

Tip

Statt Pancetta können Sie auch Pinienkerne mitschmoren und das Kaninchen zusätzlich mit Kapern würzen.

Pollo al finocchio

Hähnchen mit Fenchelsamen

Preiswert

Zutaten für 4 Personen:
1 großes Brathähnchen (etwa 1,8 kg)
70 g Pancetta
2 Fenchelknollen
3 Knoblauchzehen
3 TL Fenchelsamen
2 Zweige frischer Salbei
3 EL Olivenöl
Salz • schwarzer Pfeffer

Pro Portion: 2660 kJ/640 kcal
Zubereitungszeit: 40 Min.
(+ 1 ½ Std. Garzeit)

1 Das Hähnchen waschen und abtrocknen. Die Haut rundherum so massieren, daß sie sich vom Fleisch lösen läßt, ohne zu reißen. Lösen Sie die Haut zunächst mit dem Finger etwas ab. Dann mit dem glatten Griff einer Gabel weiter ablösen, aber nicht abtrennen.

2 Pancetta in kleine Würfel schneiden. Fenchel waschen und längs achteln. Fenchelgrün abschneiden und fein hacken. 1 Knoblauchzehe schälen und ebenfalls fein hacken. Die Fenchelsamen im Mörser leicht zerstoßen. Den Salbei waschen und hacken.

3 Backofen auf 200° vorheizen. Pancetta mit dem gehackten Knoblauch, dem Salbei, dem Fenchelgrün, 1 TL Fenchelsamen, 1 EL Öl, Salz und Pfeffer mischen und in den Bauch des Huhns füllen.

4 Restlichen Knoblauch schälen und fein hacken. Mit den übrigen Fenchelsamen, dem restlichen Öl und reichlich Salz und Pfeffer mischen. Diese Mischung gleichmäßig unter der Haut des Hähnchens verteilen.

5 Das Hähnchen mit der Brustseite nach unten in einen Bräter legen. Im heißen Ofen (unten; Umluft 180°) 30 Min. garen. Wenden, den Fenchel daneben legen und alles noch 1 Std. garen. Dabei nochmals wenden, Fenchel mit Bratfond beträufeln.

Varianten:

Anatra in porchetta

Würzige Ente

1 Bauernente in 8 Stücke teilen, mit einer Mischung aus 2 TL Rosmarinnadeln, 2 Lorbeerblättern, je ¼ TL Nelkenpulver und Muskat, je ½ TL Pfeffer und Koriander, 1 ½ TL Fenchelsamen, ½ TL Anissamen und 2 TL Salz (alles im Mörser zerstoßen) und 2 EL Olivenöl einreiben. Mit 4 halbierten Zwiebeln und 4 Knoblauchzehen in der Fettpfanne bei 220° (Umluft 200°) 30 Min. garen. 800 g geschälte Kartoffeln und ⅛ l Rotwein dazugeben, bei 160° (Umluft 140°) noch 1 Std. garen. Eventuell unter dem Grill knusprig werden lassen.

Pollo agli aromi

Fein gewürztes Hähnchen

1 Brathuhn in 8 Stücke teilen, in Öl anbraten, herausnehmen. 1 Zwiebel in Ringen und 10 Knoblauchzehen im Bratfond andünsten. 200 ml Weißwein, 20-30 Salbeiblättchen, 3-4 Rosmarinzweige und 2 EL Weißweinessig dazugeben. Huhn darin 40-60 Min. schmoren.

Faraona ai funghi

Perlhuhn mit Pilzen

Besonders gut im Herbst

Zutaten für 4 Personen:
50 g getrocknete Steinpilze
(oder 500 g frische)
1/4 l trockener Weißwein (bei
frischen Pilzen nur 1/8 l)
1 Perlhuhn (etwa 1,2 kg)
Salz • schwarzer Pfeffer
4 Knoblauchzehen
10 Salbeiblätter
einige Zweige Minze
2 EL Olivenöl

Pro Portion: 1200 kJ/290 kcal
Zubereitungszeit: 1 Std. 10 Min.
(+ 1 Std. Quellzeit)

1 Getrocknete Steinpilze im Wein 1 Std. quellen lassen. Frische Pilze putzen und in Scheiben schneiden.

2 Eingeweichte Pilze herausnehmen, große halbieren oder vierteln. Wein durch eine Filtertüte gießen.

3 Perlhuhn waschen, trockentupfen und in acht Stücke zerlegen. Mit Salz und Pfeffer einreiben. Knoblauch schälen und vierteln. Salbei und Minze waschen, einen Teil der Minze beiseite legen, die restlichen Kräuter fein hacken.

4 Öl in einem Schmortopf erhitzen. Perlhuhnstücke darin portionsweise von allen Seiten anbraten und wieder herausnehmen. Pilze unter Rühren einige Minuten anbraten. Knoblauch und Kräuter untermischen.

5 Perlhuhn wieder in den Schmortopf geben, mit dem Wein aufgießen. Mit Salz und Pfeffer würzen und zugedeckt bei mittlerer bis schwacher Hitze 30 Min. schmoren. Restliche Minze fein hacken. Perlhuhn damit bestreut servieren.

Tip

In der Toskana kann man beim Metzger »Faraona ripiena«, gefülltes Perlhuhn, kaufen, das man nur noch schmoren muß. Vor dem Füllen wird das Perlhuhn entbeint. Wenn Sie hierzulande einen Händler finden, der Perlhühner ohne Knochen anbietet, probieren Sie folgendes Rezept aus: Die Füllung aus fein durchgedrehtem Kalbfleisch, 2 eingeweichten und ausgedrückten Weißbrotscheiben, 1 Ei und 2 EL Pistazien herstellen, mit Salz, Pfeffer und Muskat würzen und in das Perlhuhn füllen. Wie einen Rollbraten binden, in Olivenöl anbraten. Mit etwas Wein aufgießen und zugedeckt bei schwacher Hitze 1 Std. schmoren. Abkühlen lassen, in Scheiben schneiden und auf Salatblättern anrichten.

Cinghiale in umido

Wildschweinragout

Läßt sich gut vorbereiten

Zutaten für 6 Personen:
1,2 kg Wildschweinfleisch
(Schulter oder Keule)
1 große Zwiebel
1 Möhre
2-3 Stangen Staudensellerie
2 Knoblauchzehen
1 Bund Petersilie
2 Lorbeerblätter
½ l trockener Rotwein
200 g Tomaten
10 Salbeiblätter
je einige Zweige Rosmarin
und Thymian
4 EL Olivenöl
Salz • schwarzer Pfeffer

Pro Portion: 1670 kJ/400 kcal
Zubereitungszeit: 2 ½ Std.
(+ 12 Std. Marinierzeit)

1 Das Fleisch von Fett und Sehnen befreien und in gulaschgroße Würfel schneiden. Zwiebel und Möhre schälen und würfeln. Sellerie waschen und putzen, in dünne Scheiben schneiden. Den Knoblauch schälen und in Scheiben schneiden. Petersilie waschen und hacken.

2 Fleisch mit Gemüse, Petersilie, Lorbeerblättern und Wein in einer Porzellanschüssel gut durchrühren. Zugedeckt an einem kühlen Ort mindestens 12 Std. marinieren. Dabei gelegentlich durchrühren.

3 Dann das Fleisch aus der Marinade nehmen und gut abtropfen lassen. Die Marinade durch ein Sieb gießen, die Flüssigkeit auffangen, das Gemüse beiseite stellen.

4 Die Tomaten mit kochendem Wasser überbrühen, kurz darin ziehen lassen und kalt abschrecken. Dann häuten und würfeln, dabei die Stielansätze herausschneiden. Die Kräuter waschen und grob hacken.

5 Das Fleisch in jeweils 1 EL Öl in 3 Portionen anbraten. Im übrigen Öl das abgetropfte Marinadegemüse andünsten. Die Tomaten und die Kräuter unterrühren.

6 Das Fleisch wieder in den Topf geben, alles mit Salz und Pfeffer würzen. Von der Marinade etwa ¼ l abmessen und angießen. Das Ragout bei schwacher Hitze zugedeckt 2 Std. schmoren lassen. Dabei gelegentlich umrühren und eventuell noch etwas Marinade angießen.

In der Maremma beeindrucken die einheimischen Rinder durch die imposanten Hörner (links). Fruchtbare Landschaft entstand aus ehemaligen Sumpfgebieten (oben).

oskaner lieben Fleisch. Da es häufig ganz einfach zubereitet wird, zum Beispiel auf dem Grill, muß es von besonders guter Qualität sein. Ideale Bedingungen für Rinder und auch Wildschweine findet man in der Toskana vor allem in zwei fruchtbaren Gebieten – in der Maremma und im Val di Chiana.

Maremma: Wild und unberührt

Sumpfgebiete sind – trockengelegt und urbar gemacht – ausgesprochen fruchtbar. Paradebeispiel dafür ist die Maremma, das Küstengebiet im Süden der Toskana, eine Gegend, die nicht sehr dicht besiedelt ist und auch vom Tourismus bisher noch nicht allzusehr geprägt wurde. Ursprünglich gehörte sie nicht zur historischen Landschaft der Toskana, sondern wurde später erobert.

Das ist vielleicht eine Erklärung dafür, daß die Maremma aus dem harmonischen Landschaftsbild der Toskana etwas ausschert und sich mit ganz eigenwilligem Charakter präsentiert. Im Landesinneren wirkt die Maremma – manche sprechen auch von den Maremmen – wild und unberührt.

Die Hügel sind überzogen von »macchia«, einem dichten Gestrüpp aus Kräutern, Büschen und Bäumen, etwa Rosmarin, Ginster und Ebereschen: ideale Heimat für Wildschweine und anderes Wild.

In der Maremma ist es heißer und trockener als in den anderen Gebieten der Toskana. An den Küsten mit den breiten Sandstränden wachsen Lilien. Wer vor allem der Kunst und Architektur wegen in die Toskana reist, wird hier eher enttäuscht, einzig Freunde der Archäologie können interessante Dinge bewundern, denn die Etrusker haben zahlreiche Spuren hinterlassen.

Naturliebhaber kommen in der eindrucksvollen Gegend voll auf ihre Kosten: Eine reiche Tier- und Pflanzenwelt erwartet sie. Außer Wäldern und kilometerlangen Sandstränden gibt es die heilsamen Schwefelquellen in Saturnia, die Felsengräber von Sovana und den Monte Argentario an der Küste.

Die Maremma war nicht die einzige sumpfige Region, auch um San Gimignano und im Val di Chiana befanden sich zahlreiche, wenn auch kleinere Sumpfgebiete. In der Maremma tat man sich allerdings besonders schwer, den widrigen Umständen, die eine feuchte und heiße Gegend prägen, Herr zu werden. Schon die Etrusker, die etwa 900 v. Chr. die heutigen Gebiete Toskana, Latium und Umbrien besiedelten, legten Kanäle an, um das Land zu entwässern. Die Römer, die die Etrusker 395 v. Chr. aus der Toskana vertrieben, übernahmen das Entwässerungssystem der Etrusker. Doch hielten die Bemühungen nicht lange an, noch in der Antike, nach dem Ende des Römischen Weltreiches, versumpfte das Gebiet wieder.

Was die Medici im 16. Jahrhundert erneut in Angriff nahmen, setzten im 18. Jahrhundert die Habsburger fort: Man begann wieder mit dem Entwässern, einer Maßnahme, die erst in den dreißiger Jahren unseres Jahrhunderts endlich fruchtete. Denn in der Sumpflandschaft fand die Malariamücke ideale Bedingungen vor. Sie mußte erst mit der »chemischen Keule« vernichtet werden, bevor sich hier mehr Menschen ansiedeln konnten.

Einzigartiger Naturpark

Heute ist die Maremma, die weite, von Entwässerungskanälen durchzogene Ebene, nicht nur der Gemüsegarten der Toskana, sondern sie bietet vielen Tieren, vor allem dem Wildschwein, den Fasanen und anderem Federvieh ideale Lebensbedingungen. Sie beherbergt einen einzigartig schönen Naturpark, den »Parco Naturale dell'Uccellina«, der zwischen Alberese und Talamone liegt. Zugänge zum Park gibt es in Alberese, in Marina di Alberese und in Talamone.

Die Maremmane

Ebenso berühmt wie die Natur sind die Rinder der Maremma, genannt »Maremmane«, nach den Rindern des Val di Chiana eine der größten Rassen, die es auf der Welt gibt. Die hell- bis dunkelgrau gefärbten Tiere mit den imposanten Hörnern sind so widerstandsfähig, daß sie die unwirtlichen Bedingungen in der Maremma unbeschadet überstanden haben. Noch heute ist es fast die einzige Rasse, die so wenig Pflege braucht, daß man sie gefahrlos in wilden Herden umherziehen läßt. Und obwohl sie auch für den Fleischmarkt gezüchtet werden, sind sie doch in erster Linie Arbeitstiere. Gehütet werden die Herden fast wie im wilden Westen, von den Butteri, den Cowboys der Maremma. Als Attraktion für Touristen und Einheimische halten sie nach dem Vorbild ihrer amerikanischen Kollegen Rodeos ab.

Die Wildschweine

Die Maremma ist nicht nur berühmt für ihre großen Rinder, sondern auch für zahlreiche Wildspezialitäten. Vor allem das Wildschwein hat in der Küche der Maremma eine große Bedeutung. Denn in der Maremma leben zahlreiche Wild-

schweine mittlerweile auch als Zuchttiere. Wildschweinfleisch ist von feinen Fettadern durchzogen, es wird also im Gegensatz zu anderem Wild nicht so leicht trocken. Dennoch ist es wesentlich fettärmer als das Fleisch des Hausschweins.

Das Fleisch von wildlebenden Tieren läßt man mindestens einen, besser drei Tage in einer Beize aus Wein und/oder Essig liegen, damit sich der strenge Wildgeschmack etwas abschwächt. Bei gezüchteten Wildschweinen ist das nicht mehr nötig.

Val di Chiana: Kornkammer und Weideland

Wie die Maremma war das fruchtbare Tal im Süden der Toskana früher ein Sumpfgebiet. Es zieht sich von Arezzo bis nach Chiusi. Das Val di Chiana ist nicht nur die Kornkammer der Toskana, hier weiden auch die berühmten Chianine, eine Rinderrasse, die hervorragendes Fleisch gibt.

Die Chianine

Charakteristisch für das fruchtbare Val di Chiana sind die fast schneeweißen Rinder. Schon die Etrusker und Römer schätzten die imposanten Tiere mit dem hellen Fell, und auch heute halten viele Feinschmecker das Fleisch der Chianine für das beste Rindfleisch der Welt.

Auch für die berühmte Bistecca fiorentina nimmt man heute Fleisch von den großen Tieren. Und zwar Vitellone, Fleisch von einem Tier, das nicht mehr richtig Kalb, aber auch noch nicht erwachsen ist, sozusagen halbwüchsig.

Früher hieß das Gericht Bistecca maremmana, denn die Butteri, die Cowboys der Maremma, legten sich das dicke, saftige Fleischstück aus der Hüfte ihrer Rinder – sozusagen das T-Bone-Steak der Italiener – so oft wie möglich auf den Grill. Dort bei den Butteri, so heißt es, haben die Städter aus Florenz das einfache, aber köstliche Gericht kennengelernt und – Vorrecht der Hauptstadt – einfach umbenannt und so zu ihrem eigenen gemacht.

Übrigens: Wie mir ein italienischer Metzger versicherte, ist das Fleisch der Chianine direkt nach dem Schlachten wunderbar zart. Aber es ist heutzutage natürlich nicht mehr möglich, es so schnell zu Hause zu haben. Das Fleisch muß also abhängen, bis es erneut zart und mürbe wird.

Das dicke Fleischstück wird über dem Holzkohlengrill zubereitet und vor dem Garen nur gepfeffert und eventuell mit Knoblauch eingerieben, danach gesalzen und mit bestem Olivenöl beträufelt. Neben der Qualität ist vor allem Größe und Dicke des Fleischstücks wichtig. Meist wiegt es um die 600 g, es schadet aber keineswegs, wenn der Zeiger auf der Waage 1 kg überschreitet.

Die Chianine sind die größten Rinder der Welt (oben). In der Maremma findet man zahlreiche Wildschweine (unten links). In vielen Dörfern nehmen die Männer nach der gemeinsamen Jagd das Wild selbst aus (unten rechts).

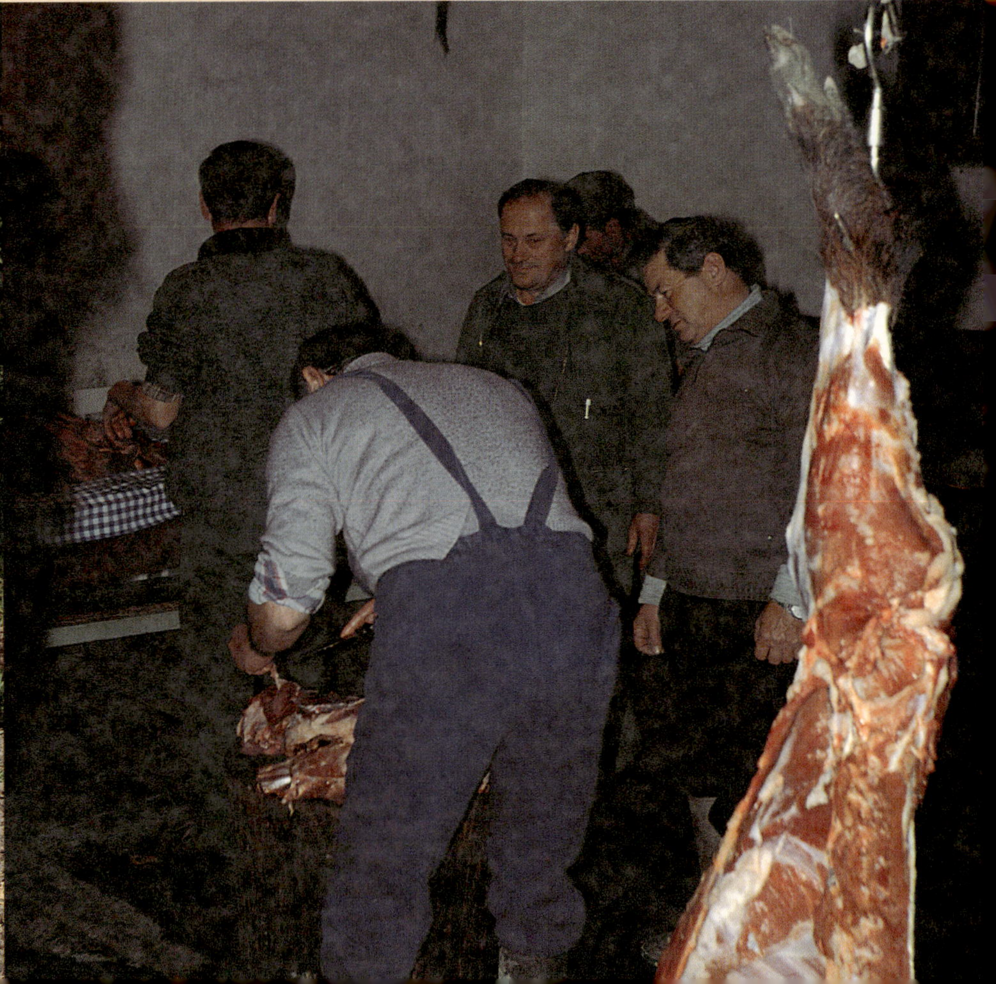

Landleben

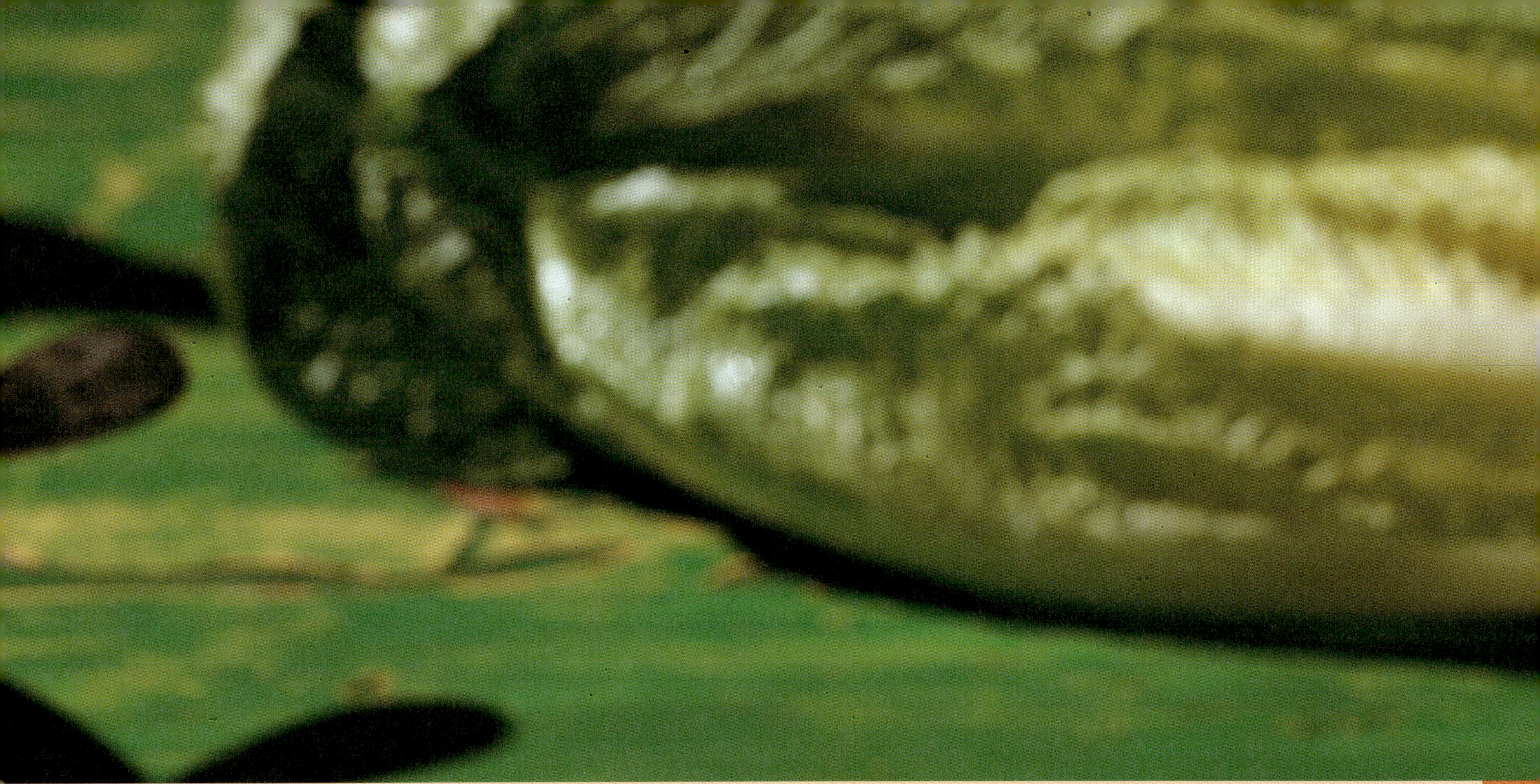

Contorni

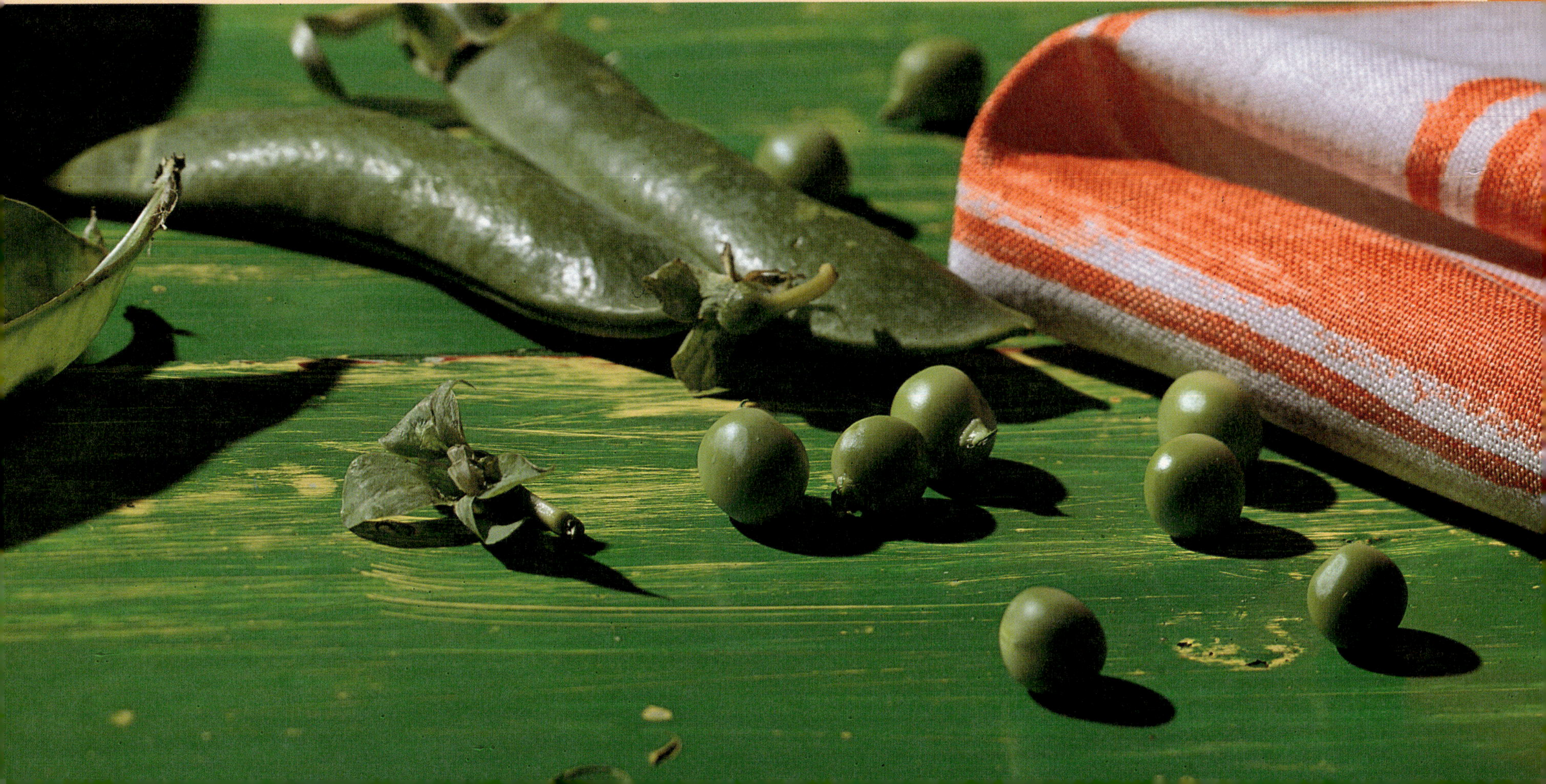

Beilagen für jeden Geschmack: Kichererbsenpüree, geschmorte Bohnen oder Mangoldgemüse essen Toskaner am liebsten zu gegrilltem oder gebratenem Fleisch.

Passato di ceci
Kichererbsenpüree

Läßt sich gut vorbereiten

Zutaten für 4 Personen:
200 g getrocknete Kichererbsen
1 Zwiebel
2 Knoblauchzehen
2 EL Olivenöl
2 Tomaten (etwa 200 g)
½ Bund Basilikum
einige Zweige Estragon
Salz • schwarzer Pfeffer

Pro Portion: 980 kJ/230 kcal
Zubereitungszeit: 2 Std.
(+ 12 Std. Quellzeit)

1 Die Kichererbsen in einer Schüssel mit Wasser bedecken und 12 Std., z.B. über Nacht, quellen lassen.

2 Dann die Kichererbsen abtropfen lassen. Zwiebel und Knoblauch schälen und fein hacken.

3 1 EL Öl in einem Topf erhitzen. Zwiebel und Knoblauch darin goldgelb andünsten. Kichererbsen hinzufügen und kurz mitdünsten.

4 Die Kichererbsen mit ½ l frischem Wasser zugedeckt bei schwacher Hitze 1 ½ Std. schmoren.

5 Inzwischen Tomaten mit kochendem Wasser überbrühen, kurz darin ziehen lassen, kalt abschrecken und fein würfeln. Dabei die Stielansätze herausschneiden. Basilikum und Estragon waschen, trockenschwenken und ohne die groben Stiele hacken.

6 Kichererbsen im Topf mit dem Pürierstab pürieren. Tomaten und Kräuter unterrühren und alles unter Rühren 15 Min. garen. Das Püree mit Salz und Pfeffer abschmecken, in eine vorgewärmte Schüssel geben und mit dem restlichen Öl beträufelt servieren.

Fagioli all'uccelletto
Geschmorte weiße Bohnen

Klassiker

Zutaten für 4 Personen:
200 g getrocknete weiße Bohnen
400 g Tomaten
2 Knoblauchzehen
4-5 Zweige Salbei
2 EL Olivenöl
Salz
schwarzer Pfeffer

Pro Portion: 920 kJ/220 kcal
Zubereitungszeit: 1 ½ Std.
(+ 12 Std. Quellzeit)

1 Bohnen mit Wasser bedecken und 12 Std. quellen lassen. Dann mit dem Einweichwasser zum Kochen bringen, in 1 Std. weich garen.

2 Inzwischen Tomaten häuten und klein würfeln. Knoblauch schälen und hacken. Salbei waschen, sehr große Blätter etwas kleiner zupfen.

3 Knoblauch und Salbei im Öl andünsten. Tomaten und abgetropfte Bohnen unterrühren. Salzen, pfeffern und bei schwacher Hitze offen 20 Min. köcheln lassen, dabei gelegentlich umrühren.

Bietola piccante
Würziges Mangoldgemüse

Preiswert

Zutaten für 4 Personen:
800 g Mangold
Salz
1 Bund Petersilie
2 Knoblauchzehen
2 getrocknete Peperoncini
2 EL Olivenöl

Pro Portion: 470 kJ/110 kcal
Zubereitungszeit: 25 Min.

1 Den Mangold waschen und putzen. Die Blätter von den Stielen abtrennen und grob hacken, Stiele in Stücke schneiden.

2 In einem großen Topf reichlich Salzwasser zum Kochen bringen. Die Stiele darin 2 Min. blanchieren, dann die Blätter hinzufügen und alles weitere 3 Min. kochen. Den Mangold kalt abschrecken und gut abtropfen lassen.

3 Die Petersilie waschen und ohne die groben Stiele hacken. Den Knoblauch schälen und mit den Peperoncini sehr fein hacken.

4 In einer Pfanne das Olivenöl erhitzen. Petersilie, Knoblauch und Peperoncini darin unter Rühren andünsten. Den Mangold dazugeben und unter Rühren erhitzen. Mit Salz abschmecken und servieren.

Tip

Das Gemüse läßt sich wunderbar vorbereiten, denn Sie können den Mangold schon einige Stunden vor dem Essen blanchieren und zugedeckt beiseite stellen.
Statt Mangold schmeckt auf diese Weise zubereitet auch Rape. Das sind die Blätter der Steckrüben, in der Toskana ein beliebtes Wintergemüse. Gelegentlich finden Sie Rape auch auf unseren Märkten.

Radicchio e rucola agli aromi

Radicchio-Rucola-Salat

Schnell

Zutaten für 4 Personen:
1 mittelgroßer Kopf Radicchio
1 großes Bund Rucola
1 Bund Pimpinelle
1 Bund Zitronenmelisse
1 EL Rotweinessig
1 EL Aceto balsamico
Salz • schwarzer Pfeffer
3-4 EL Olivenöl
1 EL Walnußkerne

Pro Portion: 550 kJ/130 kcal
Zubereitungszeit: 20 Min.

1 Den Radicchio in einzelne Blätter zerteilen. Vom Rucola Stielenden abschneiden. Die Pimpinelle kleiner zupfen. Die Zitronenmelisseblättchen von den Stielen zupfen. Salate und Kräuter in stehendem kaltem Wasser waschen und gründlich trockenschwenken.

2 Beide Essigsorten mit Salz und Pfeffer verrühren, das Öl nach und nach kräftig unterschlagen. Die Salate mit dem Dressing in einer Schüssel mischen. Die Walnußkerne grob zerbrechen und auf den Salat streuen.

Insalata d'estate

Sommersalat

Preiswert

Zutaten für 4 Personen:
½ Romanasalat (etwa 200 g)
2-3 Stangen Staudensellerie
2 Tomaten
1 Bund Minze
1 Bund Rucola
1 ½ EL Weißweinessig
Salz • schwarzer Pfeffer
3 EL Olivenöl

Pro Portion: 320 kJ/80 kcal
Zubereitungszeit: 15 Min.

1 Den Romanasalat putzen, in die einzelnen Blätter teilen und waschen. Gut abtropfen lassen, dann in Streifen schneiden. Den Sellerie putzen, waschen, falls nötig, die harten Fasern abziehen. Die Stangen in etwa ½ cm breite Streifen schneiden, das Grün dabei mitverwenden. Die Tomaten waschen und würfeln, dabei die Stielansätze herausschneiden. Die Minze und den Rucola waschen und trockenschwenken. Die Minzeblättchen abzupfen. Vom Rucola Stielenden abschneiden.

2 Den Essig mit Salz und Pfeffer verrühren. Das Öl kräftig unterschlagen.

3 Alle Salatzutaten mit dem Dressing in einer Schüssel mischen.

Cipolle al forno

Gratinierte Zwiebeln

Preiswert

Zutaten für 4 Personen:
500 g mittelgroße Zwiebeln
Salz • 1 Bund Petersilie
schwarzer Pfeffer • 3 EL Olivenöl

Pro Portion: 310 kJ/170 kcal
Zubereitungszeit: 1 Std.

1 Zwiebeln schälen, in reichlich kochendem Salzwasser 8 Min. blanchieren, abschrecken und abtropfen lassen.

2 Den Backofen auf 200° vorheizen. Zwiebeln halbieren, kleinere eventuell ganz lassen, in eine feuerfeste Form legen. Petersilie fein hacken. Zwiebeln salzen, pfeffern, mit der Petersilie bestreuen und mit dem Öl beträufeln. Zwiebeln im heißen Ofen (Mitte, Umluft 180°) 40 Min. backen.

Variante (aus ganz Italien):
Pomodori al forno
Gratinierte Tomaten
Tomaten waschen, längs vierteln, in eine Form legen, mit gehacktem Knoblauch und Petersilie bestreuen, salzen, pfeffern, mit Semmelbröseln bestreuen und mit Öl beträufeln. Bei 200° (Umluft 180°) 15 Min. backen.

Piselli al limone

Erbsen in Zitronensauce

Besonders gut im Frühsommer

Zutaten für 4 Personen:
1 Zwiebel
1 unbehandelte Zitrone
1 EL Butter
300 g entpalte Erbsen
100 g Sahne
Salz
schwarzer Pfeffer

Pro Portion: 660 kJ/160 kcal
Zubereitungszeit: 20 Min.

1 Die Zwiebel schälen und fein hacken. Die Zitrone waschen und abtrocknen. Die Schale dünn abschneiden und fein hacken. Eine Zitronenhälfte auspressen.

2 Butter in einem Topf zerlassen. Zwiebel darin glasig dünsten. Erbsen hinzufügen und kurz mitdünsten.

3 Zitronenschale, 1-2 TL Saft und die Sahne angießen. Erbsen mit Salz und Pfeffer würzen und zugedeckt bei schwacher Hitze 8-10 Min. dünsten.

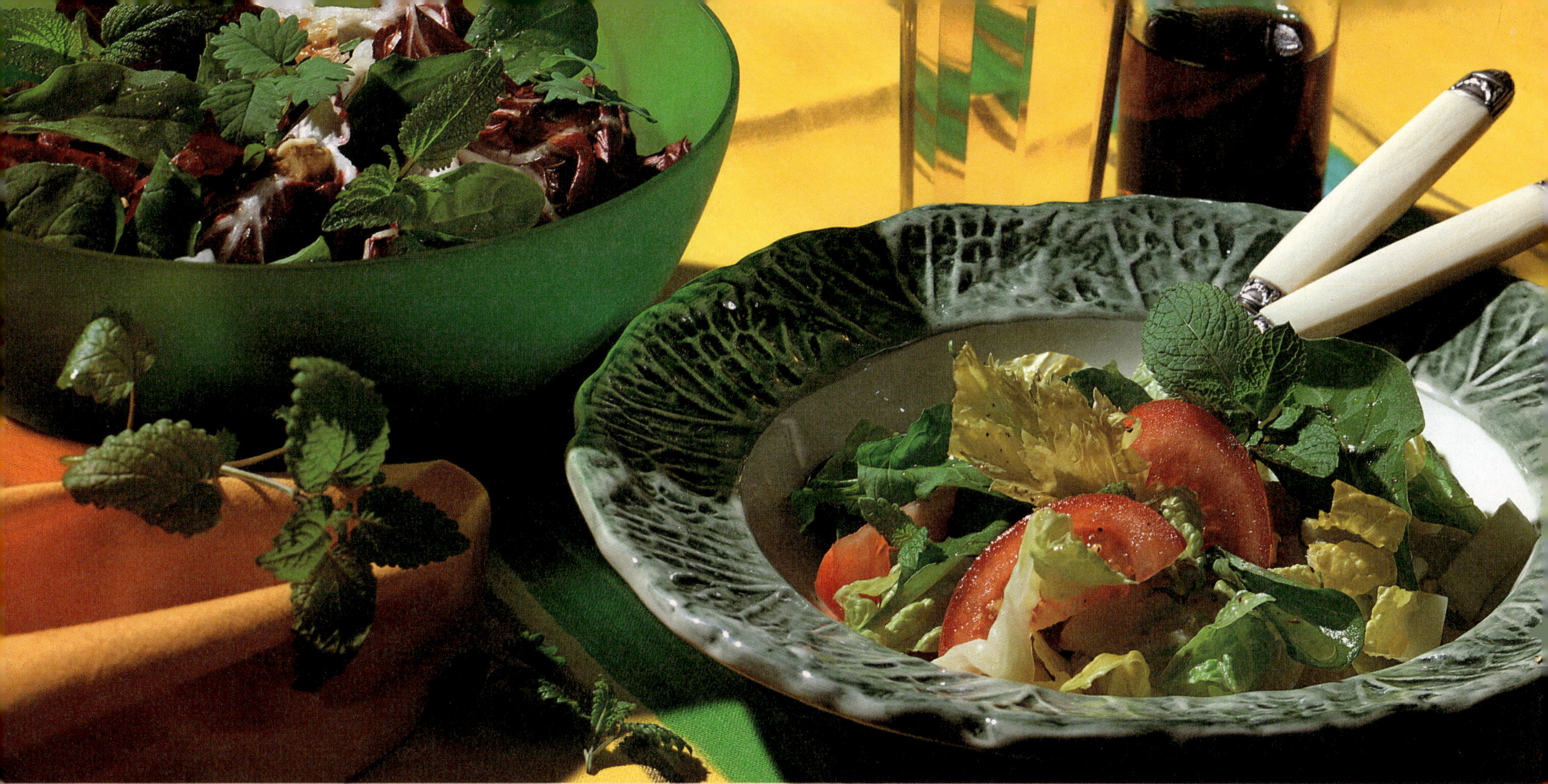

Contorni

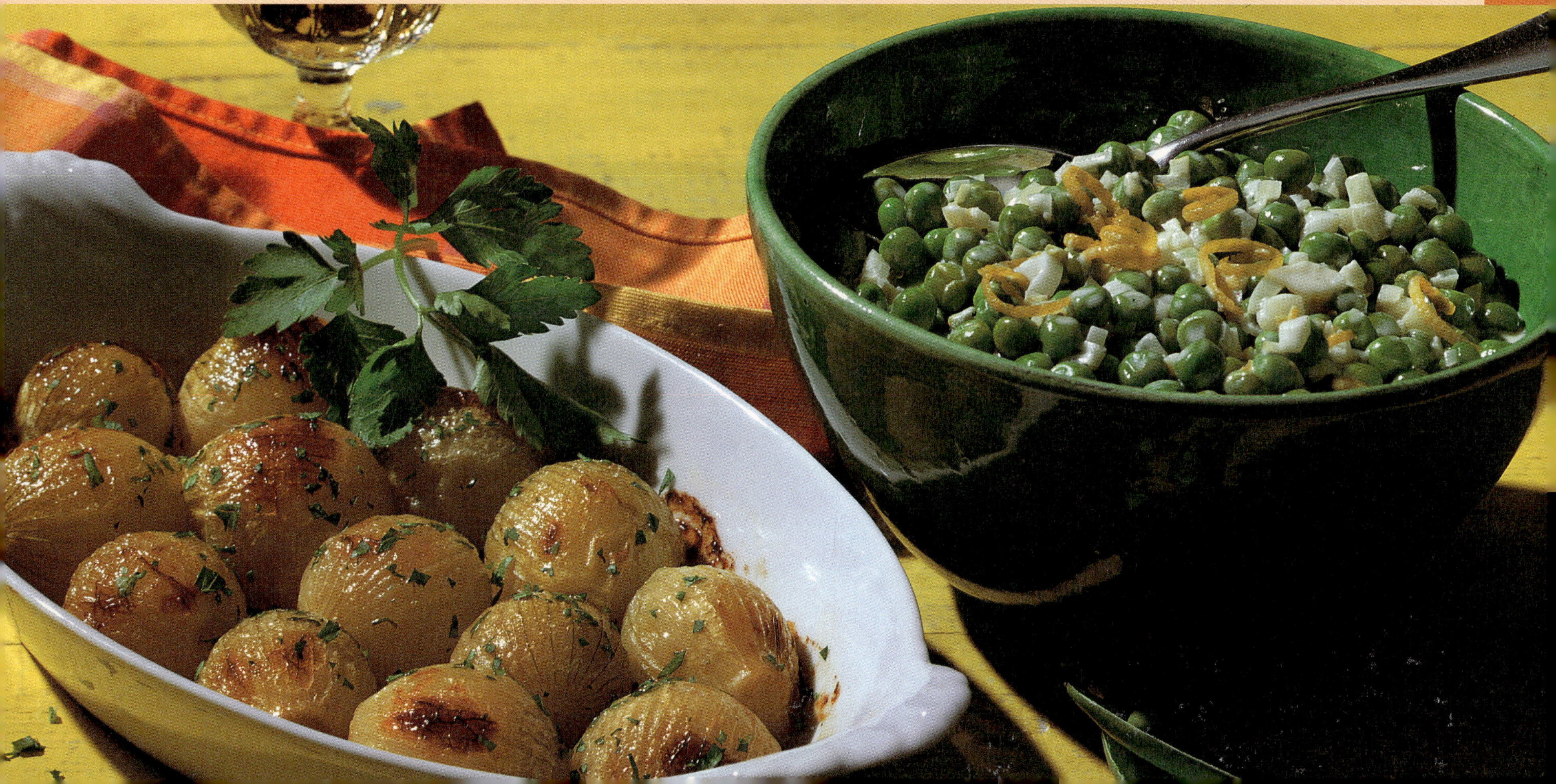

Erbetelle di quaresima
Spinat-Mangoldgemüse mit Kräutern

Würzig

Ein Rezept, das man schon im Mittelalter und in der Frührenaissance schätzte, wie man in den Aufzeichnungen des Francesco Datini, eines der ersten erfolgreichen Kaufmänner aus Prato, nachlesen kann. Zu dieser Zeit nannte man das Gemüse noch Herbetelle.

Zutaten für 4 Personen:
200 g Mangoldblätter (Stiele vorher abschneiden)
500 g Blattspinat
je 1 Bund Petersilie, Minze und Majoran • Salz
2 EL Olivenöl
1 EL Zitronensaft
Nelkenpulver
Muskatnuß, frisch gemahlen

Pro Portion: 290 kJ/70 kcal
Zubereitungszeit: 30 Min.

1 Den Mangold waschen und putzen. Den Spinat verlesen, von den groben Stielen befreien und mehrmals gründlich in stehendem kaltem Wasser waschen. Dann gründlich abtropfen lassen. Die Kräuter waschen, trockenschwenken und die Blättchen abzupfen. Etwa ein Viertel der Kräuter beiseite legen, die restlichen mit dem Spinat und dem Mangold mischen.

2 In einem großen Topf reichlich Salzwasser zum Kochen bringen. Die Gemüseblätter hineingeben und zugedeckt bei starker Hitze 4 Min. blanchieren.

3 Das Gemüse in einem Sieb kalt abschrecken und gut abtropfen lassen. Die restlichen Kräuter sehr fein hacken.

4 In einer Pfanne das Olivenöl erhitzen. Die Kräuter darin unter Rühren andünsten. Das Gemüse dazugeben und unter Rühren erhitzen. Mit dem Zitronensaft, Nelkenpulver, Muskat und Salz abschmecken und in einer vorgewärmten Schüssel servieren.

Tip

Auf diese Art zubereitet, schmecken alle Blattgemüse gut. So können Sie auch Rape, Spinat mit Rucola gemischt oder nur Mangoldblätter nehmen. Ebenfalls köstlich: 1-2 Lauchstangen waschen, putzen und in feine Streifen schneiden. Mit dem Gemüse blanchieren. Und: Bei den Kräutern können Sie auch einmal variieren. So schmecken Radieschenblätter, Borretsch und Minze sehr gut, aber auch Basilikum und Rucola.

Verdure al forno
Gemüse aus dem Ofen

Preiswert

Zutaten für 4 Personen:
2 rote Paprikaschoten (300 g)
3 Zucchini (500 g)
2 Auberginen (400 g)
500 g Tomaten
1 rote oder weiße Zwiebel
2 Knoblauchzehen
je 1 Bund Petersilie und Basilikum
Salz • schwarzer Pfeffer
1 getrockneter Peperoncino nach Belieben
6 EL Olivenöl

Pro Portion: 850 kJ/200 kcal
Zubereitungszeit: 1 Std.

1 Paprikaschoten waschen, putzen und würfeln. Zucchini und Auberginen ebenfalls waschen und in dickere Scheiben schneiden. Die Tomaten mit kochendem Wasser überbrühen, kurz darin ziehen lassen, kalt abschrecken und häuten. Dann ebenfalls würfeln. Zwiebel und Knoblauch schälen, Zwiebel in Ringe, Knoblauch in Scheiben schneiden. Kräuter waschen und ohne die groben Stiele fein hacken. Einen Teil der Kräuter zum Bestreuen beiseite legen.

2 Backofen auf 200° vorheizen. Gemüse mit der Zwiebel, dem Knoblauch und den Kräutern in einer feuerfesten Form mischen, mit Salz, Pfeffer und nach Belieben mit zerkrümeltem Peperoncino würzen und mit dem Öl beträufeln.

3 Das Gemüse im heißen Ofen (Mitte, Umluft 180°) 40 Min. garen, bis es gebräunt ist. Es schmeckt warm und kalt zu gegrilltem oder gebratenem Fleisch und auch zu Fisch gut.

Tip

Früher garte man das Gemüse auf dem Holzkohlengrill und beträufelte es dann mit Olivenöl.

Variante:
Funghi e patate al forno
Gratinierte Pilze und Kartoffeln
500 g frische Steinpilze putzen. Stiele würfeln und mit Knoblauch und Petersilie in Olivenöl andünsten. Pilzhüte in Scheiben kurz mitdünsten. Mit 1/8 l Weißwein ablöschen, salzen und pfeffern. 600 g Kartoffeln in der Schale halbweich kochen, schälen und in Scheiben schneiden. In eine geölte feuerfeste Form legen, mit den Pilzen bedecken und mit Olivenöl beträufeln. Im Backofen bei 200° (Umluft 180°) 25 Min. bräunen und weich werden lassen.

Die Marktfrauen im Mercato centrale sind für Schlagfertigkeit und Originalität berühmt (links). Eine Delikatesse: Artischocken zum Rohessen (oben links). Auf dem Markt gibt's auch Schinken und Wurst von bester Qualität (oben rechts).

Mercato centrale

ort, wo sich überwiegend Einheimische bewegen und ihren Geschäften nachgehen, pulsiert das Leben in einem anderen Takt als an Plätzen, die hauptsächlich von Touristen bevölkert sind. Und genau das sind jene Orte, die uns innehalten lassen im kunst- und kulturbeflissenen Schauen, uns teilhaben lassen an einem heiteren Lebensstil, einem natürlichen Umgang mit den Menschen und den Dingen. Die uns staunen lassen über die Art, wie in anderen Ländern gelebt, gelacht, miteinander gesprochen und gehandelt wird, die unsere Neugierde und unser Interesse wecken.

Paradies auf zwei Etagen

Mitten in Florenz befindet sich einer dieser Orte, der Mercato centrale, untergebracht in einem zweigeschossigen, an eine Lagerhalle erinnernden Gebäude, errichtet 1874 und in unmittelbarer Nachbarschaft des Straßenmarktes San Lorenzo gelegen.

Das Untergeschoß des geschäftigen Lebensmittelmarktes ist für Fleisch, Fisch und Käse reserviert. Daneben gibt es vieles, was man sonst noch fürs tägliche Leben braucht: Pasta secca ebenso wie fresca, Brot, Gewürze und sogar Haushaltswaren.

Manche Stände haben ausschließlich Innereien im Angebot. Kein Wunder, die meisten Toskaner – ohnehin große Fleischesser – lieben Leber, Herz, Nieren und Kutteln. Eine besondere Spezialität, die man sonst nicht oft zu sehen bekommt, ist Lampredotto, der zweite Magen der Kuh, der in der toskanischen Küche den beliebten Kutteln sogar noch vorgezogen wird. Zu einer typisch florentinischen Delikatesse wird er, wenn man ihn mit Kartoffeln und Knoblauch in Brühe oder Wein langsam schmort.

Frisch vom Land und aus dem Meer

Bei einem Rundgang durch die Halle kommt man an Ständen mit Geflügel, Wild oder appetitlich ausgestellten Fleischwaren vorbei, kann toskanischen Hausfrauen zusehen und -hören, wie sie über die Güte des Pecorino diskutieren oder Neuigkeiten über ihre Familien und Bekannten austauschen.

Man kann die Händler und Kaufleute beobachten, wie sie wiegen, schneiden und einpacken – nicht ohne all das gebührend zu kommentieren, denn auf den Mund gefallen sind die wenigsten. Fragt man etwa eine Marktfrau, ob die Steinpilze, die sich auf ihrem Stand türmen, auch ohne Würmer seien, antwortet sie schlagfertig: »Chi non vuol mangiare bachi, non mangi funghi«. (Wer keine Würmer mag, soll auch keine Pilze essen.) Das alte toskanische Sprichwort stammt noch aus einer Zeit, da die Pilze für die Ernährung so wertvoll waren, daß man selbst den kleinsten Teil nicht wegschneiden wollte.

Die Nase zeigt an, wo sich die Stände mit Fisch und Meeresfrüchten drängen. Was der Fang frühmorgens an der nahe gelegenen Küste hergab, ist dort am selben Tag im Angebot: Meeresfische und Muscheln in allen Variationen ebenso wie andere Meerestiere von Garnelen bis Tintenfisch. Außerdem gibt es zahlreiche Fische aus den nahe gelegenen Flüssen und Seen.

Buntes Gemüse rund ums Jahr

Im Obergeschoß, über Rolltreppen zu erreichen, die meist nicht funktionieren, scheinen die Stände unter der Wucht der bunten Gemüse- und Obstberge zu ächzen. Kaum etwas, das man hier nicht kaufen kann. Und dabei stammen die appetitlich arrangierten Früchte und Gemüse fast alle aus der Region. Im Angebot ist vor allem das, was es zu dieser Jahreszeit gerade im Überfluß gibt und auf den toskanischen Feldern geerntet wird.

Im Winter bieten die Händler Kohlarten an, allen voran den Cavolo nero, Schwarzkohl, den man sonst nirgends in Italien findet. Bei meinem Besuch in den Markthallen erkundigte sich gerade ein Römer nach dem Gemüse mit den schlanken, dunkelgrünen Blättern. Er hatte Cavolo nero noch nie gesehen, obwohl er nur etwas mehr als hundert Kilometer von Florenz entfernt wohnt.

Eine echte Winterdelikatesse sind auch die kleinen Artischocken, die man roh essen kann, zum Beispiel »al pinzimonio«, in Scheiben geschnitten und in Olivenöl getunkt. Wunderbar schmecken sie auch geachtelt, in Olivenöl gebraten und mit Knoblauch, Petersilie und etwas Zitronensaft gewürzt.

Im Frühling füllen dann bunt gemischte Salate die Stände, immer sind ein paar besonders aromatische, leicht bitter schmeckende Sorten dabei. Bei fast allen Händlern des Mercato centrale kann man sie bereits gemischt kaufen. Außerdem werden etwa ab März die ersten dicken Bohnen und auch grüner Spargel angeboten. Weißen findet man in der Toskana nicht.

Im Sommer gibt's Gemüse und Obst in Hülle und Fülle. Ob Erbsen, Bohnen, Tomaten, Paprika, Fenchel: Von Aprikose bis Zitrone, von Auberginen bis Zucchini mit und ohne Blüten ist alles vorhanden, was Feinschmeckerherzen höher schlagen läßt.

Im Herbst wird das Angebot etwas kleiner, dafür kommen Steinpilze und die ersten Maroni in den Handel, und auch die kleinen Artischocken und der Cavolo nero tauchen wieder auf. Jetzt kann man auch getrocknete Steinpilze offen kaufen. Nehmen Sie sich welche mit nach Hause! Einfach in ein gut verschließbares Glas füllen und kühl und trocken aufbewahren.

Wer sich nicht nur sattsehen will...

So viel Pracht macht Appetit. Und einen Genuß sollten Sie sich bei Ihrem Besuch im Mercato centrale keinesfalls entgehen lassen: einen kleinen Imbiß bei »Nerbone«, einem Marktstand, wo man noch echt florentinisch kocht. Im Stehen oder neben Arbeitern und anderen »Neugierigen« auf den wenigen Plätzen zusammengedrängt, kann man sich dort für wenige Lire jeden Tag etwas anderes schmecken lassen. Es gibt geschmorte Kutteln ebenso wie Baccalà (am Freitag), geschmorte Kichererbsen, Pappa al pomodoro und Arista, Linsensuppe oder Kaninchen, eben alles, was die Jahreszeit gerade so bietet und was der traditionsbewußte Toskaner sich gerne schmecken läßt.

Wer dazu einen edlen Wein genießen möchte, ist allerdings bei »Nerbone« am falschen Platz. Dort schenkt man nur ganz einfachen Landwein – und zwar einen roten und einen weißen – aus, der zum typisch toskanischen Essen auch ganz gut schmeckt.

Wer beim Wein Wert auf außergewöhnliche Qualität legt, sollte einfach ein paar Schritte tun. Ganz in der Nähe des Mercato centrale gibt es die kleine, aber gut sortierte Enoteca »Casa del vino«. Dort, in der Via dell'Ariento 16, bekommt man nicht nur guten Wein, sondern kann auch einen Imbiß oder die Vorspeise, zum Beispiel Brot mit würzig eingelegten Sardellen oder Crostini, großzügig bestrichen mit den verschiedensten Pasten, toskanischen Schinken oder Wurst, zu sich nehmen.

Ebenfalls sehenswert, wenn auch etwas kleiner, ist der Mercato Sant'Ambrogio an der Piazza Ghiberti. Wenn es die Witterung erlaubt, wird hier, auf dem ursprünglichen Markt von Florenz, auch draußen verkauft.

Bei Nerbone bekommt man typisch florentinische Spezialitäten (oben links). Ob Käse (oben rechts), Zwiebeln (unten links) oder Steinpilze (unten rechts) - alles, was das Feinschmeckerherz begehrt, findet man in den Markthallen frisch und in großer Auswahl.

Mercato centrale

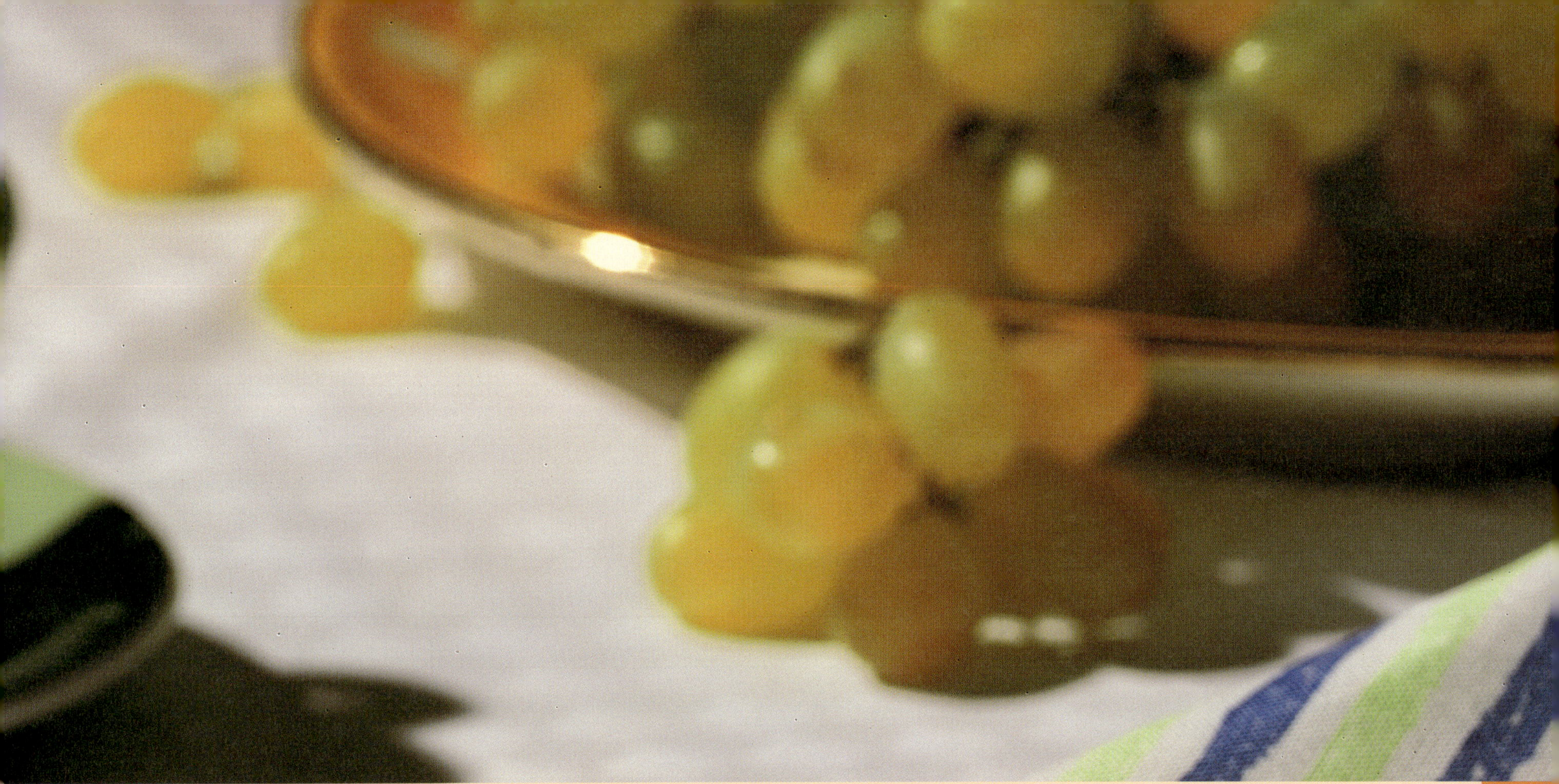

Dolci

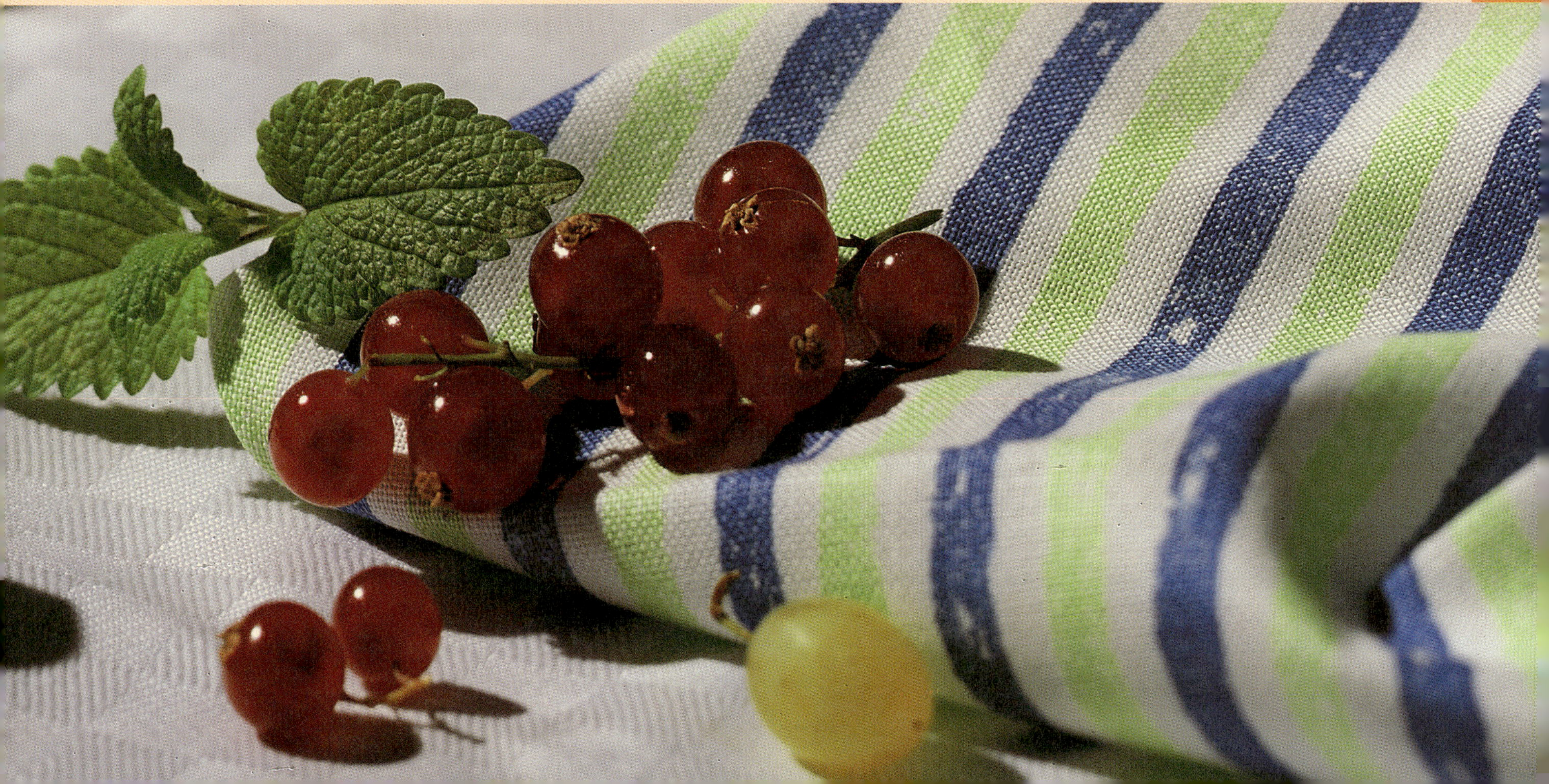

Zwei Desserts, die ein Menü köstlich abrunden und der Hausfrau Streß ersparen: Kaffeecreme und Marzipantorte lassen sich wunderbar vorbereiten.

Flan di caffè
Kaffeecreme

Preiswert

Zutaten für 4-6 Personen:
400 ml Milch
3 Eier
2 Eigelbe
80 g Zucker
100 ml starker Espresso
Zum Servieren:
100 g Sahne
½ EL Puderzucker
1 EL Schokoladenpulver

Bei 6 Portionen pro Portion:
870 kJ/210 kcal
Zubereitungszeit: 15 Min.
(+ 1 Std. Gar- und Abkühlzeit)

1 Die Milch in einem Topf zum Kochen bringen. Auf der abgeschalteten Herdplatte warm halten. Backofen auf 150° vorheizen.

2 Die Eier und die Eigelbe mit dem Zucker zu einer hellen, schaumigen Creme aufschlagen. Den Espresso langsam unterrühren. Dann die Milch unter ständigem Schlagen dazufließen lassen.

3 Die Eiercreme in eine feuerfeste Form von etwa 1 l Inhalt oder in kleine Portionsförmchen gießen. In die Fettpfanne des Backofens stellen und so viel heißes Wasser angießen, daß die Form zu zwei Dritteln ihrer Höhe darin steht.

4 Die Kaffeecreme im Ofen (unten; Umluft 130°) 1 Std. garen, bis sie gestockt ist. Herausnehmen und abkühlen lassen.

5 Zum Servieren die Creme in der Form in Stücke schneiden und vorsichtig herausheben. Sahne mit dem Puderzucker steif schlagen. Die Kaffeecreme auf Tellern anrichten, mit Schokoladenpulver dünn bestäuben und mit geschlagener Sahne servieren. Oder direkt in den Portionsförmchen garnieren und servieren.

Variante:
Flan di vaniglia
Vanillecreme

1 Vanilleschote der Länge nach aufschlitzen, das Mark herauskratzen. Mark und Schote mit 400 ml Milch und 100 g Sahne zum Kochen bringen. Eier und Eigelbe mit dem Zucker schaumig schlagen. Abgeriebene Schale von 1 unbehandelten Zitrone untermischen. Milch dazugeben, Flan wie beschrieben garen und abkühlen lassen. Zum Servieren 300 g Erdbeeren klein würfeln und durch ein Sieb streichen. Mit Puderzucker und 1 EL Vin santo mischen. Zum Flan servieren.

Torta di marzapane

Marzipantorte

Gelingt leicht

Ein Rezept aus dem 14. Jahrhundert, das auch heute noch Feinschmecker begeistert.

Zutaten für eine Springform von 28 cm ø:
200 g gehäutete, fein gemahlene Mandeln
150 g Puderzucker
2 EL Rosenwasser (Apotheke)
2 unbehandelte Zitronen
½ Röhrchen Bittermandelaroma
50 g Mehl

6 Eier
6 Eiweiße
Butter für die Form
Puderzucker zum Bestäuben

Bei 12 Stücken pro Stück:
880 kJ/210 kcal
Zubereitungszeit: 15 Min.
(+ 40 Min. Backzeit)

1 Gemahlene Mandeln mit Puderzucker und Rosenwasser gründlich vermischen. Die Zitronen heiß waschen und abtrocknen, die Schale fein abreiben.
½ Zitrone auspressen. Die Zitronenschale mit dem Bittermandelaroma und dem Mehl gründlich unter die Mandelmasse mischen.

2 Backofen auf 180° vorheizen. Die Eier trennen. Die Eigelbe mit den Quirlen des Handrührgerätes sehr schaumig schlagen, die Mandelmasse nach und nach gründlich unterrühren. Alle Eiweiße mit 1 EL Zitronensaft zu steifem Schnee schlagen und mit dem Schneebesen unterheben.

3 Die Springform mit Butter ausstreichen. Die Mandelmasse einfüllen. Die Torte im Ofen (Mitte, Umluft 160°) 40 Min. backen.

4 Die Mandeltorte kurz stehenlassen, dann aus der Backform lösen und vollkommen auskühlen lassen. Vor dem Servieren mit Puderzucker bestäuben.

Tip

Mandeln selber häuten kostet Zeit. Gehäutete Mandeln bekommen Sie im Feinkostgeschäft oder im Reformhaus. Wenn Sie die Mandeln ungemahlen kaufen, können Sie sie zusammen mit dem Puderzucker im Mixer oder in der Küchenmaschine fein zerkleinern.

Torta di cioccolata

Schokoladentorte

Am besten ganz frisch

Eine typisch toskanische Torte ist flach und enthält wenige Zutaten. Diese Schokoladentorte ist – in schmale Stücke geschnitten – ein tolles Dessert für eine größere Runde.

Zutaten für eine Springform von 28 cm ø:
150 g Zartbitter-Schokolade
50 g Mandeln
50 g Pinienkerne
125 g weiche Butter
4 Eier
1 Päckchen Vanillezucker
2 EL Grappa
50 g Mehl
Puderzucker und Kakaopulver zum Bestreuen
Butter für die Form

Bei 12 Stücken pro Stück:
840 kJ/200 kcal
Zubereitungszeit: 35 Min.
(+ 40 Min. Backzeit)

1 Die Schokolade, die Mandeln und Pinienkerne getrennt fein reiben. Die geriebene Schokolade mit den Mandeln und den Pinienkernen mischen.

2 In einer Schüssel die Butter mit den Quirlen des Handrührgerätes schaumig rühren. Die Eier trennen. Die Eigelbe mit dem Vanillezucker und dem Grappa zur Butter geben und alles cremig schlagen. Schokoladenmischung untermengen.

3 Den Backofen auf 180° vorheizen. Die 4 Eiweiße steif schlagen, auf die Schokomasse geben. Das Mehl darüber sieben und alles locker, aber gründlich mischen. Die Form mit Butter ausstreichen. Den Teig einfüllen.

4 Die Torte im heißen Ofen (Mitte, Umluft 160°) 40 Min. backen.

5 Die Torte auskühlen lassen. Mit Puderzucker und Kakaopulver nach Belieben, evtl. mit Hilfe einer Schablone, bestreuen.

Tip

Dazu schmeckt Obst sehr gut. Versuchen Sie einmal Fragole al vino rosso, Erdbeeren in Rotwein. Dafür die Erdbeeren, am besten natürlich kleine Walderdbeeren, vorsichtig waschen, putzen und mit Zucker nach Geschmack und 1/8 - 1/4 l Chianti classico mischen. Mindestens 12 Std. in den Kühlschrank stellen.

Castagne al vino rosso con gelato d'arancia

Rotweinkastanien mit Orangeneis

Besonders gut im Herbst und Winter

Zutaten für 6 Personen:
Für das Eis:
2 unbehandelte Orangen (etwa 500 g)
100 g Zucker
1 EL Orangenlikör
1 EL Zitronensaft • 200 g Sahne
Für die Kastanien:
500 g Maronen (Eßkastanien)
400 ml trockener Rotwein
75 g Zucker

Pro Portion: 1880 kJ/450 kcal
Zubereitungszeit: 2 Std.
(+ mind. 5 Std. Gefrierzeit)

1 Für das Eis die Orangen heiß waschen und abtrocknen. Die Schale fein abreiben. Die Orangen schälen, von der weißen Haut befreien und in kleine Stücke schneiden.

2 100 ml Wasser mit dem Zucker zum Kochen bringen und offen 5 Min. köcheln lassen. Abkühlen lassen.

3 Die Zuckerlösung mit dem Orangenfleisch im Mixer fein pürieren. Orangenschale, Orangenlikör und Zitronensaft hinzufügen. Die Sahne steif schlagen und unterziehen.

4 Die Masse in eine Porzellanschüssel füllen und ins Gefrierfach stellen. In 5 Std. gefrieren lassen, dabei immer wieder sehr gründlich durchrühren, damit die Masse schön cremig bleibt und sich keine zu großen Eiskristalle bilden.

5 Inzwischen die Maronen an der gewölbten Seite kreuzweise einschneiden. In kochendem Wasser 10 Min. blanchieren, kalt abschrecken und häuten. Auch die innere Haut entfernen.

6 Die Hälfte des Weins mit dem Zucker in einem Topf erhitzen, bis sich der Zucker gelöst hat. Die Kastanien hinzufügen und zugedeckt bei schwacher Hitze 1 Std. köcheln lassen, bis der Wein sirupartig ist. Dabei nach und nach den restlichen Wein angießen und immer wieder umrühren. Die Kastanien im Weinsud abkühlen lassen.

7 Zum Servieren die Kastanien wieder erhitzen. Das Eis auf Teller verteilen. Kastanien daneben legen. Nach Belieben mit Orangenschalenstreifen garnieren und das Dessert sofort servieren.

Zugegeben – diese Desserts sind nicht auf die Schnelle zu machen. Doch der Arbeits- und Zeitaufwand lohnt sich: Bavarese und Zuppa inglese begeistern kleine und große Naschkatzen.

Bavarese di cantuccini con Vin santo

Cantuccini-Creme mit Vin Santo

Läßt sich gut vorbereiten

Zutaten für 6 Personen:
100 g Cantuccini
100 ml Vin santo
400 ml Milch
6 Blatt weiße Gelatine
3 frische Eigelbe
50 g Zucker
2 Päckchen Vanillezucker
abgeriebene Schale und 2 TL
Saft von 1 unbehandelten
Zitrone
300 g Sahne

Pro Portion: 1310 kJ/310 kcal
Zubereitungszeit: 30 Min.
(+ 2½ Std. Kühlzeit)

1 Die Cantuccini im Mixer oder Mörser mittelgrob zerkleinern. 1 EL davon beiseite stellen, die restlichen Brösel mit 6 EL Vin santo befeuchten und ziehen lassen.

2 Inzwischen die Milch in einem Topf einmal aufkochen und vom Herd ziehen. Die Gelatine in kaltem Wasser 5 Min. einweichen.

3 Die Eigelbe mit dem Zucker und dem Vanillezucker mit den Quirlen des Handrührgerätes zu einer hellen schaumigen Creme aufschlagen. Die heiße Milch langsam unterrühren. Die Gelatine gut ausdrücken und so lange unter die Creme rühren, bis sie sich aufgelöst hat.

4 Die Zitronenschale und den Saft sowie weitere 3 EL Vin santo mit den eingeweichten Cantuccinibröseln untermischen.

5 Die Creme 30-40 Min. in den Kühlschrank stellen, bis sie beginnt, fest zu werden.

6 Die Sahne steif schlagen und unter die Creme ziehen. Die Creme in Portionsschälchen füllen und mindestens 2 Std. in den Kühlschrank stellen.

7 Zum Servieren die Creme auf Teller stürzen, mit den restlichen Cantuccinibröseln bestreuen, mit je 1 TL Vin santo beträufeln und servieren.

Tip

Statt Cantuccini können Sie auch andere Kekse nehmen, z. B. Cavallucci, die Sie sich aus der Toskana mitgebracht haben.

Zuppa inglese

Biskuitdessert

Läßt sich gut vorbereiten

Zutaten für 6-8 Personen:
Für den Teig:
5 Eier • 80 g Puderzucker
1 Päckchen Vanillezucker
50 g Speisestärke • 50 g Mehl
Für die Creme:
3 frische Eier • 75 g Zucker
2 Päckchen Vanillezucker
4 EL Mehl • ½ l Milch
150 g leicht kandierte Früchte
(Quitten, Melone , Aprikosen)
200 g Sahne
Außerdem:
Alkermes (roter Likör) zum
Tränken
Backpapier für das Backblech

Bei 8 Personen pro Portion:
1440 kJ/345 kcal
Zubereitungszeit: 1 Std.
(+ 3 Std. Ruhezeiten)

1 Den Backofen auf 200°
(Umluft 180°) vorheizen.
Für den Teig die Eier trennen.
Eiweiße mit Puderzucker und
Vanillezucker steif schlagen.
Eigelbe nacheinander unter-
ziehen. Speisestärke und
Mehl darüber stäuben, alles
mit einem Schneebesen
locker mischen.

2 Backblech mit Backpapier
auslegen. Teig darauf
streichen. Biskuit im heißen
Ofen (Mitte) 12 Min. backen,
bis er goldgelb ist.

3 Biskuitplatte auf ein Küchentuch stürzen, Papier
abziehen und Teigplatte
mind. 1 Std. abkühlen lassen,
besser über Nacht.

4 Für die Creme Eier trennen. Eigelbe mit Zucker,
1 Päckchen Vanillezucker
und Mehl in einem Topf verquirlen. Milch untermischen.
Masse bei mittlerer Hitze unter ständigem Rühren bis
knapp vor den Siedepunkt
erhitzen, dickflüssig werden
lassen. Die Creme in einer
Schüssel in Eiswürfelwasser
kalt rühren. Eiweiße steif
schlagen und unterheben.
Kandierte Früchte würfeln,
bis auf 2 EL untermischen.

5 Biskuitplatte entsprechend der Größe der Ser-
vierform kleinschneiden. Eine Lage Biskuit in die Form
legen, mit Alkermes tränken
und mit Creme bestreichen.
Auf diese Weise Biskuit und
Creme abwechselnd ein-
schichten. Mit Biskuit ab-
schließen, mind. 2 Std. kühl
stellen.

6 Sahne mit restlichem Vanillezucker steif schlagen,
auf der Zuppa inglese verteilen und mit den übrigen
kandierten Früchten bestreu-
en. Alkermes nach Belieben
darüber träufeln.

Ricciarelli gelingen nur dem Fachmann (links). In jeder Pasticceria gibt es mindestens einen Panforte im Angebot (oben links). Nicht nur in dieser Bar in Montalcino serviert man Kleingebäck zum Cappuccino (oben rechts).

La dolce vita

ocker und luftig oder kompakt und gehaltvoll, üppig oder fruchtig – toskanische Dolci bieten so viel Abwechslung wie die toskanische Landschaft. Ob als süßer Abschluß eines Menüs oder einfach mal zwischendurch: Die traditionellen Süßigkeiten der Toskana, die vor allem an hohen Festtagen wie Weihnachten und Ostern eine Rolle spielen, verführen Feinschmecker aus aller Welt.

Und es gibt viele süße Spezialitäten, einmal ganz abgesehen von den kleinen Törtchen mit Früchten, wunderbar lockeren Cremes und anderen Köstlichkeiten, die man wie überall in Italien auch in der Toskana in jeder Pasticceria erstehen kann.

Siena – Stadt der Süßigkeiten

Bei einem Besuch in Siena lohnt sich ein Abstecher ins Café »Conca d'Oro« (Via Bianchi di sopra, 24) oder in eines der beiden anderen Geschäfte von Danilo Nannini, Vater der bekannten Rocksängerin Gianna mit der Reibeisenstimme. Hier muß man einfach die Ricciarelli probieren, ein lockerluftiges und aromatisches Mandelgebäck, dessen Tradition bis ins Mittelalter zurückreicht. Damals wie heute werden die rautenförmigen Ricciarelli mit den abgerundeten Ecken aus süßen und einigen bitteren Mandeln, Eiweiß und Zucker hergestellt. Ein simples Rezept, möchte man meinen, und dennoch gelingen sie zu Hause niemals so köstlich und leicht wie im Café »Conca d'oro«.

Siena ist, zumindest was die feineren Gebäckarten der Toskana betrifft, der Ursprungsort vieler berühmter Süßigkeiten – die meisten Rezepte sind im Mittelalter entstanden und von der arabischen Küche geprägt, wo man zahlreiche Gewürze verwandte. Damals liebte man Konfekt und Konfitüren, je süßer, desto besser. Hergestellt wurden die Dolci meist vom Apotheker, denn der verkaufte auch die Gewürze, die man brauchte. Auch Zucker zählte damals wie Zimt, Muskat, Ingwer und Anis zu den Gewürzen.

Ebenfalls aus Siena stammt der Panforte oder Panpepato, ein fester und gehaltvoller Früchtekuchen mit Nüssen und Schokolade. Panforte gilt neben dem berühmten Campo und dem spektakulären Palio, dem traditionsreichen Reiterturnier, das zweimal im Jahr prunkvoll gefeiert wird, sogar als Wahrzeichen der Stadt. Kaum ein Tourist, der nicht einen der flachen, in bunt bedrucktes Papier gewickelten Kuchen als süßes Andenken mit nach Hause nimmt. Panpepato ist die flachere Variante des Panforte und wird häufig auch ohne Kakaopulver zubereitet, dafür mit Pfeffer gewürzt, wie der Name Panpepato, »gepfeffertes Brot«, schon vermuten läßt.

Wer den gehaltvollen Kuchen einmal zu Hause selbst zubereiten möchte: 200 g Haselnußkerne, 150 g Walnußkerne und 250 g gehäutete Mandeln mischen und portionsweise in einer Pfanne ohne Fett unter ständigem Rühren bei mittlerer Hitze rösten, bis sie würzig duften und leicht gebräunt sind. Abgekühlt mittelfein hacken. 150 g getrocknete Feigen, 150 g kandierte Melone und 150 g Orangeat klein würfeln, mit den gehackten Nüssen, 100 g Kakaopulver, je 1 kräftigen Prise geriebener Muskatnuß und Nelkenpulver sowie je ½ TL gemahlenem Pfeffer und Zimtpulver mischen. 150 g Orangenblütenhonig und 150 g Puderzucker in einer Schüssel im heißen Wasserbad schmelzen lassen. Den Backofen auf 150° vorheizen. Eine Springform von 28 cm Durchmesser mit einer Obstkuchen-Oblate auslegen. Die Nußmischung unter die Honigmasse rühren. Etwa 2 EL Wasser untermengen. In der Form glattstreichen. Im Ofen (Mitte, Umluft 130°) 30 Min. backen. Abkühlen lassen und aus der Form lösen. Mit Puderzucker bestreuen.

Neben dem Früchtekuchen erfand man in Siena wohl auch das Rezept für Cavallucci. Das sind große, rustikale Plätzchen, kleinen Brötchen ähnlich. Sie werden aus Mehl und Kastanienmehl mit Anis oder Fenchelsamen, kandierten Früchten, Nüssen und Honig gebacken.

Auch die Zuppa inglese kommt aus Siena, wird dort auch Zuppa del Duca genannt. Den Beinamen »inglese«, »englisch«, bekam sie, weil sie bei Engländern so beliebt ist, die schon seit Jahrhunderten gerne die Toskana bereisen. Eine besonders wichtige Zutat der Zuppa inglese: Alkermes, ein kräftig roter und süßer Likör, der zuletzt über das Dessert geträufelt wird. Ein Rezept für die Zuppa inglese finden Sie auf Seite 177.

Rustikales aus der Garfagnana

Castagnaccio, ein eigentlich nicht süßer Kuchen aus Kastanienmehl, soll von den Holzfällern des Appenin erfunden worden sein. Dort in der Garfagnana wuchsen und wachsen vor allem Kastanienbäume. Deshalb gibt es in der ansonsten armen, weil rauhen Gegend zahlreiche Gerichte aus Kastanienmehl. Der flache Kuchen wird mit Pinienkernen, die es in der gesamten Toskana ebenfalls reichlich gibt, Rosinen und Rosmarin – dem typischen Kraut der Toskana, das einfach überall im Überfluß wächst – zubereitet und schmeckt als Nachtisch, zum Beispiel mit einem Gläschen Vin santo. Castagnaccio paßt aber auch gut zu Rotwein, da er aromatisch schmeckt und keinen Zucker enthält.

Ebenfalls aus Kastanienmehl werden Neci gemacht. Diese Pfannkuchen schmecken kräftig und werden mit gezuckertem Ricotta gefüllt. Sie sind mehr als ein Dessert, denn sie machen richtig satt. Wenn Sie diese typische Spezialität auf einer Speisekarte entdecken, sollten Sie sie unbedingt bestellen – am besten gleich eine Portion für mehrere Personen.

»Sfamafamiglie«

Nachspeisen, die man in der Toskana nur noch gelegentlich in Restaurants oder Konditoreien, hauptsächlich in der Küche der Familien findet, sind Pudding und fritierte Bällchen aus Reis. Der Pudding wird aus in Milch gekochtem Reis mit Eiern, kandierten Früchten und den Schalen von Zitronen und Orangen im Ofen gebacken. Die Reisbällchen heißen auch »budinone di riso«, »fritelle di riso« oder nach dem Heiligen, der am 19. März Namenstag feiert, »fritelle di S. Giuseppe«. Sie bestehen in der Hauptsache ebenfalls aus Milchreis, den man über Nacht ruhen läßt, am nächsten Tag mit Eiern und etwas Mehl zu einem Teig verarbeitet und in heißem Olivenöl schwimmend ausbäckt. Abgetropft und mit Puderzucker bestäubt, werden die Fritelle so frisch wie möglich serviert. Wie den Castagnaccio bezeichnet man Pudding und Reisbällchen in der Toskana als »sfamafamiglie«. Damit wird zum Ausdruck gebracht, daß man mit diesem Gericht die ganze Familie satt bekommt, und zwar mit wenig Geld.

Festtags-Dolci

Viele Festtage werden in den Toskana mit traditionellen Süßigkeiten gekrönt. So gehören zu Ostern »Schiacciate«, runde, einer Pizza nicht unähnliche Fladen, die man aus Hefeteig mit Eiern, Nüssen, Rosinen und/oder kandierten Früchten sowie allerlei anderen Zutaten in zahlreichen Varianten zubereitet.

An Weihnachten stehen Panforte, Ricciarelli und Cavallucci an erster Stelle. Toskanische Hausfrauen backen sie jedoch nur selten selbst. Kein Wunder, können sie die Süßigkeiten doch in jeder Pasticceria und in vielen Bars kaufen. Und jede Hausfrau weiß, wo sie die besten bekommt.

Brigidini sind hauchdünne, mit Anis gewürzte Waffeln, die man vorwiegend an Karneval ißt. Den Namen soll das Gebäck, das man selbst nur schwer backen kann, vom Kloster

Danilo Nannini, der Vater der berühmten Rocksängerin, präsentiert den Panforte des Hauses (links). Typisch toskanische Torten sind ebenso flach wie köstlich (rechts).

La dolce vita

Santa Brigida in Pistoia bekommen haben. Aus ähnlichen Zutaten bestehen Cenci, die ebenfalls aus Siena stammen. Sie werden allerdings fritiert und in Rauten geschnitten.

Wenn die Akazien im Mai blühen, gerät so mancher ins Schwärmen, und das nicht nur wegen der betörenden Düfte, die vor allem morgens und in der Dämmerung durch die Lüfte wehen, sondern weil es für kurze Zeit eine ganz besondere Köstlichkeit gibt: Akazienblüten, die in knusprigem Teig ausgebacken und heiß mit Vanillezucker serviert werden.

Typisch: Cantuccini

Cantucci oder Cantuccini, auch Biscotti di Prato genannt, weil sie aus dem regen Ort in unmittelbarer Nähe von Florenz stammen, serviert man überall in der Toskana als einfaches Dessert. Die relativ harten Mandelplätzchen werden zweimal gebacken. Man tunkt sie traditionell in Vin santo. Sie können Cantuccini überall in der Toskana wie auch bei uns in guter Qualität kaufen, aber vielleicht möchten Sie sie einmal selbst backen: 200 g ungehäutete Mandeln unter

Rühren leicht anrösten. Abkühlen lassen. 400 g Mehl mit ½ Päckchen Backpulver, 1 Prise Salz und 200 g Zucker in eine Schüssel geben. 4 Eier und 1 Eigelb hinzufügen. 1 unbehandelte Orange heiß waschen und abtrocknen. Die Schale fein abreiben, den Saft auspressen. 1 Döschen gemahlenen Safran in 1 EL Orangensaft anrühren. Die Orangenschale mit dem Safran zum Mehl geben und alles zu einem geschmeidigen Teig verkneten. Sollte er zu trocken sein, noch etwas Orangensaft dazugeben. Teig 15 Min. ruhen lassen, dann Mandeln untermengen. Backofen auf 180° (Umluft 160°) vorheizen. Backblech mit Butter ausfetten und mit Mehl bestäuben. Aus dem Teig 2 Rollen von etwa 6 cm Durchmesser formen, auf das Backblech legen und etwas flacher drücken, so daß die Rollen nicht mehr ganz rund, sondern eiförmig sind. Mit 1 Eigelb bestreichen. Die Rollen im heißen Ofen (Mitte) 15 Min. backen, bis sie leicht gebräunt sind. Dabei ein- bis zweimal mit dem restlichen Orangensaft bepinseln. Die Rollen herausnehmen, in Scheiben von knapp 1 cm Dicke schneiden und wieder auf das Blech legen. Die Scheiben weitere 10-15 Min. backen, bis sie knusprig sind. Dabei einmal wenden.

Menü-Vorschläge

Nur ein Hauptgericht? In der Toskana – wie übrigens auch im Rest Italiens – eine Unmöglichkeit. Primo und Secondo kommen auch im Familienalltag auf den Tisch. Und wenn Gäste erwartet werden, bereiten toskanische Hausfrauen und -männer meist vier Gänge vor. Hier finden Sie einige Vorschläge, wie Sie die Rezepte dieses Buches zu harmonischen Menüs (für jeweils 4 Personen) kombinieren können.

Wenn es Frühling wird

- Rucola con pecorino (Rezept Seite 110)
- Fettuccine con verdure (Rezept Seite 126)
- Trote stufate (Rezept Seite 143)

Dazu: Radicchio e rucola agli aromi (Rezept Seite 162)

- Ricotta con le fragole (Rezept Seite 31, halbe Menge zubereiten)

Getränke:
Zu Antipasto und Primo einen leichten Weißwein, zum Beispiel »Le Crete« von Caparzo.
Zum Fisch den Wein, den Sie auch zum Schmoren genommen haben, z.B. einen Chardonnay von Castello di Ama.
Zum Dessert: Vin santo.

Tips zur Zubereitung:
Das Dessert können Sie Stunden vorher zubereiten, alle anderen Gerichte kosten nicht viel Zeit und werden frisch gegart.

Wenn es sommerlich warm ist

- Sarde sott'olio (Rezept Seite 109)
- Panzanella (Rezept Seite 111)
- Pollo al finocchio (Rezept Seite 150)

Dazu: Insalata d'estate (Rezept Seite 162)

- Crostata di albicocche (Rezept Seite 31)

Getränke:
Zu den Sardinen einen leichten Weißwein, z.B. einen Vernaccia di San Gimignano.
Zu Panzanella und Huhn entweder einen jungen Chianti, z.B. einen Poggerino oder weiterhin den Weißwein.
Zum Kuchen einen Vin santo.

Tips zur Zubereitung:
Sardinen schon am Vorabend marinieren, Torte morgens backen, Huhn einige Stunden vorher, Panzanella und Sommersalat frisch zubereiten.

Oder:

- Pinzimonio (Seite 82)
- Pappa al pomodoro (Rezept Seite 120)
- Coniglio alle olive (Rezept Seite 150)

Dazu: Verdure al forno (Rezept Seite 165; eventuell kalt servieren).

- Gemischte Sommerfrüchte

Getränke:
Zu Pinzimonio und Suppe einen Chianti classico oder einen Vino nobile di Montepulciano.
Zum Kaninchen einen gehaltvollen Weißwein, zum Beispiel einen Chardonnay von Castello di Ama oder einen I Sistri.
Zu den Früchten ein Glas Spumante.

Tips zur Zubereitung:
Das Gemüse aus dem Ofen können Sie schon einige Stunden vorher zubereiten, es schmeckt kalt ganz ausgezeichnet.
Für Pinzimonio, Suppe und Kaninchen alles vorbereiten und abgedeckt beiseite stellen. Suppe garen, während Sie Pinzimonio servieren. Kaninchen vorher anbraten und schmoren, während die Suppe auf dem Tisch steht. Sommerfrüchte in Schalen anrichten, kleine Teller und Obstmesser dazu reichen.

Wenn der Herbst kommt

- Crostini alla toscana (Rezept Seite 106)
- Risotto ai funghi (Rezept Seite 134)
- Cinghiale in umido (Rezept Seite 153)

Dazu: Crostini di polenta (Rezept Seite 113; ohne Sugo zubereiten)

- Castagne al vino rosso con gelato d'arancia (Rezept Seite 175)

Getränke:
Zu allen Gerichten paßt Rotwein am besten. Sie können mit Chianti beginnen und zum Hauptgericht einen Brunello, einen roten Tafelwein oder eine Riserva trinken.

Tips zur Zubereitung:
Wildschwein am Vortag marinieren, Paste für die Crostini und Polenta-Crostini morgens zubereiten, ebenso die Kastanien und das Eis. Dann nur noch Risotto frisch zubereiten und Wildschwein schmoren.

Oder:

- Fettunta col cavolo nero (Rezept Seite 87, halbe Menge zubereiten)
- Pappardelle sulla lepre (Rezept Seite 124)
- Faraona ai funghi (Rezept Seite 153)

Dazu: Radicchio stufato (Rezept Seite 51, halbe Menge zubereiten)

- Gemischte Herbstfrüchte

Getränke:
Zur Vorspeise einen Chianti classico, zur Pasta einen Rosso di Montalcino und zum Perlhuhn dabei bleiben oder einen leichten Weißwein, zum Beispiel einen Montecarlo, servieren.
Zu den Früchten einen Spumante oder einen Vin santo.

Tips zur Zubereitung:
Pappardelle komplett vorbereiten, Sugo zum Servieren erwärmen. Radicchio ebenfalls garen und erwärmen. Fettunta und Perlhuhn frisch zubereiten, Früchte in Schalen mit Wasser anrichten, mit kleinen Tellern und Obstmessern servieren.

Wenn es draußen kalt ist

- Crostini con fagioli (Rezept Seite 106)
- Zuppa di farro (Rezept Seite 121)
- Stracotto alla paesana (Rezept Seite 149)

Dazu: Carote glassate (Rezept Seite 49, halbe Menge zubereiten)

- Bietola piccante (Rezept Seite 161)
- Flan di caffè (Rezept Seite 172)

Getränke:
Zu allen Gerichten paßt am besten ein Chianti classico, zum Dessert eventuell ein Vin santo.

Tips zur Zubereitung:
Bohnencreme, Suppe, Beilagen und Dessert komplett vorbereiten und gegebenenfalls erwärmen. Rinderbraten anbraten und schmoren lassen, während Antipasto und Primo auf den Tisch kommen.

Wenn es schnell gehen soll

• Crostini con capperi (Rezept Seite 64, halbe Menge zubereiten)
• Linguine alla fornaia (Rezept Seite 126)
• Trote stufate (Rezept Seite 143)
Dazu: Brot und eventuell Salat
• Früchte der Saison
Getränke:
Zu allen Gerichten paßt Weißwein am besten, zum Beispiel ein Vernaccia di San Gimignano. Zum Dessert eventuell ein Spumante oder ein Vin santo.
Tips zur Zubereitung:
Sauce für die Nudeln vorbereiten, alles andere geht so schnell, daß Sie es frisch machen können.

Oder:
• Crostini con fagioli (Rezept Seite 106)
• Panzanella (Rezept Seite 111)
• Pesce spada con pinoli (Rezept Seite 142)
Dazu: Bietola piccante (Rezept Seite 161)
• Früchte der Saison

Getränke:
Zu allen Gerichten paßt ein leichter Weißwein, z.B. ein Montecarlo, ein einfacher Tafelwein von Antinori oder ein »Le Crete« von Caparzo, aber auch ein junger Chianti ist gut dazu.

Tips zur Zubereitung:
Bohnencreme und Beilage komplett, Panzanella kurz vor dem Essen vorbereiten, alles andere frisch zubereiten.

Wenn es gut vorbereitet werden soll

• Cipolle in salsa di mosto (Rezept Seite 26, halbe Menge zubereiten)
• Linguine alla fornaia (Rezept Seite 126)
• Rovellini lucchesi (Rezept Seite 147)
Dazu: Brot
• Torta di cioccolata (Rezept Seite 175)
Getränke:
Zu allen Gerichten paßt ein kräftiger Rotwein, zum Beispiel ein Vino nobile di Montepulciano, zur Torte am besten ein Vin santo.
Tips zur Zubereitung:
Zwiebeln und Nudelsauce am Vorabend zubereiten, Torte und Sauce für das Fleisch morgens garen, den Rest frisch zubereiten.

Oder:
• Sarde sott'olio (Rezept Seite 109)
• Pici al sugo di funghi (Rezept Seite 129)
• Scottiglia (Rezept Seite 149)
Dazu: Brot
• Flan di caffè (Rezept Seite 172)
Getränke:
Zur Vorspeise einen kräfti-

gen Weißwein, zum Beispiel einen Sauvignon oder einen Chardonnay, zu den Nudeln und zum Fleisch einen kräftigen Rotwein, zum Beispiel einen Vino nobile di Montepulciano oder einen Morellino di Scansano. Zum Dessert einen Spumante.

Tips zur Zubereitung:
Sardinen, Nudeln und Sauce schon am Vortag zubereiten, Flan di caffè morgens garen, alle Zutaten für den Eintopf schon schneiden. Bevor die Gäste kommen, nur noch den Eintopf anbraten und schmoren lassen.

Wenn es preiswert sein soll

• Bruschetta (Rezept Seite 64, halbe Menge zubereiten)
• Penne con peperoni gialli (Rezept Seite 126)
• Arista (Rezept Seite 146)
Dazu: Patate con ramerino (Rezept Seite 68, halbe Menge zubereiten)
• Flan di caffè (Rezept Seite 172)
Getränke:
Zur Vorspeise und zum Dessert Prosecco, zum ersten und zweiten Gang Chianti.
Tips zur Zubereitung:
Morgens Kartoffeln kochen, Braten vorbereiten, Flan garen. Einige Stunden vorher Paprika häuten, Tomatenmasse für die Bruschetta vorbereiten.

Oder:
• Crostini con tonno (Rezept Seite 106)
• Tagliatelle con baccelli e patate (Rezept Seite 126)
• Pollo alla diavola (Rezept Seite 28, nur 1 Hähnchen vorbereiten, im Ofen garen)

Dazu: Insalata d'estate (Rezept Seite 162)
• Früchte der Saison
Getränke:
Zu allen Gerichten paßt ein leichter Weißwein, zum Beispiel ein »Le Crete« von Caparzo oder ein Montecarlo.
Tips zur Zubereitung:
Huhn morgens marinieren, Thunfischcreme mixen. Kurz vorher Salat vorbereiten, Dressing extra zubereiten. Alles andere frisch zubereiten.

Wenn es besonders festlich sein soll

• Crostini alla toscana (Rezept Seite 106)
• Cozze gratinate (Rezept Seite 110)
• Ravioli con ricotta e radicchio (Rezept Seite 133)
• Faraona ai funghi (Rezept Seite 153)
Dazu: Crostini di polenta (Rezept Seite 113, ohne Sugo zubereiten)
• Zuccotto (Rezept Seite 69)
Getränke:
Zu Crostini und Dessert einen Spumante, zu den Muscheln einen leichten Weißwein und zu Ravioli und Perlhuhn ebenfalls Weißwein oder einen Chianti classico riserva bzw. einen Tafelwein, z.B. von Villa Cafaggio oder von Castello dei Rampolla.
Tips zur Zubereitung:
Crostinipaste, Ravioli, Polenta-Crostini und Zuccotto schon morgens zubereiten. Muscheln und Perlhuhn frisch garen.

Glossar

Alkermes

Dieser knallrote süße Likör wird hauptsächlich wegen seiner Farbe für Desserts verwendet. Sie bekommen ihn im italienischen Feinkosthandel. Als Ersatz eignen sich andere Liköre, wie Zitronenlikör oder Kakaolikör, je nach Gericht.

Artischocken

In den kühleren Monaten des Jahres wachsen die kleinen aromatischen Artischocken überall in der Toskana im Überfluß. Man bekommt solche »da pinzimonio«, die man – gut geputzt – roh in mit Pfeffer und Salz gewürztes Olivenöl taucht (siehe auch Seite 82) und ißt. Normale kleine Artischocken ohne besondere Bezeichnung – manchmal werden sie unter dem Namen »carciofi fiorentini« verkauft, befreit man von so vielen äußeren Blättern, bis sich die Blätter am hellen Ende leicht beißen lassen. Dann die Spitze abschneiden, den Stiel spitz zuschneiden, die Artischocken in feine Scheiben schneiden und in Olivenöl braten. Die großen Artischocken, die man kochen muß, um sie dann zum Beispiel zu füllen, heißen »carciofi mamme«.

Cantuccini

Das bekannte Mandelgebäck, das man auch unter dem Namen Cantucci oder »Biscotti di Prato« findet, serviert man in der Toskana vor allem zum Dessert mit einem Glas Vin santo. Das harte Gebäck wird darin eingetunkt. Cantuccini gibt es in hervorragender Qualität zu kaufen, wer sie dennoch einmal selbst machen möchte, findet auf Seite 181 ein Rezept dafür.

Cardy

Das Gemüse mit den sellerieähnlichen Stangen hat eine lange Geschichte, ist bei uns aber in Vergessenheit geraten. Cardy wird auch Gemüse-Artischocke genannt und ist auch mit der aromatischen Frucht verwandt. Bei Cardy ißt man allerdings nicht die Blütenköpfe, sondern die gebleichten Blattstiele. Die Stengel werden nach dem Zerkleinern in Essigwasser gelegt, damit sie sich nicht schwärzlich verfärben. Man bereitet in der Toskana aus Cardy Beilagen – in Olivenöl angedünstet, mit Knoblauch und etwas Wein oder Brühe geschmort – und Gemüsesuppen zu. Die Garzeit beträgt 10-15 Min.

Cavolo nero

Schwarzkohl, wie er in der Übersetzung heißt, ist ein typisch toskanisches Gemüse, das man in den Wintermonaten immer wieder auf dem Speiseplan findet. Bei uns wird das aromatische, angenehm nach Kohl schmeckende Gemüse nicht angeboten. Falls Sie einen Garten haben, können sie sich von einer Toskanareise Samen oder Pflanzen mitbringen. Ersetzen läßt sich Cavolo nero am besten durch Grünkohl, aber auch durch Rape oder jungen, zarten Wirsing.

Crostini

Wenn Sie in der Toskana eine typische Vorspeise essen möchten, bestellen Sie einen gemischten Teller Crostini. In jedem Fall bekommen Sie Crostini alla toscana. Die Paste für die gerösteten Brotscheiben wird meist aus Hühnerleber zubereitet, kann jedoch von Gegend zu Gegend etwas abgewandelt werden. So kann man einen Teil der Leber durch Milz ersetzen oder auch einmal Leber von Wild oder Wildschwein nehmen. Das Grundrezept finden Sie auf Seite 106. Wer die Crostini mit Milz zubereiten will, geht nach demselben Rezept vor und ersetzt die Hühnerleber einfach durch Milz.

Kandierte Früchte

Sie werden in der Toskana für zahlreiche Süßspeisen verwendet. Bei uns bekommt man in Fruchthäusern und in den Lebensmittelabteilungen großer Kaufhäuser stark und leicht kandierte Früchte. Nehmen Sie leicht kandierte, denn sie sind weniger süß und fruchtiger im Geschmack.

Kapern

Sie können die Blütenknospen des Kapernstrauches in Essigsud eingelegt oder eingesalzen kaufen. In der Regel sind kleine Kapern feiner im Geschmack als große. Wichtig: In Salz eingelegte Kapern müssen Sie in einem kleinen Sieb gründlich kalt abspülen, bis kein Salzkristall mehr zu sehen ist. Sonst versalzen Sie Ihr Essen.

Kastanienmehl

Aus ihm macht man den berühmten Castagnaccio, einen dünnen Fladen mit Rosmarin und Pinienkernen, aber auch andere Gebäcke. Manchmal mischt man sogar etwas davon unter den Pastateig oder die Polenta. Kaufen können Sie Kastanienmehl in gut sortierten Reformhäusern, in manchen Apotheken oder Sie bestellen es bei der Adresse, die Sie auf Seite 186 finden. Natürlich können Sie es sich auch aus der Toskana mitbringen. Kastanienmehl ist allerdings höchstens 1 Jahr haltbar.

Kräuter

Wie überall in Italien spielen sie auch in der Toskana eine wichtige Rolle beim Kochen, vor allem Basilikum, Lorbeer, Salbei, Thymian und auch Petersilie. Absoluter Spitzenreiter bei den Kräutern ist aber Rosmarin, den man dort »ramerino« nennt. Er wächst wild an Hängen, zwischen Olivenbäumen und ist in jedem Garten zu finden. Verwenden Sie alle Kräuter möglichst frisch.

Mangold

In der Toskana gibt es Mangoldblätter, die man bundweise kaufen kann. Mangold mit dicken Stielen, der bei uns angeboten wird, findet man dort nicht auf den Märkten. Falls bei einem Rezept Mangoldblätter als Zutat angegeben sind, sollten Sie nur den grünen Teil des Mangolds verwenden. Sie können die weißen Stiele für ein anderes Gericht aufheben, z.B. für ein Beilagengemüse oder eine Suppe. Oder Mangoldstiele 2 Min. blanchieren, abschrecken, abtropfen lassen, kleinschneiden und mitverwenden.

Olivenöl

Kaum ein Gericht, in dem das aromatische Öl nicht zu finden ist. In der Toskana beginnt übrigens der Teil Italiens, wo Olivenöl die Hauptrolle in der Küche spielt. Kocht man in der Emilia-Romagna noch hauptsächlich mit Butter, ändert sich das an der Grenze zur Toskana. Bis in die südlichste Spitze Italiens hinunter dominiert das köstliche Öl. Was Sie sonst noch über Olivenöl wissen sollten, lesen Sie ab Seite 91.

Pancetta

Der luftgetrocknete Bauchspeck schmeckt würziger als unser Räucherspeck, da er mit Kräutern fein aromatisiert wird. Man bekommt ihn im Stück oder auch mit Kräutern gerollt. Inzwischen wird Pancetta in den Lebensmittelabteilungen großer Warenhäuser und natürlich in italienischen Feinkostgeschäften häufig angeboten. Ersatzweise nehmen Sie am besten Südtiroler Speck.

Pane toscano

Es wird einfach nur aus Mehl, Hefe und Wasser, vor allem ohne Salz, zubereitet. Wenn Sie es einmal selbst zu Hause backen möchten, finden Sie auf Seite 11 ein Rezept.

Pecorino

Er wird aus Schafmilch hergestellt und in unterschiedlichen Reifegraden angeboten. Lesen Sie dazu auch die Reportage ab Seite 137. Falls Sie Pecorino nicht bekommen können, nehmen Sie ersatzweise Parmesan.

Peperoncino

Ihre Schärfe erhalten die kleinen, roten oder grünen Schoten durch das Alkaloid Capsaicin, das vor allem in den Kernen und den Trennwänden sitzt. Wer nicht so scharf essen möchte, entfernt Kerne und Trennwände vor dem Zerkleinern. Vorsicht, denn die Schärfe setzt sich an den Fingern fest. Also die Hände anschließend immer sehr gut waschen und sich nicht die Augen reiben. Gut dosieren kann man die Schärfe auch mit getrockneten Peperoncini, die man gut portionsweise zerstoßen kann. Außerdem muß man sie nicht putzen.

Pici

Die dicken hausgemachten Spaghetti kennt man vor allem in der Crete, im Süden von Siena gelegen. Man nennt sie außer Pici auch Pinci und serviert sie mit Tomatensauce, Wildschweinragout oder auch einem Ragout aus Salsicce, Tomaten und Kräutern.

Pinienkerne

Sie wachsen in der Toskana wie Kastanien und Rosmarin im Überfluß und werden daher in vielen Gerichten, vor allem aber in Kleingebäck und – teils ungesüßten – Kuchen verwendet. Daß sie

trotz des großen Angebots auch in der Toskana ihren Preis haben, liegt an der aufwendigen Arbeit, die nötig ist, um sie aus den Zapfen zu lösen. Dennoch sind sie meist billiger und vor allem frischer als bei uns.

Polenta

Der feine Maisgrieß wird in der Toskana sowohl als Beilage (als Brei oder in Schnitten gebraten) wie auch als Primo (als Gnocchi oder mit Gemüse gekocht und in Scheiben geschnitten) serviert. Er schmeckt fein würzig und ist ganz einfach zuzubereiten. Inzwischen gibt es auch vorgegarte Polenta, die schon nach 5 Min. Kochzeit servierfertig ist.

Rape

Die grünen Blätter sind auch unter der Bezeichnung Cima di rape oder Stengelkohl im Handel und ein äußerst würziges aromatisches Gemüse, das man auch auf unseren Märkten zunehmend findet. Rape ist mit den Speiserüben verwandt, bildet aber nur kleine Knollen und dafür reichlich Grün aus. Zubereitet wird Rape wie Spinat oder Mangold.

Ricotta

Man verwendet den weichen Käse aus Schafmilch in der Toskana sowohl für Desserts als auch für würzige Füllungen, z.B. von Teigtaschen oder auch pikanten Kuchen.
Lesen Sie auch auf Seite 138 Wissenswertes über Ricotta und seine Herstellung. Dort finden Sie auch ein Rezept, wie Sie aus unpasteurisierter

Milch selbst Ricotta machen können.

Rucola

Inzwischen bekommt man Rucola auch bei uns überall. In der Toskana wird das beliebte Kraut vor allem im Frühling angeboten, häufig gemischt mit anderen jungen und zarten Blattsalaten. Rucola gibt Salaten eine nussig-aromatische Note.

Salsicce

Die roh geräucherten Würste aus Schweinefleisch werden in ganz unterschiedlicher Qualität in der Toskana angeboten, bei uns sind sie aber nicht in jedem italienischen Feinkostgeschäft zu bekommen. Ersetzen lassen sich die Würste durch andere, roh geräucherte Würste, z.B. rheinische Mettwurst, aber auch durch rohe Bratwürste.

Sardellenfilets

In Italien kauft man sie unter der Bezeichnung »Acciughe« in Öl oder in Salz eingelegt. Sardellenfilets in Öl können Sie einfach abgetropft zerkleinern, solche in Salz hingegen sollten Sie unbedingt vor dem Zerkleinern gründlich kalt abspülen, damit die Gerichte nicht zu salzig geraten.

Vin santo

Spezieller Wein der Toskana aus angetrockneten Trauben (siehe Seite 100). Der Vin santo wird hauptsächlich zum Dessert serviert, aber auch zum Kochen verwendet. Ersetzen können Sie ihn zur Not durch halbtrockenen Sherry.

Bezugsquellen

In den Rezepten werden zum Teil italienische Produkte verwendet, die Sie hierzulande nicht in jedem Supermarkt finden. Damit Sie trotzdem alle Rezepte problemlos nachkochen können, finden Sie hier Adressen von Firmen, die Produkte versenden, jeweils nach Postleitzahlen geordnet. Darüber hinaus nennen wir ihnen auch diverse Händler, bei denen Sie toskanischen Wein von zahlreichen Winzern, Grappe sowie erstklassige Olivenöle bestellen können.
Außerdem haben wir auch die Bezugsquellen der Wohnaccessoires wie Geschirr, Stoffe oder Keramiken aufgelistet.

Kastanienmehl:
Alfred Ewert
Weender Straße 84
37073 Göttingen
Tel. 05 51/5 70 20
Fax 05 51/5 60 91

Italienische Feinkost:
Alfred Ewert
Weender Straße 84
37073 Göttingen
Tel. 05 51/5 70 20
Fax 05 51/5 60 91

Harald L. Bremer GmbH
Efeuweg 3
38104 Braunschweig
Tel. 05 31/23 73 60
Fax 05 31/37 30 22

Weine, Grappe, Öle:
Deutschland:
Gute Weine
Breite Straße 8
14199 Berlin
Tel. 0 30/8 24 30 34
Fax 0 30/82 30 90 97

IL VINO
G. & R. Wedel
Schwachhauser Heerstr. 247
28211 Bremen
Tel. 04 21/21 63 17
Fax 04 21/21 08 45

Harald L. Bremer GmbH
Efeuweg 19
38104 Braunschweig
Tel. 05 31/23 73 60
Fax 05 31/37 30 22

Extraprima
Champagner- und Wein-
import
Thomas Boxberger
R 7, 39
68161 Mannheim
Tel. 06 21/2 86 52
Fax 06 21/2 49 57

Fischer & Trezza Import
Mercedesstr. 55
70372 Stuttgart/Bad
Canstatt
Tel. 07 11/95 59 59 0
Fax 07 11/56 12 35

Vinissimo
Schubertstr. 6
80336 München
Tel. 0 89/538 92 04
Fax 0 89/538 93 04

Weinhandlung Riedl
Gehauserstr. 10
86551 Aichach
Tel. 0 82 51/71 63

Georg Böck
Toscanische Weine
Weinimport
Heinrichstr. 40
87600 Kaufbeuren
Tel. 0 83 41/1 46 60
Fax 0 83 41/7 38 89

Haus der guten Weine
Georg Hack
Schützenstr. 1
88709 Meersburg
Tel. 0 75 32/90 97
Fax 0 75 32/90 99

Wein-Bastion
H. Kretschmer
Schillerstraße 1
89077 Ulm
Tel. 07 31/6 69 93
Fax 07 31/6 91 99

Schöne Weine
Jahnstr. 14
93087 Alteglofsheim
Tel. 0 94 53/99 63 36
Fax 0 94 53/99 63 01

Weinberger
Weine aus Italien
Beratung: Andreas Ehl
Hauptstr. 71
93090 Bach
Tel. 0 94 03/39 77
Fax 0 94 03/43 98
Laden:
Historisches Weingewölbe
Spiegelgasse 1
93047 Regensburg
Tel. 09 41/5 92 00 26
Fax 09 41/56 12 96

Österreich:
Wein & Co.
Maculangasse N.6
A-1220 Wien
Tel. 02 22/25 05 56 00
Fax 02 22/25 05 56 50

Wein aus Italien
Peter Stöger
Gardis 5

A-6833 Weiler
Tel. u. Fax 0 55 23/6 48 99

Weinkultur
Wolfgang Ernst
A-8273 Ebersdorf 160
Tel. u. Fax 0 33 33/28 24

Schweiz:
Barisi & Cie AG Bern
Oberdorfstr. 2
CH-3072 Ostermundigen
Tel. 0 31/931 11 53
Fax 0 31/931 09 23

Weibel Weine Thun
Moosweg 40
CH-3602 Thun-Gwatt
Tel. 0 33/334 55 55
Fax 0 33/334 55 56

Gazzola Weine
Reinacherstr. 3
CH-4018 Basel
Tel. 0 61/331 60 30
Fax 0 61/331 60 04

VINO VERUM
Elisabethenanlage 7
CH-4051 Basel
Tel. 0 61/272 04 80
Fax 0 61/271 57 20

VENI VINO VICI
Hauptstr. 44
CH-5035 Unterentfelden bei
Aarau
Tel. 0 62/723 09 79
Fax 0 62/723 09 06

Riegger Weinkeller
Langgass
CH-5244 Birrhard
Tel. 0 56/225 25 25
Fax 0 56/225 24 28

Weine Simone Lanz
Brühlbleichstr. 11
CH-9000 St. Gallen
Tel. 0 71/245 26 12
Fax 0 71/245 26 12

Deko- und Wohnaccessoires:
Warnecke
Rungedamm 37
21035 Hamburg

Gunther Lambert GmbH
Konstantinstr. 303
41238 Mönchengladbach

Einrichtungshaus Pesch
Kaiser-Wilhelm-Ring 22
50672 Köln
Postfach 190245
50499 Köln

Interartgalerie Reich
Neue Langgasse 2
50667 Köln

Pandora
Keramik und Wohn-
accessoires
Neusser Platz 8
50670 Köln

Dobb's Ferry
Benesisstr. 31
50670 Köln

Klinner & Schneider
Sülzburgstr. 173a
50937 Köln

Villeroy & Boch
Rieffstr. 46
66663 Merzig

Designers Guild GmbH
Sendlinger-Tor-Platz 6
80336 München

Diese Accessoires
verwendeten wir:

**Tafelfreuden
alla Medici:**
Tischdeckenstoff:
»Sakumari«
Designers Guild

Geschirr:
»Allegretto«
Villeroy & Boch

Gläser:
Interartgalerie Reich

Fröhliche Ostern:
Geschirr:
»Feston« – Dibbern,
zu beziehen über Einrich-
tungshaus Pesch

Gläser:
Dobb's Ferry
Etagere:
Einrichtungshaus Pesch

Servietten:
Dibbern
Glasschale und -vase:
Pandora

Una festa sui prati:
Geschirr:
Handgemachte italienische
Keramik: Pandora
Korbstühle, Besteck und
Gläser (großer Tisch):
Gunther Lambert GmbH

Tischsets:
Antiquitäten Korth
St.-Apern-Straße 7
50667 Köln

Tischdeckenstoff, weiß:
Radspieler, München

Tischdeckenstoff, gemustert
(Beistelltisch):
Stoffhaus, Köln

Drahtkorb für
Gläser & Etagere:
Dobb's Ferry, Köln

Gläser (Beistelltisch):
Interartgalerie Reich, Köln

Terracottaschalen:
Blumen Rosinski
Simon-Meister-Str. 16
50733 Köln

Vino e olio:
Geschirr:
Go-In, München

Besteck:
»Jasmin«: Warnecke,
zu beziehen über Dobb's
Ferry, Köln

Tischdeckenstoff:
»Patron Intuition«,
zu beziehen über
Klinner & Schneider, Köln

Terracottaschalen auf dem
Tisch:
Aronstab Art-Floristik
Maastrichterstr. 3
50672 Köln

Olivenölkanister und Dosen:
Italienischer Lebensmittel-
handel

Register

In diesem Register finden Sie die italienischen und deutschen Rezepttitel in alphabetischer Reihenfolge und zusätzlich unter den Zutaten, die im deutschen Rezepttitel vorkommen. Außerdem haben wir hier die Titel und Hauptthemen der Reportagen und Feste aufgelistet und jeweils nach der Seitenzahl mit einem * gekennzeichnet.

189

Impressum

Die Autoren

Cornelia Schinharl

Sie studierte zuerst Sprachen, bevor sie sich dem Bereich Ernährung zuwandte. Nach der fundierten Ausbildung bei einer bekannten Food-Journalistin und einem Praktikum in einem Hamburger Verlag machte sie sich 1985 als Redakteurin und Autorin selbständig.
Ihre zahlreichen bei Gräfe und Unzer erschienenen Kochbücher erreichen inzwischen eine Gesamtauflage von über 1,3 Mio.
Ihr Schwerpunkt liegt heute auf der mediterranen Küche.

Professor Franco Benussi

Der gebürtige Mailänder, ehemaliger Professor der Rechtswissenschaften in Ferrara, widmet sich neben seinem Beruf ebenso fachkundig der Musik, der Kunst und dem Studium volkstümlicher Traditionen. Als Leiter der Münchner Gruppe der »Accademia Italiana della Cucina« liegt ihm besonders die Pflege der italienischen Kochkultur am Herzen. Für dieses Buch schrieb er die Einführung und war zugleich kompetenter Berater.

Der Foodfotograf

Klaus Arras

Mitte der achtziger Jahre begann er in seinem Kölner Studio mit der Stillife-Fotografie. Aus seiner Liebe zu gutem Essen und Trinken entwickelte sich schnell der Arbeitsschwerpunkt Foodfotografie. Heute fotografiert Klaus Arras für Industrie, Werbung und renommierte Verlage in ganz Europa. Seine Aufnahmen wirken ganz besonders durch einfühlsame und sonnige Lichtstimmungen. Unterstützt wurde er bei diesem Buch von der Stylistin Xenia Burgtorf, die die Requisiten ausgesucht und zusammengestellt hat. Im Studio kochten Ursula Virnich und Petra Wegler. Alle Aufnahmen entstanden auf Agfachrome RSX 100.

Bildnachweis

Umschlagfoto vorne unten, Rückseitenbild, Kapitelaufmacher, Dekofotos und Rezeptbilder: Klaus Arras.
Die Fotografen der anderen Bilder nachstehend in alphabetischer Reihenfolge:

G. Aigner: S. 5 (oben); S. 70 (beide); S. 73 (beide); S. 90 (oben); S. 91; S. 93 (rechts); S. 114 (beide); S. 115 (rechts); S. 117 (unten rechts); S. 139 (oben links und unten rechts); S. 155; S. 178; S. 179 (links); S. 181 (links);
K. Arras: S. 99 (links)
K. Arzet: S. 157 (unten rechts);
S. Bodensteiner: S. 35 (oben und unten rechts)
S. Civai: S. 33 (rechts); S. 53 (beide); S. 55 (beide); S. 103 (oben links);
B. Colombo: S. 8 (oben); S. 90 (unten);
G.-M. Cordes: S. 33 (links);
P. Eagar / Root Stock: S. 97 (links);
H. Eid / laif: S. 52; S. 101 (beide); S. 136 (oben); S. 169 (oben rechts und unten rechts);
E. Fiechtl: S. 9; S. 13 (oben, unten rechts); S. 35 (unten links); S. 103 (unten); S. 136 (unten);
J. Jepsen / Agentur Focus: Titelbild oben; S. 11 (rechts); S. 13 (unten links); S. 32; S. 117 (unten links); S. 154; S. 166; S. 169 (unten links); S. 179 (rechts);
K. Lisson: S. 71 (beide);
W. Neumeister: S. 157 (oben);
Fotoarchiv Panzano: S. 94;
W. Redl: S. 103 (oben rechts);
M. Schinharl: S. 8 (unten); S. 11 (links); S. 95; S. 99 (rechts); S. 115 (links); S. 137 (beide); S. 139 (oben rechts); S. 167 (beide); S. 169 (oben links);
S. Schlegelmilch: S. 157 (unten links); S. 181 (rechts);
T. Stankiewicz: S. 117 (oben);
StockFood / Cephas / Mick Rock: S. 97 (rechts)
StockFood / M. Meuth: S. 4 (links unten); S. 93 (links);

Danksagung der Autorin

Eine sachkundige und zu vielen Unternehmungen bereite Hilfe bei den Recherchen und Reisen in der Toskana war mir Signora Sonia Civai. Sie ist gebürtige Toskanerin und lebt in Florenz und Panzano.
Außerdem danke ich Herrn Bernhard Notter (Rupoli und Auenstein) und Frau Susanne Schoeppe (Sala und München) für ihre Unterstützung. Ein besonderer Dank an meine Lektorin, Frau Susanne Bodensteiner, für ihren unermüdlichen Einsatz.

Dankeschön für die Unterstützung bei der Fotoproduktion
Villeroy & Boch, Merzig
Gunther Lambert GmbH, Mönchengladbach
Einrichtungshaus Pesch, Köln
Designers Guild GmbH, München
Warnecke, Hamburg
Pandora, Köln
Dobb s Ferry, Köln
Klinner & Schneider, Köln
Interartgalerie Reich, Köln

Lizenzausgabe für Gondrom Verlag, Bindlach 2002
Redaktion: Katharina Lisson
Lektorat: Susanne Bodensteiner
Versuchsküche: Ursula Eicher, Marianne Obermayr
Zeichnungen und Schablonen: Graziella Cucchiara
Layout: Vision Creativ, München
Repro: Fotolito Longo, Bozen
Umschlaggestaltung: Barlo Fotografik, Tobias Schneider

ISBN 3-8112-2087-X